石川晶康

日本史Bテーマ史

講義の実況中継

JN202554

語学春秋社

講義を始めるにあたって

──「はしがき」にかえて

　本書『日本史Ｂテーマ史講義の実況中継』は，（1）**わかりやすく**，（2）**ていねいに**，（3）**必要なことは繰り返し触れる**ことを常に心がけて行ってきた，河合塾およびサテライト講座（現・マナビス講座）での講義を再現したものです。

　既刊の通史『日本史Ｂ講義の実況中継〈第①〜④巻〉』とは違い，テーマ史はその最後にあたる講義で，夏期・冬期・直前講習で扱う部分です。

　まずは，**史学史・女性史**などのテーマ史の定番から。内容そのものは第①〜④巻の各所で触れたものが大部分を占めることになりますが，通史では触れない部分にも言及することもあります。

　そして，第12〜23回は**政治史**を中心とする総復習とします。そこで，まずは総復習という場合は，最初に第12回〜第23回を熟読してから第1回の史学史にとりかかってもかまいません。

　第1・2回の**史学史**，第3・4回の**女性史**，第5・6回の**蝦夷地・北海道史**と**琉球・沖縄史**は単なる1テーマというより，日本史学習の基本的な単位です。**入試でも頻出のテーマ**ですから，既刊の全4巻と同じ手順で，最低でも3回は熟読してください。

　第1・2回の**史学史**は，**未見史料問題を解く際の前提ともなる必須の知識**です。未見史料問題で，その出典が示されている場合，その史料そのものが書かれた時代，編著者，その目的を知っていれば圧倒的に有利です。出典が『続日本紀』とあれば，それは奈良時代。『吾妻鏡』とあれば，鎌倉時代だと見当はつくでしょう。また，その史書の特徴を知っておくことも必要です。

　たとえば，「九変五変論」と言えば新井白石の『読史余論』。将軍に対する日本史の講義録である同書の特徴はその時代区分です。天皇を中心に歴史を9段階に区分し，それとは別に，武家を中心に5段階に区分したので「九変五変論」と呼ぶわけですが，鎌倉時代を天皇中心の時代区分の最後の段階におき，一方で，鎌倉時代を武家の時代の最初の段階に位置づけた，要するに，

鎌倉時代を「公武二元」的な時代としたのです。そして，このような時代の位置づけは現在でも有効なものとされているのです。

　第3・4回の**女性史**も**必須のテーマ**。人類の半分は女性なのに，教科書に登場するのは圧倒的に男性。これは女性蔑視につながるといった批判もあって，各時代の女性の地位，その役割について問う入試問題も増えています。

　第5回の**蝦夷地・北海道史**と第6回の**琉球・沖縄史**も，**古代から現代までしっかり学習しなければならない**ところです。文化の系統から言えば，日本には3つの文化の系統が存在したことは絶対に忘れてはならない基本です。「道南十二館」とか「グスク(城)」といった言葉に馴染みのない人は，ここでしっかり学習しておきましょう。

　教育の歴史も**テーマ史の定番**です。律令制の大学，平安時代の大学別曹から近世の藩校，そして現在の6・3制まで，名称の暗記とともにしっかり学習しましょう。

　残るは，経済史分野で**貨幣史**，**金融史**。この分野は「嫌い」，「難しい」という人が多い分野です。**やっておけば確実に点を稼げる問題がほとんどです**からしっかり理解すること。特に，江戸時代の通貨制度と貨幣改鋳，近代の金本位制と通貨政策は重要なテーマです。

　なお，各回冒頭には，その回の内容に即した「年表」を掲載しました。

　また，入試で論述問題が出題される人向けに，随所に「論述対策」を入れてありますので，参考にしてください。直接，論述問題対策を行っていない人にとっても，ざっと読むだけで，知識の整理に役立つものと思われます。

　本書は，**これまでの学習の成果を得点につなげる**ためのものです。最初から最後までしっかり読み通すこと。不得意分野を絶対に無くす覚悟で繰り返してください。ご健闘を祈ります。

　　2018年8月

石川晶康

講義内容

史学史（古代）

国家の修史事業	6C	「帝紀」・「旧辞」
	7C 初	『天皇記』・『国記』
	712	『古事記』（太安万侶・稗田阿礼）
	720	『日本書紀』
	797	『続日本紀』
	892	『類聚国史』（菅原道真）
	901	『日本三代実録』
摂関期		『小右記』（藤原実資）
		『御堂関白記』（藤原道長）
軍記物語（古代）		『将門記』
		『陸奥話記』
歴史物語（古代）		『栄花物語』
		『大鏡』…紀伝体
院政期		『本朝世紀』（藤原通憲）

　歴史学の歴史，**史学史**はテーマ史の定番，基本テーマです。過去の時代の人たちがそれ以前の事件，出来事などをどのように記録したか，どのような歴史書を著したか，歴史学の歴史です。

　内容的には，通常の授業ですでに習ったことが大部分でしょうが，それを史学史という立場から，あらためて整理していくということになるわけです。

　また**公家の日記**も，その日その日の歴史を記録していった資料として史学史の中に入れて考えていくことにします。まずは，古代から。

1　古代国家の修史事業

❖「帝紀」・「旧辞」

では，さっそく質問。

Q 日本で最も古い歴史書といわれるのは？　──「帝紀」，「旧辞」

これは，考古学でいうと**古墳時代後期**にあたる**6世紀**に成立したということになっています。残念ながら，残存していないので，推定です。

「**帝紀**」というのは，皇帝の「帝」に「紀」は歴史という意味ですから，**大王の系譜や事績をまとめたもの**だろうといわれています。

それから各氏族や大王家に伝わっている過去の話──われわれからすれば**神話**，あるいは**伝承**，**説話**──これらをまとめたものが「**旧辞**」。

❖『天皇記』・『国記』

続いて，いわゆる**天皇**という称号も始まったんじゃないかといわれている**推古天皇**の時代。

Q **厩戸王**（聖徳太子）と**蘇我馬子**が協力して編集したとされる2つの歴史書は？　──『天皇記』，『国記』

ちょっと注意するのは，この場合の『天皇記』の“キ”は言偏の「記」，『国記』の“キ”も言偏の「記」です。普通，歴史書の場合は糸偏の「紀」を使うんですが，この2つは『天皇記』『国記』です。

さて，この2書は通説によると**645年**の**乙巳の変**のクーデターのときに，蘇我の本宗家と共に消失してしまった，無くなってしまったといわれています。そこで中身が分からない。

その後，**壬申の乱**に勝った**天武天皇**が「きちんとした歴史書を書け」と命じたことをうけて，本格的な**修史事業**が始まります。修史というの

は「歴史を修める」——過去の歴史上の出来事の題材を集め，これを歴史書としてまとめていくという作業です。ただし，天武天皇が生きている間には完成しません。これは大変な作業ですから，時間がかかります。

古墳文化	飛鳥文化	白鳳文化	天平文化
6世紀前半	推古朝 7世紀前半		
帝紀 ➡	天皇記 ×紀		712 古事記
旧辞 ➡	国記 ×紀		720 日本書紀

❖『古事記』と『日本書紀』

▶成立年代

ようやく8世紀になって712年に『古事記』が，720年に『日本書紀』が成立します。この『古事記』『日本書紀』はもちろん現存します。ただし，最初に書かれたものは失われていて，写本が伝わっているわけです。

『古事記』と『日本書紀』を2つ合わせて「記紀」と併称することがあります。この場合は言遍の「記」のほうを先に書いてください。先に成立したのが，『古事記』だからです。

さて，その内容ですが，『古事記』も『日本書紀』も，**神話の時代から始まっています**。その意味では出発は一緒ですが，後ろは若干違っています。

整理すると，**天武天皇**の命によって始まった修史事業は**712年**，まず『**古事記**』として成立した。しかし，「正史」——国家が編纂した正しい歴史としての歴史書は『**日本書紀**』で，これが**720年**に出来上がりました。

ちなみに，正史というのは「正しい歴史」。反対語は「嘘の歴史」ではなくて，「ヤシ」といいます。野原の「野」に「史」と書いて「野史」ですが，こ

れは国家の公式の事業としての正史に対して，民間で書かれた歴史書という意味になります。

　この「野」という字は，例えば公職に就いていない人のことを「野人」といったり，役人を辞めることを「下野する」といったときにも使われます。ここでは，学術用語として，正史と野史の区別を付けておいてください。『古事記』は，正史とも野史ともいえず，その点，微妙です。

▶記紀の表記法

　『古事記』と『日本書紀』の違いをもう少しチェックしておきましょう。

　まず，『**古事記**』のほうは，ヤマト(大和)言葉を漢字の**音・訓**を使い分けて表記しながら書かれています。例えば，

　「神倭 伊波礼比古 命 (神武天皇のこと) 日向之高千穂之峰……」

　こんなふうに，漢字の音(伊はイ)を利用したり，漢字で意味(神はカミ)を表したり，音と訓を両方使って書かれているので，ほとんどの人は読めなかったでしょう。これが読めたのは，江戸時代の**本居宣長**。宣長によって，ようやく完全に読解できた。

　Q **本居宣長**による『**古事記**』の注釈書の題名は？　　──『**古事記伝**』

　これに対して，『**日本書紀**』のほうは正史として漢文で，編年体で書かれた。

　では，どうしてそういうものが必要とされたのかというと，皆さん，もう知ってるように，『漢書』とか『後漢書』とか，『宋書倭国伝』の『宋書』とか，中国では，新しい王朝が成立すると，国家事業として，前の王朝や前の前の王朝の歴史を記述する歴史書(**正史**)を書いていました。例えば漢の歴史を漢の後の王朝が書いていくわけです。

　日本は中国に対抗して，その律令制度を取り入れようとしたように，中国にあるものは日本でも作ろうとしていきましたから，『日本書紀』の編纂には，中国の正史に対抗して，**日本にも日本の歴史があるのだ**とい

うことを具体的に示す意図が当然あったのだと思います。

　だから，『古事記』は当時の言葉をそのまま使い，**ヤマト言葉で書かれ**ているのに対して，『日本書紀』のほうは**中国の歴史書にならって**，漢文で書いてあるわけです。

　となると，こちらのほうは漢文の素養がないと読めないということになる。皆さんが接する日本史の史料は全部読み下し文になっているので読めるわけですが，本来は全部漢文なんです。

▶記紀の編纂

　もう少し具体的に２つを比較していくと，『古事記』は，まず，稗田阿礼が，「帝紀」・「旧辞」などの，それまでに成立していた歴史や神話・伝承などを暗記していました。誦習（読み習わせる）といいまして，簡単にいうと，書物を１ページ目から最後のページまで完全に丸暗記するんですよ。そうやって頭の中に固定させちゃうんですから，稗田阿礼は超暗記の名人みたいな人です。

　稗田阿礼が，誦習したもの，例えば「かむやまといはれひこのみこと」と口でいうのを文字にしなければいけない。これを筆録——筆で記録したのが太安万侶です。

　誦習と筆録の区別，稗田阿礼と太安万侶の役割分担をしっかりと覚えておかなければいけません。

　では，『**日本書紀**』のほうはどうか？

> **Q** 『**日本書紀**』編纂において中心的役割を果たした人物はだれか？
> ——舎人親王

▶記紀の時代範囲

　次に，扱っている時代についてです。『**古事記**』は神代の昔，神代ともいいますが，**神話の時代**——天皇の先祖が天上世界からこの地上に降り立ったところから始まって，最後は推古天皇までです。

これに対して『**日本書紀**』は，同じく神代の昔，**神代**から始まって，<ruby>持<rt>じ</rt></ruby><ruby>統天皇<rt>とう</rt></ruby>までを扱っていますから，成立の時期が違うこともあって，後ろがずれていること，ちょっと細かいですが，それも覚えておきましょう。

▶記紀の記述

　次に，書き方の問題です。歴史を書くといっても，いろんな書き方があります。

　中国の正史の場合のまとめ方は，<ruby>紀伝体<rt>きでんたい</rt></ruby>と呼ばれます。紀伝体というのは，<ruby>詳<rt>くわ</rt></ruby>しくいうと，「<ruby>本紀<rt>ほんぎ</rt></ruby>」（帝王の年代記）・「<ruby>列伝<rt>れつでん</rt></ruby>」（臣下の伝記）・「<ruby>志<rt>し</rt></ruby>」（社会の現象）・「<ruby>表<rt>ひょう</rt></ruby>」（年表や系譜など）という4部門から成り立っているんです。「本紀」で，皇帝1人1人の歴史が書かれていく。次に「列伝」で，日本でいうと<ruby>太政大臣<rt>だいじょうだいじん</rt></ruby>などの重要人物の業績が順番に記載されていく。そして「志」で，その時代の社会についてのテーマ別の記述が続いて，最後に「表」，年表が来る。このようなスタイルが**紀伝体**という中国の正史の書き方でした。

　日本の正史は，このスタイルをそのまままねるところまではいかず，われわれが<ruby>慣<rt>な</rt></ruby>れ親しんでいる書き方，すなわち，古代から年を追って，順番に古いものから新しいものへと，要するに**年表風に書いていく**という書き方で書かれていて，これを<ruby>編年体<rt>へんねんたい</rt></ruby>といいます。

　「年を<ruby>編<rt>あ</rt></ruby>む」っていうのは，要するに，ものごとの前後を順番にそろえていくことで，日本の場合は，**編年体の正史**であるということです。

┌─712 **古事記**……（暗誦）稗田阿礼　　日本語　　編年体　　神代〜**推古**
│　　　　　　　　　（筆録）太安万侶
└─720 **日本書紀**…（総裁）舎人親王　　漢文　　　編年体　　神代〜**持統**

❖ 『六国史』とは

『日本書紀』に始まって，以下，『続日本紀』，『日本後紀』というふうに，いわゆる六国史が書かれていきますが，いずれも基本は編年体です。

六国史は全部で6つの正史という意味。『日本書紀』が最初で，901年，10世紀初頭に出来上がった『日本三代実録』が最後の正史となります。「ろっこく」（×）と読まないように，「りっこくし」といいます。

六国史…①『日本書紀』　②『続日本紀』　③『日本後紀』
　　　　④『続日本後紀』　⑤『日本文徳天皇実録』
　　　　⑥『日本三代実録』

天皇1代だけを扱ったのが5番目の『日本文徳天皇実録』，最後の「三代実録」の3代の天皇もちゃんと覚えておいてね。

Ⓠ 『日本三代実録』に記載されている3代の天皇の名は？
　　　　　　　　　　　　　　——清和，陽成，光孝天皇

これが最後で，ここで正史は途切れます。実は，明治維新後にも正史編纂事業は進められますが，その後，未だに出来上がっていません。

❖ 『六国史』のポイント

さて，正史として，『日本書紀』に続く2番目が『続日本紀』です。これは要するに『日本書紀』の続編という意味。

『続日本紀』は，編年体で，文武天皇から桓武天皇の791年までを扱っています。そこで奈良時代は丸々この『続日本紀』で扱われていることになるので，これは基本史料の出典として，年中お目にかかる有名なもの。まあ覚えられるでしょう。

単純暗記物ではありますが，このあと続く『日本後紀』，『続日本後紀』，

『日本文徳天皇実録』，『日本三代実録』という計６つの正史を順番どおり覚えておきましょう。

　さきほど『日本三代実録』の三代とはだれだれか，というのをやりましたが，５番目の『日本文徳天皇実録』が**文徳天皇**ですから，そのあとの**清和，陽成，光孝**というのを，天皇の系譜を見て，もう一度確認しておいてください。ちなみに，

> **Q** 901 年に完成したこの『日本三代実録』の編者の中心人物はだれか？
> ——藤原時平（ときひら）

　ときの権力者は時平で，編纂の責任者のトップにいました。

　さて，この六国史について，もう１つ覚えておかなきゃいけないのが，**菅原道真**（すがわらのみちざね）のこと。道真は六国史の内容を，「神祇」（じんぎ），「帝王」……といったテーマ別に，全体を分類し，整理した本を書いています。若干失われたところもありますが，『**類聚国史**』（るいじゅうこくし）という史書です。

　道真が失脚（しっきゃく）する直前あたりに成立したものだろうといわれている史書ですが，六国史との関連で覚えておいてもらいたいと思います。

❖『風土記』

　奈良時代，『日本書紀』の編纂と共に，**地方の歴史や文物について各国別に編集した「地誌」をつくれ**，という命令が **713 年**，諸国に発せられます。

　具体的な内容としては，各国の地理的な情報，郡（ぐん）や郷（ごう）の名前，なぜこはこういう地名で呼ばれるのか，地名の由来（ゆらい）とか，この地域ではどのようなものが産出されるか，産物，それに，各地方に残っている古老（ころう）たちの伝承——こういったものがまとめられたのが『**風土記**』（ふどき）です。

　実際にできるのはかなり後のことになりますが，この地域ごとの歴史書である『風土記』は，現在，『**出雲国風土記**』（いずも）がほぼ完全なものとして残っ

ているだけで，あとはほとんど失われ，断片的に残っているものが**常陸**<ruby>常陸<rt>ひたち</rt></ruby>**国**，**播磨国**，**豊後国**，**肥前国**，これと出雲を合わせて「**五風土記**」と呼んでいます。

五風土記…① 『**出雲国**風土記』　② 『常陸国風土記』　③ 『播磨国風土記』
　　　　　　④ 『豊後国風土記』　⑤ 『肥前国風土記』

2　摂関期の日記

❖ 『日記』の登場

次，平安時代。六国史のあと，国家的な歴史編纂事業はもうできなくなってしまい，正史は途絶えますが，それを補うものとして，ある意味で個人の歴史書といってもよい日記が，史料として登場してきます。

日記というのは，もともとは，その日，その日の出来事をメモしておいて後の参考にするという目的のもとに書かれたものでした。ですから，近代的な日記のように，その日に起こった出来事について抱いた喜怒哀楽の感情や感慨なんかを書くものじゃなかったんです。

朝廷における儀式のやり方などを一生懸命記録して子孫に伝え，彼らが貴族として一人前の仕事ができるようにする――これが**公家**の書いた**日記の目的**の大部分でした。

❖ 具注暦

実は，正月に，貴族たちは天皇から日記帳を配られるんです。「何月何日，今日は大安」みたいなのが載っているやつ。それで余白があって，そこにその日の出来事を書いていく。

例えば「今日の節会のときに左大臣のなんとかは，右足から歩き出し

9

てバカなやつだ」とか，その日のいろんな情報をメモしていく。干支（えと）な
どがあれこれ詳しく書かれた日記帳のことを具注暦（ぐちゅうれき）といいます。

　この具注暦を配布されると，貴族たちはその日の方角（ほうがく）次第で，「今日
は北へ行ってはいけないから，ほかで一泊してから出かけよう」。いわ
ゆる方違（かたたがえ）のための情報をここから得るとともに，余白を使って日記を
書いたのです。

❖ 『小右記』と『御堂関白記』

　当時の日記はかなりの数が現在残っていますが，その中でも，有名な
のは，

Q 右大臣藤原実資（さねすけ）の日記はなんと呼ばれているか？　── 『小右記（しょうゆうき）』

　これが一番有名な日記です。実資の家系を「小野宮家（おののみやけ）」といい，小野宮
家の「小」と，右大臣までいったので「右」──合わせて「**しょうゆうき**」
と読みます。
　実資は藤原道長（みちなが）が最も頼りにした，高い能力のある高級貴族でした。
その日記の中で特に有名なのは，道長の詠（よ）んだ「望月の歌（もちづき）」，
　「この世をば　わが世とぞ思ふ

　　　　望月の　欠けたることも　なしと思へば」

　（この世は自分〈道長〉のためにあるようなものだ　望月〈満月〉のよう
　になにも欠けたところがないと思うと）

　こんな歌を日記に書き留めた人です。道長が主催（しゅさい）した宴会（えんかい）に参加した
実資が，忘れないうちに書いておいたんですね。では，

Q 藤原道長が，自ら書いた日記の名は？　── 『御堂関白記（みどうかんぱくき）』

　これも具注暦に書かれています。大胆（だいたん）な字で，豪放磊落（ごうほうらいらく）な性格だった

らしい。

　この『御堂関白記』というタイトルの由来ですが，道長が創建した<ruby>法<rt>ほう</rt></ruby><ruby>成<rt>じょう</rt></ruby><ruby>寺<rt>じ</rt></ruby>のことを当時「御堂」と呼び，道長のことを世の人々は御堂関白と呼んだことからついたわけです。自筆本が残っていて，国宝です。この日記は，あまりにも有名なので大丈夫ですよね。

❖『台記』

　次。注目すべきは「<ruby>悪左府<rt>あくさふ</rt></ruby>」と呼ばれた左大臣，**藤原<ruby>頼長<rt>よりなが</rt></ruby>**が残した日記で『<ruby>台記<rt>たいき</rt></ruby>』。

　中世における「悪」というのは，「<ruby>強情<rt>ごうじょう</rt></ruby>な」とか「才能の豊かな」というような意味も大きいけど，頼長は<ruby>苛烈<rt>かれつ</rt></ruby>な性格だったらしい。

　『台記』は，**<ruby>鳥羽<rt>とば</rt></ruby>院政期の政治社会の動き**を伝える超一級史料です。藤原頼長は，**<ruby>保元<rt>ほうげん</rt></ruby>の乱**の負け組のほうで出てくる人物ですが，<ruby>戦<rt>いくさ</rt></ruby>で逃げる途中，死んでしまった。『台記』は入試ではめったに出ないかも知れませんが，歴史家の間ではとても有名な日記です。

　あまり授業でしゃべることではありませんが，彼は有名な男好き，男色家で，きれいな青年を見つけると，次々自分のものにしないと気が済まないという，なかなか面白いおじさんです。入試には出ませんが。

◤3◢ 古代の軍記物語

❖ 武士の台頭

　六国史が途絶えた後，公家の日記が重要な参考史料になるという話をしましたが，やがて武家が<ruby>台頭<rt>たいとう</rt></ruby>し，**武士の世の中**になってくると，**<ruby>軍記<rt>ぐんき</rt></ruby>物語**が現れます。

　合戦を素材とした文芸作品のことを軍記物語と呼びます。**<ruby>承平<rt>じょうへい</rt></ruby>・<ruby>天慶<rt>てんぎょう</rt></ruby>の乱**あたりから軍記物語が始まりますが，

Q 平将門の乱を描いた最初の軍記物語は？　　　——『将門記』

Q では，本格的な軍記物語の最初といわれるのは？　——『陸奥話記』

　『陸奥話記』は**前九年合戦**の経緯を記したもので，本格的な軍記物語の先駆と位置づけられるものです。ここでは，前九年合戦と**後三年合戦**の区別をしっかり付けておいてもらえば大丈夫です。後三年合戦についての軍記物語は現在残っていません。

4　古代の歴史物語

❖ 仮名文字の発達

▶『栄花物語』

　平安中期以後，都の支配者階級，貴族の世界を仮名文で物語風に描いた歴史書も出てきます。**歴史物語**というものですが，

Q 11世紀ごろ成立し，栄華を誇った藤原道長を賛美した，歴史物語の先駆けは？　　　　　　　　　　　　　　　　　　——『栄花物語』

　これは最終的には摂関家の隆盛に向かうところ，要するに**道長の時代**を中心に描いた物語風の歴史書です。

　大事なのは，このあたりの時代，六国史が終わった後にやがて出来た文学は，**仮名文字の発達**を背景にしていますので，漢字・仮名混じりの文章になっているということです。

▶四鏡

　『栄花物語』が先駆けとなって，本格的な歴史物語として『**大鏡**』が成立します。その後，『**今鏡**』，『**水鏡**』，『**増鏡**』という，ミラー（鏡）とい

う言葉を後ろにくっつけた作品が出来ます。これを「四鏡」, 4つの鏡と総称します。これらがまさに歴史物語の代表であるということです。

　ここで, 1つ注意。四鏡のうちの『大鏡』と『今鏡』は, 人物単位で歴史を記述していきますので, 中国的な言葉でいえば, 一応, 紀伝体の形式をとった歴史物語であるということになります。

　これらを除いてその他のものは, 『栄花物語』も含め, 基本的に全部編年体になっています。ちょっと難しいけど, 『大鏡』, 『今鏡』は紀伝体の漢字・仮名混じりの物語であるということを, 覚えておいてください。

　『栄花物語』は道長の死までを描いています。クライマックスは道長の隆盛ということで, 道長はひたすら「かっこいい」, 「気前がいい」といった具合で, 褒めまくりというやつでして, ファンクラブが書いたような書きぶりになっています。だから, あまり客観的に叙述する歴史書というような内容ではないということを覚えておきましょう。

　一方, 『大鏡』のほうは, 「超老人」, 190歳と180歳の老人と若者の会話というスタイルで書かれたものです。

　内容は, 藤原冬嗣から道長に至る摂関家の隆盛を, 貴族たちの動向に沿って生き生きと描いています。

　『大鏡』が出来上がると, 続編が企画されたんでしょう。そのあとを受けて, 『今鏡』。引き続き, 後一条天皇から高倉天皇まで, 約1世紀半くらいの間を扱い, さっきいったように, 『大鏡』にならって紀伝体をとっています。

ゴロで覚える！　四　鏡…『大鏡』,『今鏡』,『水鏡』,『増鏡』
　　　　　　　　　　　　　　ダイ　　コン　　ミズ　　マシ

　いいですか, 成立順だと「ダイ（大）コン（今）ミズ（水）マシ（増）」と覚えましょう。ただし, おのおのが扱っている時期は順番どおりではありま

せん。『今鏡』は『大鏡』の続きですが，**『水鏡』は『大鏡』以前**を扱っています。『水鏡』と『大鏡』で初代の天皇とされる神武天皇から後一条の途中まで。そこで『**今鏡**』の続きは『**増鏡**』になります。いいですか，成立の順と扱う時代の順は違っているんです。

四　鏡

	ダイ **大　鏡**	コン **今　鏡**	ミズ **水　鏡**	マシ **増　鏡**
〈成立〉	11世紀後半 〜12世紀前半	1170	12世紀後半	14世紀半ば
〈範囲〉	文徳〜後一条	後一条〜高倉	神武〜仁明	後鳥羽〜後醍醐

＊扱う時代範囲は　水鏡→大鏡→今鏡→増鏡　の順

5　院政期の史書

▶『新猿楽記』

　11世紀半ばの漢詩文集『本朝文粋（ほんちょうもんずい）』の撰者（せんじゃ）として有名な**藤原明衡（あきひら）**が書いた随筆（ずいひつ）『新猿楽記（しんさるがくき）』という本に，当時の京都における猿楽見物の場面などが描かれていて，古代後期の庶民生活，非常に発達した様々な芸能や職能民（しょくのうみん）たちの様子を知ることができます。

　そういう内容から，『新猿楽記』には，歴史書という意義，意味があるんです。

▶『本朝世紀』

　六国史の続編として，7番目の正史を書く準備段階にあたる内容だろうといわれている史書が，『本朝世紀（ほんちょうせいき）』です。**鳥羽院（とば）**の命令で**信西入道（しんぜいにゅうどう）**すなわち**藤原通憲（みちのり）**が編纂を開始したものの，通憲が平治（へいじ）の乱で殺害されたため，残念ながら未完に終わっています。

通憲（信西は法名）は**保元・平治の乱**がらみで，**よく問われる**ところなので，枝問としてついでに『本朝世紀』を聞いてくることがあります。忘れないようにしておいてください。

▶『扶桑略記』・『今昔物語集』

　次に古代末期，院政期に，比叡山の僧侶**皇円**がまとめた『**扶桑略記**』という歴史書があります。これは通史的な編年体の歴史書で，神武天皇から堀河天皇までを扱っていますが，中身はほとんど**仏教の歴史**です。司馬達等による「**仏教私伝**」の記事が載っている本です。

　他に**説話集**も歴史書としての役割を果たしますので，『**今昔物語集**』もちょっと覚えておいてください。

　このあたりまでがだいたい中世に入るころまで，おおむね**古代の歴史書**ということになります。

史学史（中世〜近代）

鎌倉時代	『吾妻鏡』…幕府の正史にあたる和漢文，編年体の史書 『玉葉』（九条兼実）…日記 『愚管抄』（慈円：九条兼実の弟）…「**道理**」と「**末法**」史観
南北朝期	『梅松論』…北朝正統論 『神皇正統記』（1339 **北畠親房**）…南朝正統論 『増鏡』 『太平記』 『難太平記』（今川貞世）
儒学者の史書 （近世）	『本朝通鑑』（林羅山・鵞峰） 『大日本史』…徳川光圀が編纂に着手。史局彰考館。紀伝体 『読史余論』（新井白石）…「九変五変論」 『古史通』（新井白石） 『日本外史』（頼山陽）
国学者の史書 （近世）	『古事記伝』（本居宣長） 『群書類従』（塙保己一）…和学講談所
近代	『大日本史料』，『大日本古文書』…国史編纂事業の再開 「神道は祭天の古俗」…久米邦武（『米欧回覧実記』）の論文。筆禍事件 『神代史の研究』（津田左右吉）…近代的実証主義 『日本開化小史』（田口卯吉）…文明史観 『同時代史』（三宅雪嶺） 『近世日本国民史』（徳富蘇峰）

　史学史の続き，中世からです。鎌倉時代の『**吾妻鏡**』『**玉葉**』『**愚管抄**』など有名なものは基本史料の出典として学習したものです。

　北畠親房の『**神皇正統記**』や**新井白石**の『**古史通**』『**読史余論**』など，おなじみのものです。このあたりは，その内容や特徴まで学習していくことにします。

1 鎌倉時代の史書・日記

❖ 『吾妻鏡』

では，中世の歴史書を見ていきます。中世前半で一番大事なのは**鎌倉幕府の正史**にあたる『**吾妻鏡**』です。

『吾妻鏡』は鎌倉幕府の出来事を**漢文**で書いています。ただし，本格的な漢文ではなく，簡略化された漢文なので，和漢文などと呼んでいます。**漢文体・編年体の歴史書**です。

編纂されたのは鎌倉時代の後期でしたから，それからあとのほうは載っていませんが，**北条氏の側から書かれた史書**だというにおいがプンプンするやつでして，北条氏関係者にはだれそれ「殿」と敬称がついているとか，北条氏の立場を正当化しようという意図が色濃く反映している，くせのある書物です。

とはいえ，これがないと鎌倉時代の研究はほとんど進まないので，超重要な基本史料にはなっています。ちなみに『吾妻鏡』の鏡も『大鏡』の鏡と一緒で，ミラーの「鏡」ですが，四鏡のように仮名文字で書かれた歴史物語とは違い，**漢文で書かれている**ということを忘れないでください。

❖ 公家の日記

公家のほうは平安以来，鎌倉時代になっても**公家が書いた日記**が，歴史書の役割を果たしています。その代表は，

Q 中世の公家の日記として最も有名な**九条兼実**の日記とは？

―― 『**玉葉**』

源頼朝のパートナーとなった摂関家の中の九条家の祖である九条兼実の日記『玉葉』。これはもう基本史料ですよね。**平氏の台頭から鎌倉幕府成立期まで**を扱っています。

❖ 『明月記』

　和歌の文学のほうでは，『新古今和歌集』が編纂されています。これは文学史の分野ですが史書としての意味もある。また，その撰者の中心であった藤原定家の日記があります。

> **Q** 源平争乱から承久の乱以降までの，宮廷の動向を知るうえで重要な，藤原定家の日記は？　　　　　　　　　　　—— 『明月記』

　書道の作品としても有名なものです。

❖ 『方丈記』・『徒然草』

　これに対して，中世文学の1つの特徴である随筆も史書としての価値が高い。もちろん，『方丈記』と『徒然草』がその代表。

　随筆ですから歴史書ではありませんが，そのときに起こったことをリアルに書いています。例えば鴨長明の『方丈記』は1212年に成立したといわれてますから，まさに鎌倉初期の重要な史料。京都とその周辺の話で，具体的には平清盛による福原遷都とか，養和の飢饉などの様子がリアルに描かれています。

　『方丈記』に対比される，吉田兼好の『徒然草』のほうは，ずっと後の作品です。

　鎌倉初期の『方丈記』と鎌倉末期の『徒然草』というところ，大きく時代が違うことを頭に入れておいてください。

❖ 『愚管抄』

　次に，一定の価値観，一定の歴史観を持って書かれた歴史書，史論書と呼ばれるものです。

Q 天台宗の最高位，天台座主となった慈円が著した史論書は？

—— 『愚管抄』

史論書としての最初が，この『愚管抄』です。これと対比されるのが，北畠親房の『神皇正統記』。史論書と呼ばれる最初の2つの作品です。

『愚管』の「管」は「細い管」の意で，「管見」といえば，「細い管を通して見る」ということ。タイトル全体では，「愚か者が，細い管を通して見るように，視野・見識が狭い」という意味です。

慈円は当時，だれが見ても超一流の学識経験者であり，仏教者であり，高い教養の持ち主でしたから，こんなふうに極端にへりくだっていうと，逆に自慢しているんじゃないかと思える，嫌みったらしい名称ではあります。

国の始まりについて，ちゃらっと書いて，承久の乱直前くらいまでを扱っています。一説によれば，後鳥羽上皇の武力による倒幕を止めようとする意図があったんだといいます。

今はもう武士の世の中なんだから，公家が武家政権を武力で倒そうとするなんて無謀なことをしたら，天皇家は滅びますよ——みたいな注意を喚起する意図を，この本は持ったといわれています。

でも，結局，後鳥羽は，この書物が出た直後に，承久の乱に踏み出していってしまうわけです。

▶「道理」と「末法思想」に基づく史論書

じゃあ，なぜこの『愚管抄』が「史論書」と呼ばれるかというと，1つの理論，あるいは思想・価値観を背景に歴史を説明しているからです。

簡単にいってしまうと，世の中の常識，あるいは一般的な習慣を「道理」という言葉で説明し，その道理によって，世の中が変われば武士が政権をとることもやむを得ないんだと主張した。

プラスお坊さんですから，「末法思想」——今は末世，末法の世だと

説いた。もうモラルのすたれた世の中だから，この末法の世には武力を持ったものが国を統治しないと，国がもたないんだと。末法思想と道理を組み合わせて主張を展開し，ある意味，**源頼朝**のパートナーとなった**九条兼実**などの立場を<ruby>擁護<rt>ようご</rt></ruby>する形の本になっています。

まとめると，『**愚管抄**』は，「**道理**」と「**末法思想**」に基づいて，**時代の解釈を行った歴史・哲学的史論書**── 一定の価値観を持って過去の歴史を振り返って解釈しようとする本の最初である，ということになります。

皆さん知っているように，慈円は**五摂家**，<ruby>摂関家<rt>ごせっけ</rt></ruby>の5つの摂家のうちの**九条家の祖，兼実の弟**です。ですから，実際には，そのような九条家の立場の正当なことを主張するという意味があったんだということです。

[
(兄)九条兼実 　「玉葉」(日記)
(弟) 慈円 　　「愚管抄」(史論書)…道理・末法思想
北畠親房「神皇正統記」(史論書)…南朝正統論
]

❖ 『水鏡』・『増鏡』

次に，四鏡のうちの『<ruby>水鏡<rt>みずかがみ</rt></ruby>』。ちょっと注意があります。四鏡の話を，最初に古代のところでやったからといって，「大今水増」が全部古代のものだと思っちゃいけません。『**水鏡**』**が成立したのは鎌倉初期，12世紀後半**ですから，中世に入っています。

ただし『水鏡』は前回で解説したように，成立は『今鏡』の後，3番目ですが，実は扱っている時代は逆戻りして，『**大鏡**』**の前の時代のことを補って述べている**んです。『大鏡』が扱った時代に続けて，次の時代は『今鏡』が記述しています。

結局，『水鏡』が扱っているのは，鎌倉時代のずいぶん前，<ruby>神武<rt>じんむ</rt></ruby>**天皇**か

ら始まって仁明天皇までということです。だから「大今水増」っていうのは，新しい時代の記述が順を追ってだんだん書き足されていったというふうには決してなっていないことに，くれぐれも留意してください。

『増鏡』は **14 世紀半ば**に成立します。『増鏡』は，治承 4 年 (1180 年)，**後鳥羽天皇**が誕生し，**以仁王の令旨，治承・寿永の乱**の始まる 1180 年から「一味さんざん北条氏」(1333 年)，鎌倉幕府の滅亡，そして**後醍醐天皇**が隠岐から京都に戻ってくるところまでを，公家社会を中心に描いた大事な作品です。

『吾妻鏡』は鎌倉時代の後ろのほうの記述がありませんので，そこを補う貴重な史料です。もう一度，「大今水増」は**成立順**，扱っている内容はこの順番とは違って，『水鏡』は『大鏡』以前を扱っているということを，確認しておいてください。

❖『古今著聞集』・『沙石集』

次は『今昔物語集』に対比される説話集の大作，『古今著聞集』についてですが，

Q 古今の説話を収録した『古今著聞集』の編者は？

—— 橘 成季

もう 1 つ，歴史研究者が非常に便利に利用するのが『沙石集』という説話集でして，著者を答えるときは**無住**でもいいし，ていねいに**無住一円**でも OK です。

説話集というのは，**仏の教えを平易な話題から説き明かす**というスタイルのものが大部分。『沙石集』の著者，無住一円はお坊さんですが，経歴はわかりません。

ただ，武家階層の出身である可能性が高く，さらには鎌倉にしばらく住んでいたこともあり，その様子がリアルに描かれていて，使い道の多

い説話集として，歴史家にはありがたい本です。

　古文の先生に聞いたら，『古今著聞集』のほうが入試によく出るそうですが，日本史のほうでは，『古今著聞集』はときどき出るけど，やっぱり『沙石集』ってことになる。

❖『徒然草』

　次に，鎌倉末期の随筆，『徒然草』。最初に話したように，『方丈記』と共に，随筆の代表とされます。『方丈記』と同じように，宮廷社会の様子や京都周辺の暮らし，風俗などを知るうえで，とても貴重な史料になっています。ただし，成立は鎌倉末期ですよ。

❖ 軍記物語

▶『保元物語』・『平治物語』

　武士の台頭にともなって，合戦を素材とする**軍記物語**が次々に現れてきます。『将門記』あたりがその最初。そして，崇徳院の怨霊の話とか，源為朝が活躍し，どんどん英雄になっていく話などで注目される『保元物語』，あるいは『平治物語』なども現れてきます。

▶『平家物語』

　その頂点に立つのが，『平家物語』です。琵琶の伴奏で平家の物語を語る。日本の古典文学の代表として有名でしょう。

> **Q** 『平家物語』を琵琶の伴奏で語る芸能を，当時何と呼んだか？
>
> ──平曲

　琵琶法師が，暗記した『平家物語』を，琵琶を弾きながら延々と語るわけですが，この物語が，文字の読めない庶民にも広がっていった。

　そこで，「琵琶法師」，「平曲」という単語を覚えておいてもらわないといけません。また，このように，大きくいえば，庶民にも文学が広がっ

ていった，あるいは**文学を受容する庶民が現れた**というのが大事なところです。平家物語が今の形に完成したのは南北朝期であっただろうといわれています。

◤ 2 南北朝期の史論書・軍記物語

❖ 『神皇正統記』と『梅松論』

『愚管抄』と並ぶ史論書——これが先ほどいった『神皇正統記』です。

北畠親房が，1339 年，後村上天皇（ごむらかみ）が即位した年に，南 朝（なんちょう）方の武士をもっと集めようという目的で書いた本だといわれていますが，

> Ｑ 北畠親房が，『神皇正統記』を一晩で書いたとされる常陸国（ひたち）の城は？
>
> ——**小田 城**（お だ じょう）

南朝方の武士を集めようというので書いたのだから，当然，『神皇正統記』は後村上天皇に至る**南朝**の**皇位継承**（こう い けいしょう）こそが**正統である**（せいとう）という主張になります。

親房は，小田城で『**職原抄**』（しょくげんしょう）という朝廷の官職の説明，注釈書も書いています。天皇のもとでの正しい官職の任命などを人々に伝えようとしたものです。

> 北畠親房・（常陸）小田城 ➡ 『神皇正統記』『職原抄』

『神皇正統記』に比べて価値は劣（おと）りますが，南北朝期に書かれた軍記物語で『**梅松論**』（ばいしょうろん）というのがあります。こちらのほうは，**武家の立場から足利氏**（あしかが）**を中心に南北朝の動乱期を描いている**ので，軍記物語ですが，**北朝**（ほくちょう）**側からの立場**で書いたものなので，史論書としての役割をもっているということになります。

```
┌─ 南朝正統論…北畠親房『神皇正統記』
└─ 北朝正統論…(著者不明)『梅松論』
```

❖ 『太平記』

　軍記物語では『平家物語』とならんで，有名な『太平記』が現れます。『平家物語』が平曲によって広がっていったように，あるいは完成したように，

　Q 『太平記』に節づけして読み語りをする人は何と呼ばれたか？

　　　　　　　　　　　　　　　　　　　　——太平記読み

　『太平記』には面白い話がいっぱいあり，これを1つの楽しみとして人々に提供した。「太平記読み」と呼ばれる，後の，江戸時代の講談師のような役割を果たした人々によって庶民に広がり，人々は，後世の**南北朝に対する歴史的な認識を**，ほとんどこの『太平記』から受け入れました。

　ところが，『太平記』はしょせん物語ですから，若干のウソというか，事実と違うことも書いてあったんでしょう。

　そこで怒っちゃったのは，一族が悪者に仕立てられた**今川貞世（了俊）**。彼は九州探題として北朝による九州制覇を実現した有名な武将ですが，彼はこの『太平記』の誤りを指摘して今川氏の**名誉を守ろう**というので，『難太平記』という著作を残しています。

　いいですか？　**歴史物語と軍記物語の違いを意識しておくこと。**

```
歴史物語 ➡ 栄花物語／(四鏡)大鏡・今鏡・水鏡・増鏡
軍記物語 ➡ 将門記／平家物語／太平記
```

　歴史物語の舞台は都の貴族社会ですが，軍記物語は合戦をテーマにしている戦記文学ですよ。

3 近世の史書

❖ 江戸幕府の歴史『本朝通鑑』

さて次に，**近世**。**江戸時代**になると，幕府が歴史書を編纂させます。律令国家，天皇政府が中国に対抗する形で正史を書かせたように，**徳川幕府の歴史**を書かせようとしたのです。そして，出来上がったのが『**本朝通鑑**』です。

> **Q** 幕命により，『**本朝通鑑**』を編集したのはだれか？
> ——**林羅山，林鵞峰**

家康が重用した**朱子学者**の父子でした。**漢文，編年体**で**神代の昔から後陽成天皇の時代まで**を記したこの史書の思想的背景としては，当然，彼らの**儒学的あるいは朱子学的な合理主義**というものが貫かれています。

当時の博覧強記の学者が，膨大な史料を基にまとめ上げた歴史書ではあるけれど，ただ，今日の目から見れば，中身そのものは極めて平板なものです。

❖ 水戸藩の『大日本史』

一方，水戸の**徳川光圀**，いわゆる時代劇の**黄門**様が，1657 年に着手して，明治時代までかかってようやく完成する修史事業，『**大日本史**』の編纂が始まっています。

> **Q** 徳川光圀の命令によって，水戸藩の江戸藩邸につくられた**史書の編纂所（史局）**を何といったか？
> ——**彰考館**

この「彰考館で始まった歴史書の編纂は何年に完成したか？」——これ，早稲田だったかな？　年号を聞いてきましたよ。**1906 年**という年号で答えさせる，よく出るパターンですが，さすがにこれは細かすぎる。

　この彰考館での編纂の過程で，たくさんの学者が現れ，「水戸学」と呼ばれる学派が形成されたくらいです。

　光圀の命によって始まった水戸の『大日本史』の編纂で注目すべきは，漢文であることと，紀伝体をとったことです。

　ほとんどが編年体である日本の史書の中で，意図的に，しかもしっかりと原則を守った紀伝体で書かれている。だから，それなりに時間がかかったんだと考えてもよろしい。

　もう 1 つ注意するのが，この**水戸学**は後期になると，**尊王論**（そんのうろん）がどんどん色濃く前に出てきて，**幕末の倒幕運動の思想的な背景**となったこと。これを思い出しておくこと。

　もう 1 つ，江戸後期に，諸藩で，藩士子弟（はんししてい）のための高等教育機関，**藩学**あるいは**藩校**が設立されていたんですが，遅まきながら，

Q 1841 年に水戸藩が開設した藩校の名称は？　　　　　——弘道館（こうどうかん）

　ここから，やがて**後期水戸学の尊王論者**たちが出てくるのですが，この藩校としての弘道館と史局の彰考館を混同しないこと。彰考館というのは歴史研究所であって，教育機関である藩校ではありませんからね。

　ちなみに，『**大日本史**』は**南北朝正 閏 論**（せいじゅんろん）（南北朝時代において南朝と北朝のどちらを正統とするかの論争）でいえば，**南朝正統論**をとっています。

　光圀の話でもう 1 点。それまで**和歌**の世界では，『古今和歌集』以降の作品ばかりが重視されていたのですが，光圀は，忘れられていた『万葉集』に着目し，**契沖**（けいちゅう）に『**万葉代 匠 記**』（まんようだいしょうき）という万葉集研究の本を書かせた。これがのちの**国学発達の契機**（こくがく）となったことも，覚えておいてください。

❖『中朝事実』

さて，独自の歴史学者として名をなしたのが**山鹿素行**で，古学派の儒学者です。

Q 儒学を信奉する日本こそが世界の中心だと主張した**山鹿素行**の著書は？
—— 『**中朝事実**』

「中朝」とは日本のこと。中国では，1644年，明が滅亡して清が起こります。清はモンゴル民族ですから，要するに漢民族以外の征服王朝だ。となると，中華，世界の中心であった中国に正統な王朝がなくなったということになる。

そこで，この本は，万世一系の天皇が続く日本，儒学を，儒教を信奉する日本こそが，世界の中心だ，中華だ，という主張をしたことで有名な，ユニークな著作です。

他に，山鹿素行には『**武家事紀**』という，武家政治の歴史や武家の生活の参考になるような事柄をまとめた作品もあります。

❖ 琉球の史書

江戸時代，琉球王国でもやはり歴史書の編纂が行われ，有名な**向象賢**という学者が中心になって，和文体の『**中山世鑑**』という**琉球王国初めての正史**が編纂されています。これはテーマ史として琉球史に含まれるものですから注意しておくこと。

❖ 新井白石の著作

▶『読史余論』

次は，何といっても，近世を代表する大学者である**新井白石**の歴史学に関わる著作です。一番よく出るのはこの著書。

Q 九変五変論と呼ばれる独自の時代区分論をとったことで有名な白石の史書は？ —— 『読史余論』

彼はいわば徳川将軍の家庭教師でした。6代将軍**徳川家宣**に対する講義案のメモをもとに著した日本史概説書が『読史余論』という本です。

「九変五変論」ですが，天皇を中心に歴史を9段階に，武家政権を5段階に分けて，徳川幕府成立以前の歴史を区分していったわけです。

そのときに，単線型で区分しないで，**鎌倉時代は天皇による政治の最後の段階であると同時に，武家政治の最初の段階**だ，すなわち，**鎌倉時代は公家政権と武家政権が両方とも存在している**，要するに，鎌倉時代を**公武二元的な時代**であるとする**時代区分論**を提唱したことで有名な本です。

▶『古史通』

ただ，歴史を解釈するうえで，白石には，徳川将軍家に対する**配慮**というのが入ってくるので，『**読史余論**』はどうしても遠慮がちな記述にならざるをえませんが，徳川幕府には直接関係がない**古代史**については，白石らしい思い通りの意見を表明できたといえます。

Q 白石が，神代から神武天皇に至るまでの伝承を朱子学的合理主義から検証した書物は？ —— 『古史通』

神話というものは歴史そのものではない，実在した人間が抽象化されて神となり，地上に現れたのだというように，記紀神話を合理主義的に解釈しようとした，**画期的な古代史論**であったと評価され，白石の歴史学者としての特徴，功績は『古史通』のほうにあるんだといわれています。

▶『藩翰譜』

あと，6代将軍**徳川家宣**が将軍になる前，甲府藩主・徳川綱豊だった
ころに，当時あった300以上もの大名家の1軒1軒の家の歴史をまとめ
てくれと，白石は彼に命じられます。

大変な話ですよね。これを白石，また真面目に完成させまして，『藩
翰譜』という著作になっています。

❖『古事記伝』

そして，前回もちょっと触れましたが，それまでほとんどだれも読め
ず，顧みられなかった『**古事記**』を通読したのが**本居宣長**，その著書が『**古
事記伝**』です。

❖『群書類従』

やがて**和学**と呼ばれるようになる，**日本古来の文学・歴史などを研究
する学問**が発達する大きなきっかけをつくった，盲目の大学者が出てき
ます。

> **Q** 古代から江戸初期に至る，書物という書物をすべて集めて刊行していっ
> た『**群書類従**』という一大叢書を編纂した人物は？
> ──**塙保己一**

塙保己一という人はすごいです。この大事業に特定の学問上の目標は
ありません。放っておけば失われていく，過去の書物，ありとあらゆる
書物をすべて出版するんだ，失われていく史料をすべて書籍化しておこ
うと。

もう文学だろうが日記だろうが，なんでも集めちゃいます。ともかく
全部集めるんだと。これが一大叢書，『**群書類従**』という，百科事典みた
いな出版物であります。

『群書類従』とは，まさに群書，群れとなって大量に存在している本を，

一定の分類に従って出版していくというものです。実は，この『群書類従』の作業は，つい最近までずっと続いていたんです。

正編だけは1819年に完成しますが，その後，近代まで作業は続き，『続群書類従』，『続々群書類従』というふうに，次々に膨らんでいった。

ちなみに個人的な話ですが，この『群書類従』の最後の編集長は私の大学1年からの同級生です。もう今は引退していますが。

ちょっと注意するのは，『群書類**従**』の文字です。『類聚三代格』とか『類聚国史』の「聚」，「あつめる」じゃなくて，これは「従う」の文字を使いますからね。

Q 塙保己一が創立し，『群書類従』を編纂していった研究機関は？
——和学講談所

『群書類従』，塙保己一，和学講談所はセットにして，しっかり覚えておいてください。

❖『日本外史』

あと，幕末史にからんで出題されることがある『日本外史』という武家政権についての概説書にも注意しておくこと。

Q 源平二氏以降，徳川氏までの武家の興亡を，漢文体で記した『日本外史』を書いたのはだれか？
——頼山陽

「**外史**」というのは「野史」と同じような意味で，この本の文章は名文で有名です。儒教的名分論で書かれた簡単な武家政権の歴史なんですが，名文だったこともあり，**幕末の尊王思想**に大きな影響を与えました。いわゆる幕末の志士たちは，みんな，日本史をこの『日本外史』で学んでいったんです。

❖ 『大勢三転考』

　次はほとんど出ないんですが，有名人なので，ちょっと覚えておいてください。

　紀州和歌山藩の藩士だった**伊達千広**という人が書いた，独特の日本史の概説書で，『**大勢三転考**』という本があります。この人は，近代の外交史で有名な**陸奥宗光**のお父さんです。

　彼は日本の歴史を骨の時代，職の時代，名の時代という３つの時代に区分しています。

4　近代の歴史学

❖ **ドイツ歴史学の影響**

　次は，いよいよ**近代の歴史学**になります。これまでの，中国の影響を受けた前近代の歴史学に対して，今度は西洋の影響，なかんずく，ドイツの歴史学の影響を受けるようになります。

　ドイツ実証主義といって，歴史を考える，推定するときの根拠は，信頼性のない史料ではなく，確実な史料に基づかなければいけない，想像はいけないとされます。

　あえていえば，ＮＨＫの大河ドラマのような歴史を考えてはいけませんよということ。『甲陽軍鑑』という読み物に書いてあることをそのままに武田信玄の歴史としてしまうとか，小瀬甫庵の『太閤記』を読んで，豊臣秀吉がものすごい超能力者だったなんていう歴史を信用してはいけないよと。

　そうではなく，残存している秀吉が書いた手紙などの**客観的な史料を優先させて秀吉を研究しましょう**ということになります。**ドイツ実証主義歴史学**なんかが入ってくるわけです。

31

　また，六国史が途絶えてしまっているので，明治天皇という**天皇政府が復活**したんだから，**修史事業**をもう一度起こそうということになる。

　そこで国史編纂事業が始まって，帝国大学にこれが移管され，のちに**史料編纂掛**と名前が変わりますが，ここで『**大日本史料**』と『**大日本古文書**』などの編纂と刊行が始まります。現在も継続中で，終わるのはあと 100 年，200 年かかるだろうといわれている作業です。

　『**大日本史料**』は，7 番目以降の六国史を書くための史料を収集し，吟味して，信頼すべきものを集めた史料集で，ものすごい量があります。また，書物の形でないものは，『**大日本古文書**』という形で，ある程度まとまり次第，刊行されています。

　これらは，東大の赤門を入った左側にある**東京大学史料編纂所**で行われている，修史事業です。

❖ 思想弾圧の筆禍事件

> **Q** 岩倉遣外使節団に随行し，その報告書『**米欧回覧実記**』をまとめたのはだれか？
> ——**久米邦武**

　久米邦武は，近代的な，**実証主義的近代歴史学**の開拓者，先駆者としても有名です。根拠のある史料，信頼できる史料を吟味し，それを集めて，初めて歴史学は成り立つという立場です。久米は，たまたま，ある雑誌に「**神道は祭天の古俗**」という論文を載せて批判を浴びます。

　神道というのは，仏教のように経典があるわけではなく，昔から天をまつっている古い習慣が続いたものであり，**日本古代の神道は宗教とはいえない**といって，当時の神道家や国学者から，皇室の尊厳を冒すものと批判・非難を浴び，東京大学を退職することになった。

　これは**久米邦武の筆禍事件**として，大きな枠組みでいうと，**近代にお**

ける思想弾圧という意味で出題されることがあります。

❖ 津田左右吉の『神代史の研究』

それから，いわゆるテキストクリティークといいますが，**厳密な文献批判**，史料の信ぴょう性を徹底的に吟味する作業を行ったのが津田左右吉です。

今でいえば，「大化の改新の詔」は『日本書紀』の段階で修正され，字句が変わってしまっている部分があるといった批判——実際，この事実は証明されているわけですが。こういう批判を最も厳格にやったのが津田左右吉です。正史に書いてある内容を次々に否定していったのですが，やり過ぎてしまったのでしょう。その著作，『神代史の研究』は，出版法違反で訴えられたりします。

❖ 文明史観

もう1つ，近代的な歴史学の系統で，日本に入ってきたものがあります。これが文明史観といって，**歴史研究の主要な目的は文明の盛衰を考えることである**という考え方です。

蘇我入鹿がどうしたとか，だれそれが何の事件を起こしたのか，といったことを解明するのが歴史の一番大事なことではない。文明が起こり，滅んでいく現象を対象として，巨視的に研究していこう。

ただ，まあ，その前提に，多分に西洋文明を優れたものと考えるという傾向がどうしてもあって，いわゆる「脱亜入欧」のように，ヨーロッパの歴史学を尊重するという発想になってしまいます。

Q このような文明史観と呼ばれるような歴史学を受容し，『日本開化小史』を書いた史学者は？
——田口卯吉

❖ 国家主義思想の台頭

1887〜89年ぐらいに，いわゆる**国家主義思想が台頭**してきます。ここのところ，『日本史B講義の実況中継〈第③巻〉』の399〜405ページのほうで，もう1回確認しておいてください。

国家主義思想			
平民主義	雑誌『国民之友』	民友社	徳富蘇峰
国粋保存主義	雑誌『日本人』	政教社	三宅雪嶺・志賀重昂
国民主義	新聞「日本」		陸羯南
日本主義	雑誌『太陽』		高山樗牛

- 平民主義 ……… 平民的欧化主義を唱える。徳富の主張は，貴族的な欧化ではなく，「平民」にとっての欧化こそが必要であるというもの。
- 国粋保存主義 … 欧化主義に反対し，伝統文化の保存を主張。
- 国民主義 ……… 義和団事件を機に帝国主義を認める。
- 日本主義 ……… 日本の大陸進出を支持。

政教社の雑誌が『日本人』，これはいいですよね。それから，中心人物に三宅雪嶺がいましたね。この人は，晩年に，『同時代史』というタイトルの，近代史の大部な本を書いています。

それで，ややこしいのは，民友社の雑誌，『国民之友』のほう，こちらの中心，徳富蘇峰は，全100巻に及ぶ『近世日本国民史』という，これも大部な歴史書を残しています。

2人のこの著書は，明治の文明開化の反動で起こってきた国家主義の台頭のところの，政教社，民友社の箇所のテキストやノートに，必ずプ

ラスアルファで付け加えておいてください。

❖ 徳富蘇峰と徳冨蘆花

ついでに、蘇峰の弟、徳冨蘆花もチェックしておきましょう。蘆花の方は文学史で、ベストセラー小説『不如帰』の著者としてでてくることがあります。熊本洋学校でアメリカ人ジェーンズの感化を受けてキリスト教（プロテスタント）に入信し、同志社で学んだ兄の徳富蘇峰と弟の徳冨蘆花。兄弟はしっかり区別しておきましょう。

細かいことですが、兄の蘇峰は「徳富」ですが、弟の蘆花は「徳冨」ですよ。「富」の上の「、」がない「徳冨」。

初めは兄とともに弟の蘆花も民友社に入っていたのですが、兄が国家主義に転じて以降、仲が悪くなったそうです。

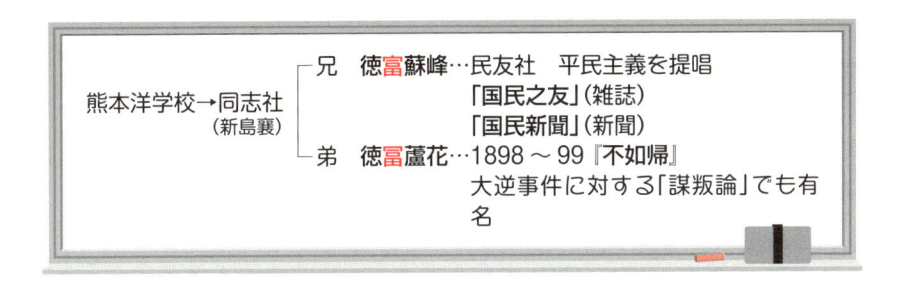

熊本洋学校→同志社（新島襄）
兄　徳冨蘇峰…民友社　平民主義を提唱
　　　　　　「国民之友」（雑誌）
　　　　　　「国民新聞」（新聞）
弟　徳冨蘆花…1898 〜 99『不如帰』
　　　　　　大逆事件に対する「謀叛論」でも有名

こういうところで点を稼ぐと、けっこうなアドバンテージを得ることができますよ。

では、「史学史」については、ここまで。

女性史（前近代）

縄文	土偶・石棒
弥生	**卑弥呼**…「親魏倭王」の称号。死後は壱与（台与）へ
古代	**推古天皇**…最初の女帝 **皇極天皇**…乙巳の変で退位 **斉明天皇**…皇極天皇が重祚 **持統天皇**…686 〜 689 称制。飛鳥浄御原令施行。藤原京 **元明天皇・元正天皇** **孝謙天皇** 　**光明皇后（皇太后）** **称徳天皇**…孝謙天皇が重祚。道鏡台頭 **平成太上天皇の変（薬子の変）** **平徳子**（平清盛の娘）…1172 高倉天皇中宮
中世	**北条政子**…尼将軍 **日野富子**…応仁・文明の乱 　　　　　　　　　　　　※女性の活躍…**大原女・桂女**
近世	**淀君**…大坂夏の陣：豊臣秀頼とともに自害 　　　　　　　　　　　　**※入鉄砲に出女** **明正天皇**…女帝 **和宮降嫁**

　今回と次回は，女性の歴史，**女性史**です。人類の半分は女性。ところが，教科書に出てくる人物は圧倒的に男性。そこで，女性の果たした役割についてしっかり学習していない生徒が続出し，女性史が出題されると**差がつきやすい**ということになってしまう。

　ていねいに，古代から順番に，近現代史まで，女性に関わる歴史事項だけをピックアップして整理しておきましょう。

1 古代の女性①

❖ 女性史の始まり

　まずは考古学からいきましょう。**土偶**，**石棒**っていうのが出てきましたね。**縄文時代の土偶**にはお腹が膨れた女性や乳房を表現したものがあり，女性をかたどったものだとされています。さかのぼれば，この辺りから女性史が始まっていくことになります。もちろん石棒は男性を象徴している。

❖ 卑弥呼

　続いて**弥生時代**になると，**卑弥呼**が登場。最初の超有名人女性だね。これはテーマ史というより基本ですから，チェックだけでいいでしょう。

> **Q** 卑弥呼が 239 年に魏に使者を派遣した際に，魏の皇帝によって与えられた称号は？
> ——**親魏倭王**

　基本だから，大丈夫ですよね。

　一方，卑弥呼は，隣接する南側の**狗奴国**という男の王をいただく国との長い戦争で苦しんだ。それで，魏に助けを求めたなんていう記述も，「**魏志**」倭人伝に出てきましたね。

　この卑弥呼が亡くなったあと，後継者として再び，女王が登場します。

> **Q** 卑弥呼の死後，争乱を収めたのは？
> ——**壱与（台与）**

　266 年に西晋に遣使した「倭の女王」という『**晋書**』の記述は，多分，この壱与であると考えられています。

❖ 推古天皇

　次も超有名人。**推古天皇**です。

崇峻天皇が蘇我馬子に殺され，代わりに擁立されたのが推古女帝でした。推古天皇は系図上でしっかり確認しておくこと。

欽明天皇の子で天皇となった人は4人，敏達・用明・崇峻・推古。用明天皇の子が厩戸王(聖徳太子)ですよ。

推古天皇は欽明天皇の娘で，用明天皇の妹にあたりますね。

天皇と蘇我氏

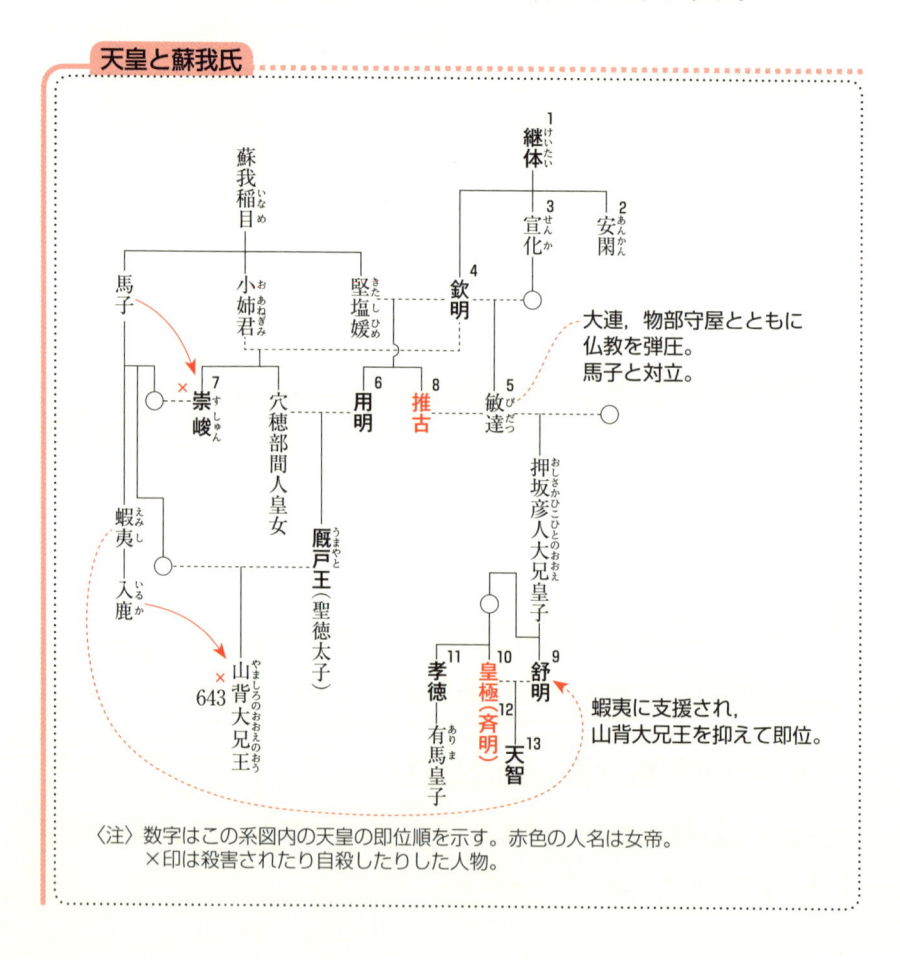

〈注〉数字はこの系図内の天皇の即位順を示す。赤色の人名は女帝。
×印は殺害されたり自殺したりした人物。

❖ 皇極天皇・斉明天皇

645年，乙巳の変のクーデターが起こります。これによって**女帝皇極天皇**は退位し，中大兄皇子たちは**孝徳天皇**を立てます。皇極天皇は退位して**太上天皇**ということになるわけですが，655年に，再び天皇に復活します。天皇になることを**践祚**といいますが，

Q いったん退位した天皇が再び皇位につくことをなんというか？

——**重祚**

皇極太上天皇は重祚して，**斉明天皇**となったということ。

660年，朝鮮半島では，唐と新羅の挟み撃ちにあって，**百済が滅亡**しました。百済滅亡という大事件に対して，斉明天皇は，積極的な姿勢で臨み，百済を再建しようとします。

当時，日本に来ていた百済王の息子（余豊璋）を朝鮮に送り返し，百済王朝を継続させようとして軍隊を派遣した後，自らも側近を連れて，九州に向かいます。いわゆる**斉明天皇の西征**です。

Q 斉明天皇がようやく九州にたどり着き，急遽，筑紫に建てた宮殿は？

——**朝倉宮**

でも，住居をつくって，そこに着いたとたんに急死してしまった。

❖ 額田王

斉明天皇が西に向かう途中，瀬戸内海の，多分，松山沖あたりにとどまっているときに詠んだ歌。

「にぎたつに　ふなのりせむと　つきまてば
（熟田津尓）（船乗世武登）　　（月待者）

　　しほもかなひぬ　いまはこぎいでな」
　　（潮毛可奈比沼）（今者許藝乞菜）

これは斉明天皇に随行していた額田 王（ぬかたのおおきみ）の歌です。ここで，この歌を思い出さなければいけません。

額田王は，謎の女性ではありますが，代表的な**万葉の女性歌人**。原文では，丸カッコ内のように**全部漢字**で書いてある。このように，

Q 古代に，日本語表記のために漢字の音と訓を使い分けてた「音」の方の文字のことを何というか？　　　　　　　　——**万葉仮名**

『万葉集』での表記に代表されるため，この名前がついています。

額田王のこの歌は，まさに，**漢字の音と訓**，漢字をその訓で意味を表し，一方で表音文字（ひょうおん）としても使いながら，ヤマト（大和）言葉，日本語を表記したわけです。

❖ 持統天皇

続いて，もっと大物が出てきます。**天武天皇**（てんむ）の皇后，後の**持統天皇**（じとう）です。天武天皇が亡くなったあと，正式の天皇がいなかった。そこで，彼女がその間，天皇の仕事を代わりに行いました。このように，

Q 正式に即位の儀式を経ていない天皇が行う政治のことを何といったか？　　　　　　　　　　　　　　　　　——**称制**（しょうせい）

この言葉を思い出しておいてください。最愛の息子，**草壁皇子**（くさかべ）が死んでしまったために，しばらく皇后として統治をしたんだということ。正式に即位したのが690年で，**持統天皇**になる。そして，

Q 697年，**持統**天皇は，成長した孫に皇位を譲る（ゆず）ことになるが，その新たな天皇の名は？　　　　　　　　　　　　——**文武天皇**（もんむ）

持統天皇は飛鳥浄御原令（あすかきよみはらりょう）の施行とか藤原京遷都で有名ですから，まあ，この人を忘れることはないでしょう。

2 律令制と女性

❖ 律令制度における女性の地位

次，**律令時代の女性**について，覚えておくポイントを見ておきましょう。

まず，律令は**良民**と**賤民**というふうに，国民を大きく2つの身分に分けますが，賤民階級はそれほど多くはなく，大部分は良民です。その良民に対して，**班田 収 授法**によって**口分田**を分配します。

▶**良民女子の口分田**

このときに，**6歳以上の良民の男子は2段**ですが，

Q 良民女子が得た口分田の量は，男子の何分の何だったか？

―― **(男子の)3分の2**

史料には「女は(男の)**3分の1を減ぜよ**」(3分の1を削れ)と書いてあったでしょ？　だから，残り3分の2が与えられます。

いまいったように，良民男子に与えられたのは2段。では，

Q 良民女子1人につき，与えられた口分田は，いくらになるか，何段何歩で答えなさい。

ここで，律令制における土地の面積の単位を思い出してください。

町		段(反)		歩
1	=	10		
		1	=	360

忘れてませんよね？　男子は2段ですから，「歩」に換算して計算すると，

$$360 \times 2 \times \frac{2}{3} = 480 \text{ 歩} = \text{1 段 120 歩} \quad \text{(答)}$$

このように，良民女子 1 人につき，1 段 120 歩となる。

▶私婢の口分田

ただし奴婢の場合は，**私婢**というのが**女の奴隷**です。これが，**良民女子の 3 分の 1**，つまり，

$$480 \text{ 歩} \times \frac{1}{3} = \text{160 歩}$$

が与えられる。

それから**家人**(私有の賤民)は男と女両方いますが，**女子の家人も私婢と同じく 160 歩**が与えられることになっています。ここは基本中の基本ですから，通史のほうの班田収授法のところで，しっかり確認しておきましょう。

❖ 偽籍

また，8 世紀の末以降になると，偽籍が増えていったことも思い出しておくこと。偽籍というのは読んで字のごとく「偽の戸籍」という意味で，たまたま残っている，8 世紀末以降の古い戸籍を見ると，記載されている人数が圧倒的に女性優位になります。

Q なぜこんなに女の数が多い戸籍が残っているのか？

──**男子には過重な税が課されたから**

男子だと重い人頭税がかかったからと考えられています。口分田の班給額が少々減っても，税制的に女子のほうが圧倒的に有利だというので，**生まれた子供が男でも女として届ける**という違法行為が横行し，これがどんどん拡大して，このような偽籍が成立したと考えられています。

3 古代の女性②

❖ 元明天皇・元正天皇

　文武天皇の没後，次の天皇の位をその第1皇子 首^{おびとの} 皇子に継承させようとしましたが，まだ幼いということで，中継ぎの形で女帝が登場します。これが **元明天皇**^{げんめい}，**元 正 天皇**^{げんしょう}という2代続く女帝です。これも系図で確認すること。

天皇家と藤原氏の関係系図

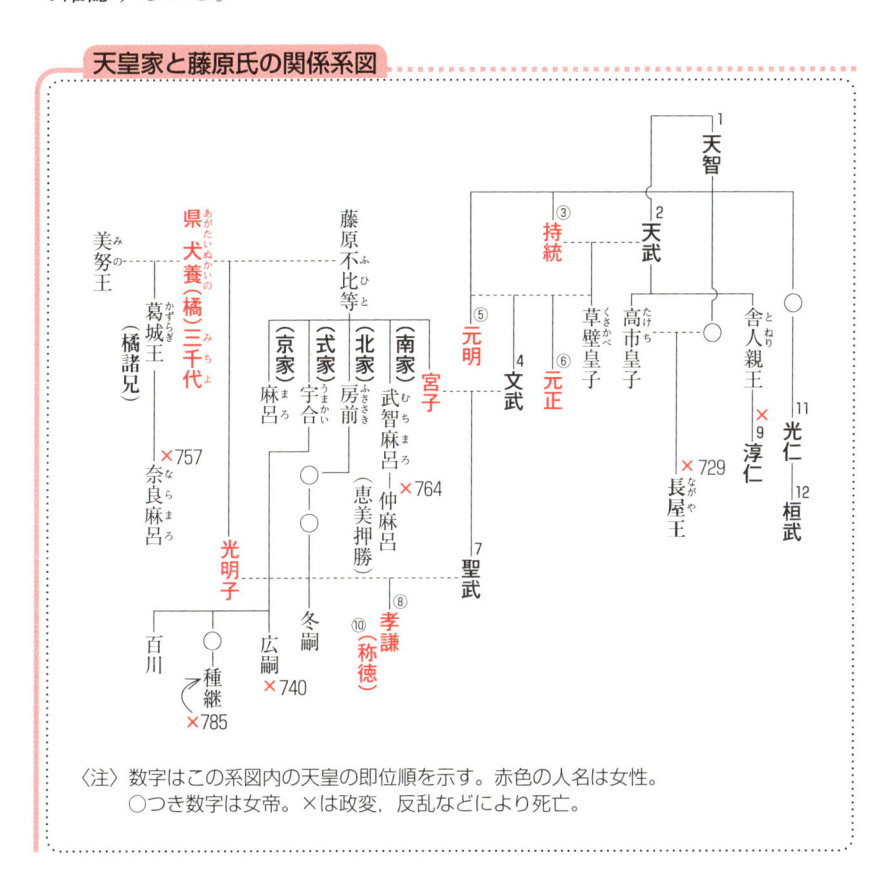

〈注〉数字はこの系図内の天皇の即位順を示す。赤色の人名は女性。
　　　○つき数字は女帝。×は政変，反乱などにより死亡。

❖ 光明皇后

次に出てくる重要人物は，何といっても光明皇后です。

Q 光明皇后の父親はだれか？　　　　　　　　　　——藤原不比等

不比等の娘の光明子が，のちの光明皇后になるんです。

この時代までは，天皇の奥さんたちの中で，**皇后になれるのは皇族出身の天皇の正妃**だけでした。

そんな中で，不比等の4人の男子，**藤原四子**(藤原**武智麻呂・房前・宇合・麻呂**)は，**光明子**を皇后にしたいと考えた。

皇后というのは，天皇の奥さんたちの中で最も格式の高い，正式の夫人というイメージですが，聖武天皇の夫人であった光明子を皇后に格上げすることができれば，彼女には天皇と同じくらいの権威，権能が与えられる。そのためには，天皇の命令が要ります。

藤原四子のこの野望にとって最大の障害となっていたのは，当時，皇親勢力の代表として権勢を振るっていた長屋王でした。

Q 729年，謀反の疑いがあるとして，藤原宇合らが長屋王を襲って，自殺に追い込んだ事件は？　　　　　　　——長屋王の変

その結果，長屋王は排斥され，光明子は聖武天皇の皇后になります。これを立后といいますけどね。こうして，これは**皇族以外から皇后が立てられた最初の例**となりました。

繰り返しますが，それまでは，皇后にあたる地位には，同じ天皇家の内部の女性しか就けなかった。**臣下の出身で最初に皇后になった**——これが**光明子の皇后就任の意味**ということになります。

光明皇后の母は，系図で見てもらえばわかりますが，**県犬養三千代**ですね。彼女は奈良時代を代表する女性の高級貴族であり，橘という姓を与えられているので橘三千代とも呼びます。

そして光明皇后は父**藤原不比等**から譲られた邸宅を後にお寺にしました。これが平城京の平城宮に隣接する，後の**法華寺**です。これは奈良仏教のところでしっかり覚えなければいけないところでしょう。

❖ 光明皇太后と藤原仲麻呂

　さて，**聖武天皇**が**孝謙天皇**に譲位した後，聖武天皇の皇后であった光明皇后は**光明皇太后**ということになります。夫である天皇が退位して**太上天皇（上皇）**になると，皇后の呼び名，名称も皇太后に変わるわけです。そして，

> **Q** 光明皇太后のために新設された，**紫微中台**という役所の長官に登用された人物は？　　　　　　　　　　　　　　　　——**藤原仲麻呂**

　この紫微中台のトップという地位が，やがて仲麻呂が権力を握るもとになったということを思い出しておきましょう。また，仲麻呂は淳仁天皇から**恵美押勝**という名前をもらっていることも覚えておいてください。

▶悲田院・施薬院の設置

　光明皇后は仏教信仰に厚く，仏教的な社会事業，福祉事業としての政策を実現します。

> **Q** **光明皇后**が設置した，親を失った孤児や貧窮者を救済するための施設を何といったか？　　　　　　　　　　　　　　　——**悲田院**

　また，貧しくて病気の治療も受けられないような人々に治療を施した**施薬院**も有名でしょう。

❖ 孝謙天皇・称徳天皇

　749 年，即位した**孝謙天皇（女帝）**は，758 年，**藤原仲麻呂**によって擁

立された**淳仁天皇**に皇位を譲ります。

　ところが，764年，**恵美押勝の乱**（**藤原仲麻呂の乱**）で仲麻呂が排斥されてしまい，孝謙太上天皇（上皇）は再び天皇になります。すなわち**重祚**ですね。重祚すると，別の呼び名，称号が決められ，**称徳天皇**が誕生します。

Q **称徳天皇**が寵愛して特殊な地位を与え，政界のトップに据えた僧侶とはだれか？　　　　　　　　　　　　　　　　　　　──**道鏡**

　こうして，称徳天皇は**仏教偏重政治**に陥ってしまうんですが，この間，東大寺に対抗する**西大寺の建立**なども進んだということを覚えておいてください。

　権力を握った道鏡ですが，称徳天皇の死と共に左遷され，仏教政治の弊害が解消されます。

❖ 桓武天皇の母・高野新笠

　称徳天皇の次は**光仁天皇**，その次が**桓武天皇**となります。
　壬申の乱後，大海人皇子が天武天皇として即位して以来，男子の天皇はしばらく**天武系**が続いていましたが，天智天皇の孫である**光仁天皇**で**天智系**に変わりました。

　光仁天皇の皇后は天武系の血を引く**井上内親王**，そして，その子，つまり皇太子が**他戸親王**なんですが，光仁天皇はこの皇后・皇太子に罪を着せて排除してしまう（次ページ系図）。

平安初期天皇家系図

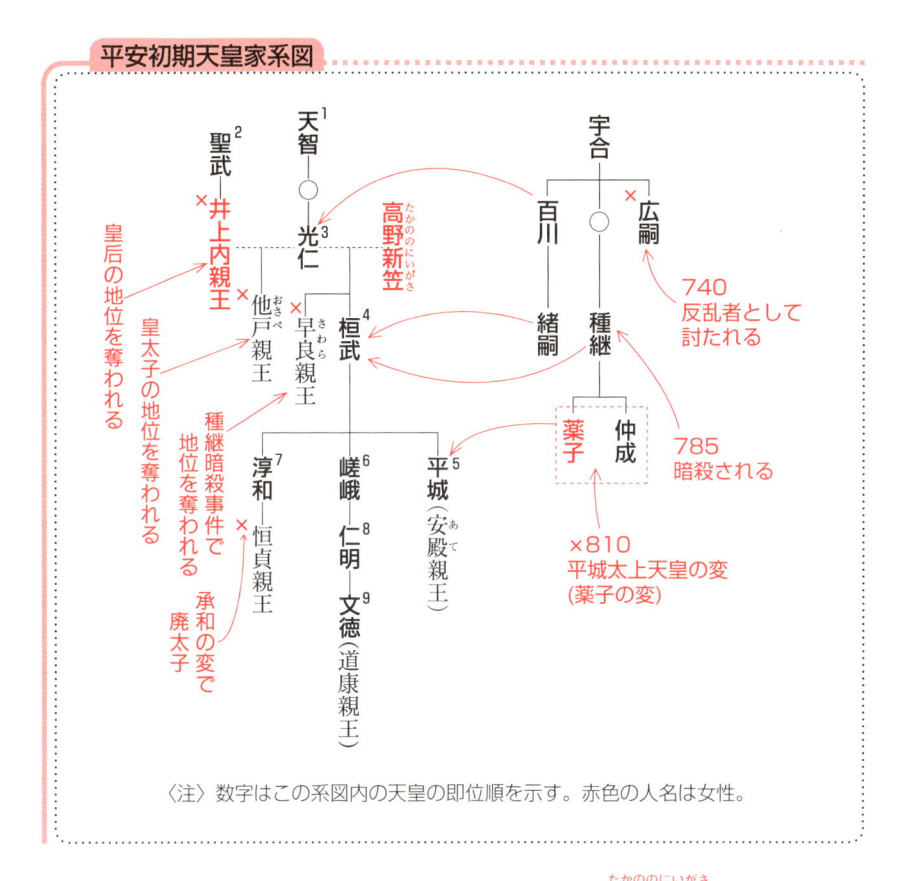

〈注〉数字はこの系図内の天皇の即位順を示す。赤色の人名は女性。

そして，**天武系の血が入っていない別の夫人**，高野新笠（たかののにいがさ）との間に生まれた山部親王（やまべの）（桓武天皇）を皇太子にして，天武系の血が王朝，天皇家につながっていかないようにし，**天智系の天皇を確立させた**のです。

桓武天皇の母，すなわち生母は高野新笠という渡来系（とらいけい）の女性であったことも思い出しておいてください。

❖ 藤原薬子

桓武天皇の次は**平城天皇**（へいぜい）。**藤原仲成**（なかなり）と**薬子**（くすこ）の兄・妹が側近（そっきん）として仕えますが，病気によって，まもなく平城天皇は弟の**嵯峨天皇**（さが）に譲位。とこ

ろが，譲ってしばらくしたら，平城太上天皇（上皇）は元気になってしまい，嵯峨に譲った皇位を自分に戻せ，といい出して，元の奈良の都へ戻ります。朝廷が上皇派・天皇派の2派で対立することになった。

Q 810年，天皇側が，藤原薬子と仲成を弾圧，勝利した政変を何というか？

——**平城太上天皇の変**

別名，**薬子の変**。嵯峨天皇の信任が厚く，**蔵人頭**（くろうどのとう）に任命された**藤原冬嗣**（ふゆつぐ）らの活躍によって，平城太上天皇の**重祚**が阻まれた事件でした。

こうして天皇の地位を確立した嵯峨天皇の皇后は，**橘 嘉智子**（たちばなのかちこ）という非常に有名な女性で，「**檀林皇后**（だんりん）」と呼ばれる，橘氏出身の唯一の皇后です。彼女の主宰（しゅさい）により，橘氏の子弟のための教育機関，**大学別曹**（だいがくべっそう）の1つとして，**学館院**（がくかんいん）が創立されています。

◤ 4 古代の女性文学と衣服

❖ 女性の文学

次は，**女性の文学での活躍**をめぐる女性史。となると，『**蜻蛉日記**（かげろうにっき）』，『**源氏物語**（げんじものがたり）』，『**枕 草子**（まくらのそうし）』，『**更級日記**（さらしなにっき）』と，続々と有名な作品が登場します。ここは正確におのおのの著者を覚えるしかないです。

Q **藤原道綱母**（みちつなのはは）が，夫・兼家との結婚生活の苦悩などを日記の形で表現した，日記文学といえば？

——『**蜻蛉日記**』

藤原道綱母は，藤原倫寧（ともやす）の娘でもあります。

もう説明するまでもなく，『**源氏物語**』といえば **紫 式部**（むらさきしきぶ）。一条（いちじょう）天皇の**中宮 彰子**（しょうし）に仕えた女房です。

同じく一条天皇の**皇后定子**（ていし）。その定子（藤原道隆（みちたか）の娘）に仕えた女房が**清少納言**で，『**枕草子**』。『源氏物語』と『枕草子』，この区別がつかないよ

うでは困りますよ。

この辺りでむしろ留意しなければいけないのは，『蜻蛉日記』に対して『更級日記』のほうです。

Q 『更級日記』の作者はだれか？ ——菅原孝標 女（すがわらたかすえのむすめ）

彼女はお父さんが**上総介**（かずさのすけ）として現地に赴任しているときに，一緒についていったんでしょう。

父の受領（ずりょう）としての任期が終了して，一緒に帰京することになった。その旅の記録から始まる随筆ですから，一種の紀行文です。

❖ 女性の衣服

このころに形が整った貴族層の女性の服，衣服についても注意しておきましょう。

Q 平安時代の貴族層の女性の正装は？ ——女房装束（にょうぼうしょうぞく）

ついでに，貴族の男子の服装は，正装は**束帯**（そくたい），簡略化したものは**衣冠**（いかん）ですよ。さらに，成人式にあたる儀式のことを，男子は**元服**（げんぷく），女子は**裳着**（もぎ）といいます。

---

5 中世の女性

❖ 皇室の経済基盤・皇室御領

続いて院政期以降，**中世**にかかってくると，ひとことでいえば，公家の世界でも武士の世界でも，一般的なイメージに比べると，**女性の地位は非常に高いんです**。現実生活でも，重要な役割を担っている。

例えば象徴的なのは，**皇室の経済基盤をなす荘園**，皇室御領（こうしつごりょう）ですが，

Q 大覚寺統がのちに経済基盤とした荘園は？　　——八条（女）院 領

Q 持明院統の経済基盤となる荘園は？　　——長講堂 領

この２系統が中心になってきます。

八条院というのは，**鳥羽天皇**と**美福門院**の間に生まれた娘，**皇女八条院の名義**で集積された荘園でした。長講堂領も**後白河上皇**の営んだ長講堂へ寄進されたものですが，上皇からその娘に伝えられています。

❖ 外戚政策

女性と政治とのかかわりといえば，外戚政策ですが，**平清盛**は権力を確立するために，娘の**徳子**（**建礼門院**）を**高倉天皇**の中宮にしています。しかも，生まれた徳子の子供を３歳で即位させたのが**安徳天皇**です。系図でここも確認をしておいてください。

院政・平氏関係系図

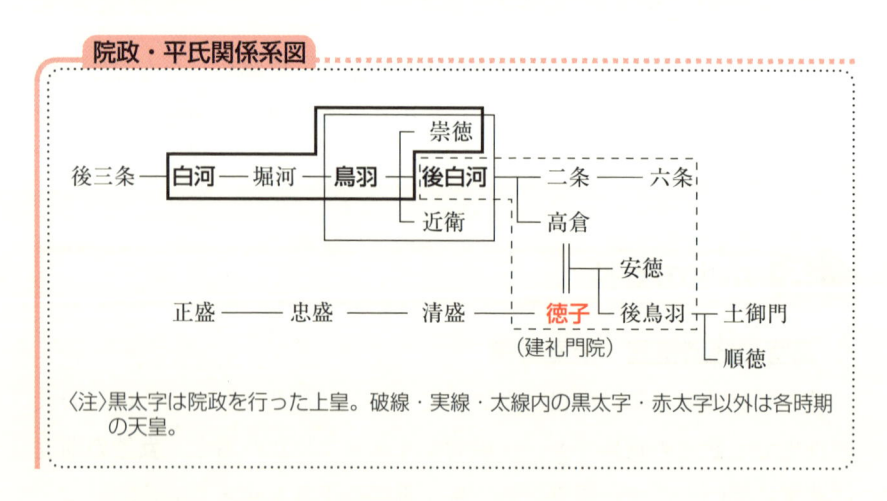

〈注〉黒太字は院政を行った上皇。破線・実線・太線内の黒太字・赤太字以外は各時期の天皇。

❖ 北条政子

中世における女傑というか，**政治力抜群の女性**としては，北条政子

50

と日野富子がよく挙げられます。

北条政子は，いうまでもなく源頼朝の妻。『吾妻鏡』などでは「尼御台所」，「尼将軍」，「二位尼」などと呼ばれます。頼朝没後，事実上の将軍として御家人を統括したことは，承久の乱に際しての政子の演説などでも有名でしょう。

足利義政の夫人，日野富子については，このあとすぐにお話しします。

❖ 中世の武士層の女性

▶財産相続

次，鎌倉時代の一般的な御家人層，武士層の女性についていうと，男性と何の差もなく，財産相続権を認められている。実は，身分的にも，女の御家人はOKです。

財産相続の面でも女子にも所領が譲与されるのが一般的ですし，女性は女性で自分自身の財産を自由に譲与しています。多くの御家人は分割相続という手段を選びます——もちろん単独相続でもいいんですが。この分割相続によって，1人分の財産がどんどん細分化していきます。

要するに，相続する地頭職の数が減っていったり，やがて1つの地頭職を分割しなければいけなくなってきます。実際には，"なんとかの荘3分の1地頭職"なんて，分数表示で出てくるようになってしまう。

▶女子一期分から男子相続へ

こうなってくると，やっぱり戦で活躍する中心は男性の武士ですから，女性に対する財産の分与は抑制されるようになります。

そこで，まず，「生きている間は，この荘園からの地頭職の収入で生活していきなさい。しかし，死んだらそれを自分の子孫や自分の近親者に分けてはいけない。死んだら，一族を継いでいる惣領など，男の御家人，多くの場合，兄弟にこれを戻しなさい」という相続法である，女子一期分が現れてきます。そして，やがては女性は相続の対象からおおむね外

されるようになります。**男子から男子への単独相続**が多くなっていったんです。

❖ 『十六夜日記』

所務沙汰という言葉，覚えてますよね。**所領所職をめぐる裁判**のことです。これが承久の乱後は，特に増えてきて，貴族層の連中も，地頭の荘園侵略を訴えるような裁判を頻々と起こさなければいけなくなってきます。

そこで鎌倉に出訴するという必要が起こってきて，公家層の人物が直接鎌倉にやって来ることが生じます。その際に，旅を題材に**紀行文**が書かれることがありました。

Q そのような紀行文の代表とされる『**十六夜日記**』を書いたのは？

——**阿仏尼**

これは，彼女が一族内部の所領争いを解決するために鎌倉に下向したときの紀行文です。

❖ 日野富子と応仁・文明の乱

室町時代になると，将軍**足利義政の後継**をめぐって対立が生じます。当初，後継者と決められていたのは，義政の弟**足利義視**でしたが，その後，義政の夫人，**日野富子**が息子（**足利義尚**）を産んだ。

そうなると，日野富子は，当然，自分の生んだ義尚を将軍にしたいと思う。そこで，将軍継嗣について**義視と義尚の対立**が生じた。これが**応仁・文明の乱（応仁の乱）**勃発の大きな要因，背景となったことは，皆さん知ってのとおりでしょう。

このあたり，受験本番近くなったら，もう一度，『日本史Ｂ講義の実況中継〈第②巻〉』の166〜173ページを復習する必要があります。

❖ 商業への進出

　一方，庶民層でいうと，中世は**女性の商業への進出**が目立ちます。女性の行商人で有名なのが，<ruby>大原女<rt>おはらめ</rt></ruby>と<ruby>桂女<rt>かつらめ</rt></ruby>です。

Q <ruby>桂<rt>かつらがわ</rt></ruby>川の<ruby>鵜飼<rt>うかい</rt></ruby>集団の女性で，<ruby>鮎<rt>あゆ</rt></ruby>などを京都の町で売っていたのは？

——桂女

Q <ruby>比叡山<rt>ひえいざん</rt></ruby>の<ruby>山麓<rt>さんろく</rt></ruby>の村から，<ruby>薪<rt>たきぎ</rt></ruby>などを頭上にのせて京で売り歩いたのは？

——大原女

　頭上に商品を載せて売り歩く姿を教科書の図版などで確認しておいてください。絵が下手なので黒板には描きたくないのですが……。

6 近世の女性

❖ 淀君

近世になっても，女性は政治に大きくからんできます。その中で何といっても超有名なのは，大坂夏の陣で，大坂城落城に際して，その子豊臣秀頼（とよとみひでより）と共に自害した淀君（よどぎみ）でしょう。

淀君は，浅井長政（あざいながまさ）と織田信長の妹・お市（いち）の方（かた）の娘で，**豊臣秀吉の側室（そくしつ）**ですね。淀君の最後というのは，小説の世界なんかでも有名です。

❖ 「入鉄砲に出女」

江戸時代の一般的な女性についての話題でいえば，交通制度に関わるところで，「**入鉄砲（いりでっぽう）に出女（でおんな）**」って言葉，覚えてますね。

江戸幕府は，江戸に向かって，関東に入ってくる主要街道の要所に関所を置いて，特に，江戸に鉄砲が入ってこないように厳しく取り締まりました。将軍が狙撃（そげき）されないようにという意味です。

「入鉄砲」と，もう1つ警戒したのは「出女」。**参勤交代**という制度が確立すると，**大名の妻子は江戸での居住を強制**されます。要するに，江戸に住み，自分の夫，大名の領地である現地に行ってはいけない。

江戸に住まわせられた諸大名の妻女（さいじょ）が，こっそり関所の外に出て地元に戻るのが「出女」。この2つが，関所で一番厳しくチェックを受ける取り締まりの対象でした。これは大丈夫でしょうね。

❖ 江戸時代の女帝

江戸時代になっても，しばらくは女性の天皇は途絶えたままでしたが，これが復活します。

後水尾天皇（ごみずのお）が，幕府に何の断りもなく突然譲位し，中宮であった**徳川和子（まさこ）（東福門院（とうふくもんいん））**の生んだ娘に位を譲ってしまいます。

Q なんと**称徳**天皇以来859年ぶりに復活した，この天皇の名は？

――**明正天皇**

800年以上絶えていた**女帝の復活**ということになります。ここは，後水尾天皇が関わった**紫衣事件**などとのからみで，明正天皇の名前を確認し，女帝であることをもう一度思い出しておいてください。

❖ 出雲阿国

近世の芸能では，**歌舞伎の出発点**となった女性の活躍がありますね。**出雲阿国**の阿国歌舞伎です。

この女性による歌舞にものすごい人気が出て，阿国歌舞伎から**女歌舞伎**，そして青年が演じる**若衆歌舞伎**へと，幕府の弾圧を受けつつ形を変え，やがて元禄時代の**野郎歌舞伎**に至って，歌舞伎は**男性のみが演ずる特殊な演劇**として確立します。

こうして女性が排除され，男の役も女の役も全部男性が演ずる現在の歌舞伎が成立した。

> 阿国歌舞伎 ➡ 女歌舞伎 ➡ 若衆歌舞伎 ➡ 野郎歌舞伎

単純に，阿国歌舞伎から現在の歌舞伎に至る流れを確認しておいてください。

❖ 女性の道徳教育書

女性のための道徳教育書として，**貝原益軒**が儒教の影響を受けて書いた作品を覚えておきましょう。

Q 「男尊女卑」を前提とし，女の貞節などを説いた貝原益軒の本は？
—— 『和俗童子訓』

この本を基として刊行された女子教訓書が，『女大学』と題された通俗書で，貝原益軒が書いたとされますが，これは誤りだとされています。

これらの基本は，子供のときには親のいうことを聞き，結婚したら貞節を守って夫に従えという，いわゆる封建的な女性観を説いたものです。

❖ 和宮降嫁

あと，幕末に近づいて，**公武合体運動**のときの和宮降嫁も，この際チェックしておいてください。これは，天皇家を抱き込んで，何とか将軍の権威を回復しようとした政略結婚でした。

Q 孝明天皇の妹・和宮が江戸に下向し，結婚することになった徳川将軍は？
—— 徳川家茂

和宮は孝明天皇の娘じゃないですよ。妹です。皇族の地位を捨てて，身分的に臣下である徳川家という一般人のところに嫁に行くわけで，身分を下げるので「降嫁」という言葉を使います。**和宮は，臣籍に降嫁して家茂夫人**になりました。

第4回 女性史/近現代

女性史（近現代）

江戸	1838	天理教創始…中山みき
明治	1871	岩倉遣外使節団に同行…津田梅子：1900 女子英学塾
	1886	雨宮製糸スト…女工たちによる日本初のストライキ
		日本キリスト教婦人矯風会（矯風会）…矢島楫子：婦人参政権獲得運動にも参加
	1904	『妾の半生涯』…福田（景山）英子：自由民権運動
	1911	青鞜社…平塚明（らいてう）：雑誌『青鞜』
大正〜昭和	1913	芸術座…松井須磨子・島村抱月ら
	1915	「蝶々夫人」ロンドン公演…三浦環
	1918	越中女一揆…富山県で発生。米騒動のきっかけ
	1920	新婦人協会 → 1922 治安警察法第5条改正
	1921	赤瀾会…山川菊栄・伊藤野枝
		自由学園…羽仁もと子
	1924	婦人参政権獲得期成同盟会→翌年，婦選獲得同盟
		《大正〜昭和》
		職業婦人の登場：タイピスト・電話交換手
		モボ・モガの登場
		雑誌ブーム：『主婦之友』
	1942	大日本婦人会
	1945	衆議院議員選挙法改正…婦人参政権認める
	1947	教育基本法…教育の機会均等・男女共学
		学校教育法…6・3・3・4制
	1948	主婦連合会（主婦連）…奥むめお
	1985	男女雇用機会均等法

　前近代の女性史に続き，今回は，近現代の女性史です。

　近代化が一挙に進むなかで，女性の地位は江戸時代のまま。**男尊女卑**という江戸時代の差別はなかなか解消されません。アジア・太平洋戦争後の民法の大改正，そして日本国憲法で男女平等は法的には確立しますが，実際には，まだまだ差別は残ります。

1 明治期の女性

❖ 中山みき

　次は，近代の女性史。幕末から明治にかけて，ちょっと細かいテーマから。神道国教化により，国家によって特別に保護された**神社神道**とは区別された「**教派神道**」として，13派の神道が明治政府によって認定されました。その1つ，

　Q **天理教**の教祖とされる女性は？　　　　　　　　　——**中山みき**

　天保年間，1838年に，中山みきという大和の農婦が霊感を得て布教を開始し，明治時代に教団として確立します。

❖ 製糸業・紡績業の女工

　次に，**産業革命と女性たちの関係**。これは大事なテーマです。

　日本の産業革命——具体的にいうと機械制大工場生産という近代的な西洋流の生産システムの導入は，**軽工業**から進んでいきます。**製糸業・紡績業**です。

　これらは男子労働者をあまり必要としません。人数がたくさん要るのは，女性です。女性のほうが低賃金で長時間労働を強いても頑張れる。そこで**産業革命の負の側面**として，**女工たち**が過酷な労働を強いられたということを思い出しましょう。

　Q **細井和喜蔵**が当時の女工の過酷な労働実態を書いた書物は？
　　　　　　　　　　　　　　　　　　——『**女工哀史**』

　ただ，この本が刊行されたのはずっと後で，1925年のことです。

　一方，そのような貧農層出身の女工ではなくて，時代をリードする先端技術を身につけた，当時のいわば"エリート労働者"の記録もあります。

Q 富岡製糸場の初期女工として働いた武家の娘，和田英がその経験をまとめた回想記の名は？ ——『富岡日記』

これも，しっかり覚えておく。**富岡製糸場**はもともと**官営**で，近代的な製糸技術を学ぶための模範工場でした。そこでの女工としての体験をつづったのが，和田英の『富岡日記』ですから，これは貧しい苦しい過酷な状況下の女工たちの生活とは関係ないものだということも，併せて注意しておいてください。

また，産業革命が女工たちによって出発した結果，**最初のストライキも女工のストから始まっている**という事実にも要注意です。これは，できれば年号も覚えておいたほうがいいかもしれません。

Q 甲府の雨宮製糸場で起こった，日本における最初のストライキは何年のことか？ ——1886年

日本で最初のストライキは，**内閣制度の始まる1885年の翌年**ですよ。

論述対策

Q 長野県諏訪地方では製糸業の発達が目覚ましく，明治後期になると，県外からも多数の工女が集められるようになった。これら工女によってうたわれた「工女節」に，「男軍人女は工女糸をひくのも国のため」という一節がある。どうして「糸をひく」ことが「国のため」と考えられたのであろうか。明治期における日本の諸産業のあり方を念頭において，150字以内で説明せよ。（東京大）

A 軽工業の近代化の中心は紡績業であったが，そのための綿花・機械は輸入に頼らざるをえなかった。そこで，原料から製品までを国内でまかなえる製糸業の発展が日本の輸出を支え，その結果，紡績業が発達しアジア向けの輸出を可能とした。そして，その製糸業の発展は，長時間の低賃金労働に耐えた製糸女工が担ったから。（147字）

❖ 婦人運動の女性

▶ 岸田俊子・福田英子

　さて，明治の**自由民権運動**では，男と肩を並べて活躍する女性も現れます。女性の民権運動家として有名なのは岸田俊子，自由党の副総理，**中島信行**と結婚しますので，**中島俊子**と呼んでもいい。

　岸田俊子は，1885年から発刊された，日本最初の本格的な女性雑誌である『**女学雑誌**』の記者としても活躍していますし，各地で積極的に民権運動の演説などを繰り広げたことで有名です。もう1人，岸田俊子と並んで有名な，

> **Q** 大阪事件で，大井憲太郎とともに朝鮮に渡ろうとして拘束された，女性運動家といえば？　　　　　　　　　　──福田（景山）英子

　福田英子（旧姓景山）も，結婚後と最初の姓と，両方覚えておくしかありません。では，

> **Q** 福田英子が書いた，波乱に満ちた自らの半生の回顧録は？　　　　　　　　　　　　　　　　　　　　──『妾の半生涯』

▶矢島楫子

キリスト教の布教に伴う宗教的な基盤を持った婦人運動としては，**日本キリスト教婦人 矯 風会**(略称**矯風会**)の活動があります。

Ｑ **矯風会**を設立し，禁酒禁煙運動，**廃 娼** 運動など，女性の地位向上，生活改善のための運動を展開した女性は？　　　　　　——**矢島楫子**

当時はアルコール中毒の人もたくさんいたし，タバコをスパスパ吸う人もいた。それから売春制度もあったので，矯風会は，キリスト教的な女性観を背景にして，運動を展開しました。

大正時代，第１次世界大戦後にもなると，**婦人参政権獲得運動**にも参加しています。重要な女性です。入試でもよく問われる女性です。

❖ 女性向け雑誌の刊行

▶『女学雑誌』

一方，同じくキリスト教関係で，女性解放や**キリスト教的な女子教育の改善**を目指した**巖本善治**——こちらは男性ですが，

Ｑ 巖本善治が発刊した，日本初の本格的女性教養誌は？

——**『女学雑誌』**

先ほど，**岸田俊子**のところで出てきた雑誌がこれです。彼女はこの雑誌に，盛んに女性解放の主張を発表したんです。

▶『家庭之友』

同じく雑誌でいうと，**羽仁もと子**によって，**『家庭之友』**(のちに改題され，**『婦人之友』**)が創刊されています。これは衣食住の合理化や夫婦を中心とする近代的な家庭づくりを目指すものでした。

Q 羽仁もと子がキリスト教的自由主義に基づき，新しい教育活動を展開した学校の名は？　　　　　　　　　　　——自由学園

これは**大正デモクラシー**の具体的な活動の実例としても，入試で頻出です。

❖ 女子の高等教育

以上のような動きがあったとはいえ，近代教育に関する，明治以来の国としての方針は，あくまでも，まだまだ**男尊女卑**という前提を守っている段階でした。

男女共学の義務教育は実現していくわけですが，高等教育については，1899 年に**高等女学校令**というのが制度的に確立し，目標として**良妻賢母の育成を目指す教育**になります。

簡単にいえば，「結婚し，良い妻として，夫を支えなさい。子供を生んだら賢い母として子供を育てなさい」というふうに，**男性中心の社会を支える役割を女性に求める**ものでした。国全体としては，このような実情であったということを覚えておきましょう。

❖ 女子の学校創立

岩倉遣外使節団とともに渡米し，やがて帰国した後，留学生だった**津田梅子**が，1900 年に**女子英学塾**という女性を対象にした学校を開きます。これが現在の**津田塾大学**になっています。あと 2 つ，

Q 成瀬仁蔵が設立した，キリスト教系の高等教育の学校は？

——日本女子大学

Q 新渡戸稲造ら，プロテスタント系のキリスト教各会派が共同でつくった学校は？　　　　　　　　　——東京女子大学

これらが，新たな女性の高等教育の場として登場しました。

❖ 女性による文学

▶樋口一葉

文学のほうでは，まあ，洋の東西を問わず，時代にかかわらず，女性の文学者というのは常に存在するわけですが，明治時代を代表する女流文学者といえば，何といっても樋口一葉でしょう。

Q 樋口一葉が，東京下町の少女の淡い恋を描いて，脚光を浴びた小説は？　　　　　　　　　　　　　　——『たけくらべ』

▶与謝野晶子

もう1人，明治時代を代表する女流歌人，与謝野晶子がいます。

Q 与謝野晶子が官能的な生の賛歌を歌い，歌壇に新風をもたらした歌集は？　　　　　　　　　　　　　　——『みだれ髪』

特に，雑誌『明星』に掲載された，与謝野晶子の「**君死にたまふことなかれ**」という部分が有名な歌は，日露戦争のただ中にあって，堂々たる**反戦詩**として非常に論議を呼び，今日でも有名なものとなっています。

2 大正・昭和初期の女性

❖ 大正期の女性解放運動

▶新婦人協会

1911年，まだ明治のうちですが，直接的な政治運動ではなく，文学

を通じて女性解放を目指したといわれている，**女性のみの文学団体**，青鞜社（とうしゃ）ができて，女性だけの手による雑誌『青鞜』を発刊します。

Q 明治の末に，青鞜社を興（おこ）して女性解放運動を推進した女性は？
──平塚明（ひらつかはる）（平塚らいてう）

　これはイギリスを模範にした文学運動でしたが，当時は社会主義運動・労働運動などにとって「**冬の時代**」という，弾圧（だんあつ）の厳しい時代であったので，文学という形を借りざるを得なかったというのが実際でした。

　やがて**大正デモクラシー**とともに，**平塚らいてう**や**市川房枝**たちは，女性の団結，進歩向上，権利獲得を堂々と掲げて，**新婦人協会**（しんふじんきょうかい）という団体をつくります。

▶治安警察法第5条の改正

　この**新婦人協会**による運動の具体的成果として，**治安警察法第5条の改正**（ちあんけいさつほう）がありました。

　1922年，労働運動を取り締まるために制定された**治安警察法第5条**に「女性は政治結社や政治集会に参加できない」という箇所があったんですが，簡単にいえば，この中の「**女子**」という項目が削除，改正されて，**女性も一定の政治活動に参加することが可能になった**。

　これは大正デモクラシーの数少ない成果として覚えておかなければいけません。

▶赤瀾会

　話を女性解放運動に戻しましょう。

　この時代の女性運動は2つの系統に分かれていきます。1つは，いま話した，いわば**オーソドックスな女性の地位向上を目指した新婦人協会**，これに対して，2つ目の団体ができました。

Q 1921 年，社会主義的思想を取り入れ，その上での婦人解放を目指した女性の集まりは？　　　　　　　　　　——赤瀾会

Q 赤瀾会の中心となった女性運動家 2 人の名は？
　　　　　　　　　　——山川菊栄・伊藤野枝

これをしっかりと覚えておかなければいけない。**新婦人協会と赤瀾会の区別**がポイントですよ。細かいことですが，山川菊栄と伊藤野枝の名前は，両方とも「え」で終わるけど，一方は栄える「**栄**」，他方は枝の「**枝**」ですから，漢字の違いは意識しておいて。

▶山川菊栄と伊藤野枝のその後

　このあとの時代で，2 人の行く末は対照的なものになります。山川菊栄は，第 2 次世界大戦——**アジア・太平洋戦争後**，婦人の地位向上が一挙に目指された結果，**労働省**が設置されると，初代の**婦人少年局長**に就任しました。

　政府中枢に参画し，日の目を見たというか，それまでの自分の運動のプラスの成果を味わえることになります。

　他方，伊藤野枝は大変気の毒な目に遭います。**関東大震災後**の混乱の中で，社会主義者として拘束され，悲劇の最期をとげました。

Q 1923 年，伊藤野枝が，内縁の夫大杉栄やその甥とともに，東京憲兵隊の本部で虐殺された事件は？　　　　　　　——甘粕事件

甘粕正彦というのが，彼らを殺害した大尉の名前でした。

　戦後，中央省庁のポストに就き，活躍した山川菊栄と，憲兵隊本部で理由もなく虐殺された伊藤野枝は，その最期がきわめて対照的なものになったということを覚えておいてください。

手書きメモ（ホワイトボード）:
1920 新婦人協会　平塚らいてう
　　　　　　　　　市川房枝
1921 赤瀾会　　　山川菊栄　　1947 労働省婦人少年局長
　　　　　　　　　伊藤野枝　　1923 甘粕事件で虐殺

❖ 米騒動の主婦たち

あと，1918年，**庶民の女性が立ち上がった**という，まさに女性史のハイライトとなった事件が起こりました。

Q 富山県魚津町の漁民の主婦たちが蜂起し，米騒動のきっかけとなった事件を，当時のマスコミは何と呼んだか？　　——越中女一揆

これが全国に波及して，軍隊まで出動する大暴動となった。有名ですから，皆さんもよく知っているでしょう。

❖ 普通選挙運動

大正デモクラシーの時代には，**普選要求**が高まってきます。普通選挙とは，納税制限のある制限選挙を撤廃し，一定年齢以上のすべての国民に選挙権・被選挙権を与える選挙制度だね。

しかし，このときの普選運動にはまだまだ**男性中心，男尊女卑**の様相が残っていたため，1924年，護憲三派の加藤高明内閣が成立すると，婦人参政権獲得期成同盟会が結成されました。

そして1925年，普通選挙がついに実現するわけですが，実現したのは男子の普通選挙だけで，女性には参政権は与えられませんでした。

せっかく普通選挙法が成立したのに，女性参政権が認められないとい

うことで，

> Q 婦人参政権獲得期成同盟会を改称して結成した団体は？
>
> ——婦選獲得同盟

　名前を改めて，あくまでも婦人参政権の実現を求めましたが，結局，**婦人参政権**が与えられたのは**第2次世界大戦後の民主化**で，1945年12月，衆議院議員選挙法が改正されることで実現しました。

❖ 西洋演劇の導入

　大正時代，文化史がらみで覚えておかないといけないのは，**西洋演劇が日本に導入**されたこと。

> Q 島村抱月と松井須磨子を中心に組織された新劇の団体は？
>
> ——芸術座

　松井須磨子は，ノルウェーのイプセンの戯曲『**人形の家**』のヒロイン，ノラ役でも有名な，女性の活躍を代表する**女優**だということを覚えておきましょう。

　同じく**オペラ**も日本に入ってきます。

> Q オペラ『蝶々夫人』のロンドン公演に成功した，ソプラノ歌手は？
>
> ——三浦 環

　この人も超重要な女性ですので，忘れないようにね。

❖ 社会と風俗

▶女性の職場進出

　大正期の後半以降の一般女性については，**女性の職場進出**が増加してきます。今風にいえば，専業主婦じゃなく，働く女性が登場してくる。

まだ職種は割と限定されていて，**タイピスト**，**電話交換手**といった仕事に就くようになります。

当時，こういう，一般社会に仕事を持って登場する女性のことを「職業婦人」と呼びました。この言葉，覚えておきましょう。

▶西洋風俗の登場

昭和初期の風俗でいいますと，服装はまだまだ和服が一般的でした。一部の特権階級は，鹿鳴館外交（ろくめいかん）じゃないけど，洋装を取り入れていますが，全体としては，和服中心がまだ続いていた時代でした。

その中で，西洋の風俗をまねて，山高帽（やまたかぼう）という帽子をかぶり，**ステッキ**を持って都市を歩く**モダンボーイ**，略称「**モボ**」，あるいは髪を束ねず（たば）に短い**ショートカット**にして，**スカート**をはき，銀座などを闊歩（かっぽ）する**モダンガール**，略称「**モガ**」なども現れました。

こんなふうに，もちろん完全な西洋化ではないですが，一部，西洋化を取り入れた風俗も社会に登場しています。

▶雑誌ブーム

大正の末から昭和の初期にかけて，**雑誌**ブームというのが起こり，100万部を超える発行部数の雑誌が出てきます。その中で，女性を対象とした雑誌が登場します。これが『**主婦之友**』です。

❖ 大日本国防婦人会

満州事変以降，**ファシズム**，いわゆる**軍国主義**が社会をおおってくると，戦争協力団体が次々に誕生してきます。その中で，女性の戦争協力団体が誕生していきました。代表的なものとしては，**大日本国防婦人会**（だい に ほんこくぼう ふ じんかい）が大規模な団体です。

3 戦後の女性

❖ 婦人参政権の実現

　いよいよ戦後の女性の状況ですが，まず，女性の地位が一気に向上していく。**民主化**の中で出てくる**婦人の権利拡大**がめざましい。

　1945年12月，**衆議院議員選挙法が改正**され，**婦人参政権**が認められました。

> **Q** **婦人参政権獲得期成同盟会**を結成するなど，婦人参政権運動の先頭に立ち，戦後，参議院議員として長く活躍した女性は？　　——**市川房枝**

　彼女は選挙にただちに立候補し，以後，5期にわたって，国会の中で女性の地位向上に努めました。

　婦人参政権実現のきっかけは，もちろん，**マッカーサー**から**幣原喜重郎**に口頭で伝えられた**五大改革指令**の1つである**婦人参政権付与による「婦人の解放」**でした。

　もう一度，戦後史の基本である五大改革指令を確認しておきましょう。

五大改革指令…① 婦人の解放　　② 労働組合の助長
　　　　　　　　③ 教育の自由主義化　④ 圧政的諸制度の廃止
　　　　　　　　⑤ 経済機構の民主化

　1945年10月，軍国主義教育を解消するために教科書の部分的な削除が指示され「教職追放」が実施されていったこと。「国史」「地理」の授業の停止など，戦後史の基本を思い出してください。

　基本史料ももう一度確認しておきましょう。

❖ 教育の民主化

　内容としては，もちろん**男女共学**。ヨーロッパ型を**アメリカ型**に変え，
単線型の学校教育が始まります。具体的には，**学校教育法**によって**6・3・
3・4制**が確定しました。小学校6年，中学校3年，高校3年，大学4
年というのが，6・3・3・4制です。

❖ 主婦連合会の結成

　婦人運動の系統では，1948年に，消費者の権利を守る活動を行い，
社会問題にも女性の立場から取り組もうとする**主婦連合会**，略称「**主婦
連**」という婦人団体の連合体が結成されます。

> **Q** 戦前から活躍していた解放運動家であり，**主婦連**の会長となった女性
> は？ ──**奥（おく）むめお**

　主婦連は，「値上げ反対」とか，しゃもじにさまざまな要求を書き，そ
れをプラカードに使ってデモをする，**おしゃもじデモ**というスタイルな
どで，マスコミの注目を浴びました。今日も盛んな，**消費者運動の先頭
を切った団体**が主婦連です。

❖ 男女雇用機会均等法

以上のように，女性の地位はずいぶん向上したとはいえ，それでもなお**女性差別的な要素**が，産業界あるいは社会に残っているといえます。

1975年という年が，女子差別撤廃を目標とする「国際婦人年」と決められ，それから10年たった，「**国連婦人の10年**」にあたる1985年に，日本では，雇用における男女差別をなくす**男女雇用機会均等法**が制定されました。

今でいう若者の「就活」，就職活動のときに，大手企業の中にも，男子だけしか募集しなかったり，女性をお茶くみとして別枠で採用したりする会社がありました。

こういった雇用における男女差別が広範に存続しているので，これをやめなさい，**就職するチャンスを男女に平等に与えなさい**という法律です。

1985年のこの男女雇用機会均等法は，**戦後の女性史では必ず触れられる**ところなので，このへんまでしっかり女性史を復習しておかなければいけないと思ってください。

蝦夷地・北海道史（古代～近世）

古代	旧石器文化	白滝
	縄文文化	
	続縄文文化 擦文文化 オホーツク文化	擦文土器 オホーツク式土器
中世	アイヌ文化	ユーカラ 道南十二館
	1457	コシャマインの戦い
近世	1604	松前氏の蝦夷地支配 　商場知行制
	1669	シャクシャインの戦い

　東北地方の北部から北海道にかけての文化は，本州・四国・九州の弥生文化に対して「**続縄文文化**」と呼ばれます。米を生産する文化に移行することなく，狩猟・漁労による経済が引き続き繁栄していった。土器では「**擦文土器**」が発達。そこへ北方から**オホーツク文化**が沿岸部に入ってきて，やがて**アイヌ文化**が成立します。

```
                          オホーツク文化
                              ↓
旧石器文化➡縄文文化➡続縄文文化➡擦文文化➡アイヌ文化
```

　そして，本州側の「和人（わじん）」から「蝦夷ヶ島（えぞがしま）」と呼ばれた道南部に和人が進出し，「**道南十二館**」と呼ばれる拠点を築いてアイヌの人々に不公平な取引を強制していくと，アイヌの人々の大規模反乱が繰り返されます。室町時代の「**コシャマインの戦い**」や徳川幕府に蝦夷地支配を認められた松前藩に対する「**シャクシャインの戦い**」などです。

蝦夷地・北海道史（近世〜現代）

	年	事項
近世	1778	**ロシア船が厚岸来航**
	1789	クナシリ・メナシの戦い
	1792	**ラックスマンが根室来航**
	1798	近藤重蔵の千島探検
	1799	幕府が東蝦夷地を直轄
	1804	**レザノフが長崎来航，幕府通商要求を拒絶**
	1807	幕府が西蝦夷地も直轄
	1808	間宮林蔵の樺太探検
	1811〜13	**ゴローウニン事件**
	1854	箱館開港
近現代	1869	五稜郭の戦い
		蝦夷地を北海道と改称
	1874	屯田兵制度
	1875	樺太・千島交換条約
	1881	開拓使官有物払下げ事件
	1886	北海道庁設置（3県統合）
	1899	北海道旧土人保護法
	1997	アイヌ文化振興法（アイヌ新法）

　18世紀後半になると，北海道方面にロシアが接近して来る一方，幕府の中からも蝦夷地の開発を目指そうという意見，あるいは地理的な調査に乗り出す人も現れます。**ラックスマンの根室来航**，**近藤重蔵**や**間宮林蔵**の探検などの動きです。幕府は東蝦夷地に続いて西蝦夷地も直轄地にします。

　やがて幕府は倒れますが，明治新政府も**開拓使**を置いて直接，北海道の開発を目指します。

1 古代の蝦夷地

❖ 旧石器文化

さて，蝦夷地と呼ばれた北海道の歴史を旧石器文化からたどっていくと，まずは白滝遺跡という遺跡が注目されるでしょう。これは細石器が出土した遺跡としても有名ですが，この白滝を含む，十勝岳の山麓からは大量の黒曜石が産出されているんです。

▶黒曜石

私もそのサンプルを1つ持っていますが，専門家ですと，同じ黒曜石でも，透明度の違いなどで，どこで産出したのか，産地が特定できるそうです。

そこで，同じ産地から採取された黒曜石が，かなり広い範囲の地域にわたって分布していることが判明したため，旧石器時代から縄文時代にかけて，相当広範囲の交易が行われていた事実が明らかになりました。黒曜石は石器の材料に使われたんですが，そうした交易の事実を示すものとしても有名です。

❖ 続縄文文化

ところで，本州では，縄文文化に続いて，弥生文化。そして，水稲農耕の時代が訪れるのですが，北海道には，この水稲農耕が伝わりません。他の弥生文化の要素は北海道にも波及するのですが，水稲農耕は伝わらない。

食料採取経済が，そのまま続いているので，この時代の北海道の歴史を弥生文化と名付けるわけにはいかず，続縄文文化と呼んでいます。

❖ 擦文文化＆オホーツク文化

もっとも弥生文化の影響を受けて，北海道の社会にも大きな変革が訪

れたんでしょう。**7世紀以降**になると，**擦文土器**という，櫛で引っかいたような模様のある独特の土器がワーッと出てくるようになります。これを**擦文文化**と呼ぶんですが，それだけではなく，

Q 擦文文化が広がる中で，北のほうから南下してきた，別系統の土器は何と呼ばれるか？　　　　　　　　　　——**オホーツク式土器**

このオホーツク海沿岸一帯で展開した，**オホーツク文化**と呼ばれる土器文化が入ってきます。これは内陸部までは浸透しなかったといわれていますが，やがて**擦文文化やオホーツク文化が融合して，新しい文化，アイヌ文化が登場**してくることになります。

ただ，北海道方面では文字による史料はほとんどありませんので，考古学上のおおざっぱな時代区分しかできません。

2 中世の蝦夷地

❖ アイヌ文化の形成

中世になると，鎌倉末期ごろから，北海道方面のことを**蝦夷ヶ島**と呼び，わが国の北方にも，ある程度，関心が及んできます。

そして，およそ鎌倉時代，**13世紀以降**くらいになると，**擦文文化とオホーツク文化**は融合し，独自の**アイヌ文化**と呼ばれるものが形成されたと考えられるのですが，アイヌ文化は文字を伴いません。

Q 口で，音声によって伝わる口承文芸として，アイヌ文化で誕生した叙事詩は？　　　　　　　　　　——**ユーカラ（ユカラ）**

また，「**熊送り**」とも呼ばれる，**イオマンテ**という独特の祭祀は，アイヌ文化を象徴するものであると考えられ，北極圏に共通する要素の強い，独特の文化だといわれていますが，その研究が始まるのは近代になって

からです。

❖ 樺太のアイヌ vs 元の紛争

　さて，中世。**文永・弘安の役**では，日本は**元**軍と戦っているわけですが，実は，北のほう，**樺太方面**でも，このころ**樺太のアイヌと元との間に紛争**が起こり，交戦しています。中世の北海道で起きた事件として，覚えておいてください。

　樺太方面のアイヌは，北海道本体のアイヌ民族とは若干異なる文化的傾向を持っていたようです。

❖ 和人の道南部への進出

　鎌倉末期くらいになると，東北地方の北端，今の青森県あたりで，**得宗**の支配下にあって，勢力を伸ばしていた**津軽**の**安藤（安東）氏**が，**アイヌの人々との交易**に関わるようになり，やがて**北海道に進出**していきます。

> **Q** 当時，安藤氏支配下にあって，アイヌと本州方面の人々との交易の舞台となった**東北地方の港**は？　　　　　　　　　　——**十三湊**

　津軽半島の日本海側にあった有名な港です。これは，中世の都市のところでしっかり復習しておいてください。

▶主な交易品

　具体的にどのようなものが**交易の対象**になったかというと，**サケ**，それから**昆布**。今でも日高昆布とか，上質な昆布として有名です。これらが日本海の**沿岸航路**を通じて**若狭湾**あたりから**京都**に運ばれていくという経路が確認されています。

▶和人の館

　室町時代，**14世紀末から15世紀**にかけて，蝦夷ヶ島南端の**渡島**半

島の沿岸部に進出した**和人**（わじん），いわゆる本州の人々は，活動の拠点として，**館**（たて）と呼ばれる大きな建物を建て，現地でアイヌの人々との交易を行うようになりました。

Q 渡島半島に設置された，主要な館の総称は？　　——**道南十二館**（どうなんじゅうにたて）

函館というのも館で，その中の1つなんですよ。その函館の近郊（きんこう），

Q 十二館のうち，東端にあり，敷地内から37万枚もの銅銭が出土したことで注目された館は？　　——**志苔館**（しのりだて）

膨大（ぼうだい）な数の輸入銭，中国銭が埋納（まいのう）されていたんです。当時は銀行がないので，お金を貯蓄するのに，つぼに入れて地下に埋めておくんですが，これが大量に発見されて大きな話題になったことがあります。

この事実は，**貨幣経済が道南部に浸透**していたことを証明するものでした。

❖ コシャマインの戦い

和人たちの進出は，一方で，アイヌの人々に対する圧迫をもたらし，これに対して**アイヌの人々の反抗**が起こります。

Q 1457年，アイヌのリーダー，大首長によって引き起こされた，和人に対する最大規模の蜂起は？　　——**コシャマインの戦い**

アイヌの首長コシャマインに率いられ，館の多くが次々と焼打ちにあって滅亡するという，大規模な反乱でした。

1457年ということは，ちょうど10年後の1467年に，都で**応仁・文明の乱（応仁の乱）**が始まりますから，できれば年号もいっしょに，コシャマインの戦いを覚えておきます。

コシャマインの戦いは，最終的には**上之国**（かみのくに）と呼ばれた地域の領主で

あった蠣崎氏のもとに身を寄せていた客将武田信広によって制圧されました。

　やがてこの武田信広は女婿となって蠣崎と苗字を変え，道南の和人居住地の支配者としての地位を確立したといわれています。こうして，

　Q 蠣崎氏の祖とされる武田信広が，コシャマインの戦いの鎮圧後，築造した館は？　　　　　　　　　　　　　　　　　　　——勝山館

　ここでは，考古学的に武家屋敷や工房跡が確認されるとともに，アイヌの人々の独特な墓地や骨角器，あるいは中国産の陶磁器なども出土しています。

◢ 3 　近世の蝦夷地

❖ 松前藩の支配体制

　さて，近世に至って，1599 年，蠣崎氏は松前氏と改称し，従来からのアイヌの人々との交易の権利を徳川家康から認められて，松前藩を形成するようになります。

　水田が発達しなかった，あるいは水田を必要としなかった北海道ですが，松前氏は一応 1 万石の資格を持つという建前で，**大名**の一員として**幕藩体制**に組み込まれていきます。「建前」は 1 万石ですが，石高制は成立しません。

　実際には米作りはできないので，一般の藩のように米による年貢の徴収もできません。松前藩では，家臣に石高で知行地を与えることができないわけです。そこで，知行（領地）の代わりにアイヌの人々との交易場，要するにマーケット，「商場」あるいは「場所」での交易の権利を家臣に与えました。このように，

Q アイヌとの商いを行う**マーケットでの交易権**を家臣に与えるという松前藩特有の知行制度は何といったか？　　　　——**商場知行制**

松前氏は藩としても，その城下町でアイヌの人々と交易を行います。

和人の進出（1669年頃）

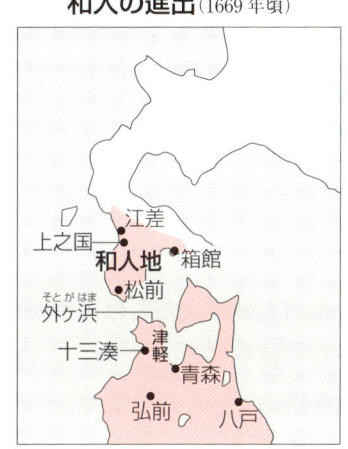

▶シャクシャインの戦い

しかし，商場知行制は，どうしてもアイヌに圧倒的に不利益な交換になってしまいます。象徴的にいえば，例えば，鉄器など，鎌1本で，サケ50匹持ってこいみたいな無理が通ったりもする。

貨幣を介在させ，市場の価格が自由に変動するような取引ではないので，不等価交換と呼ばれるような事態になっていき，アイヌの人々も，さすがにこれに気づきます。

Q 1669年，商場知行制の展開に伴って起こったアイヌの人々の反乱は？
——**シャクシャインの戦い**

松前藩だけでは抑えきれないくらいの大勢力となったアイヌ軍に対して，**津軽藩**の協力まで得て，松前藩はようやくこれを鎮圧します。

この結果，アイヌは，本土の武士勢力の支配下に全面的に従属することを強いられるようになっていきます。

▶商場知行制から場所請負制へ

18世紀になってくると，**商場知行制**によるアイヌの人々との交易を，当時，蝦夷地に進出してきた専門の商人に任せるようになっていきます。

松前藩，あるいは松前藩の家臣は，**交易を本土の商人に請け負わせ，その商人から運上金を取る**という形で経済的な利益を得るという形になります。

Q この，商人の請負制によるアイヌとの交易のシステムは何と呼ばれたか？　　　　　　　　　　　　　　　　　　——**場所請負制**

北海道に進出してきた和人の商人たちは，やがて，漁民が捕ってきた漁獲物との交換などから利益を得るのではなく，**直接漁場の経営を行い，漁業そのものの主導権を握る**ようになります。

そうなると，アイヌの人々は本土の商人たちの単なる雇用労働者として，低賃金で，奴隷的な労働を強いられるようになってしまいます。

Q 1789年，追いつめられたアイヌの人々が蜂起し，**最後の反乱**となったのは？　　　　　　　　　　　　——**クナシリ・メナシの戦い**

国後島と知床半島のメナシというところのアイヌの人々による反乱でしたが，これも松前藩によって鎮圧されてしまいました。

❖ ロシアの接近

クナシリ・メナシの戦いは，**帝政ロシアの南下**というさ中で起こったことで，アイヌの人々が団結してロシアと同盟関係を結んだりすると，幕府にとってはとても厄介なことになりかねない状況だったわけです。

当時，ロシア人は択捉島に上陸し，アイヌとの交易を行っていたこと

がわかっていたので，幕府にとって極めて警戒すべき状況だったのです。実際，

> **Q** クナシリ・メナシの戦いの 3 年後，正式な外交使節として，ロシアから**根室**に来航したのはだれか？　　——**ラックスマン**

これはいわゆる**列強の接近**というテーマで覚えとかなきゃいけない項目ですよ。

❖ ロシアとの関わり

幕府の懸念（けねん）をよそに，**民間による日露（にちろ）の交易**はどんどん行われていました。特に有名な**高田屋嘉兵衛**（たかだやかへえ）などが活躍し，**択捉航路**という北方との交易ルートがもうすでに開拓されていたといわれています。

さらに，漂流した伊勢（いせ）の船頭（せんどう）がロシア人に救助され，ロシアの首都で手厚い保護を受けるという事件が起きました。

> **Q** 首都ペテルブルクで女帝エカチェリーナ 2 世に謁見後（えっけん），**ラックスマン**に根室まで送ってもらった，その船頭の名は？　　——**大黒屋光太夫**（だいこくやこうだゆう）

ロシアの女帝から，ごちそうまでしてもらって帰ってきた。

> **Q** 大黒屋光太夫がロシアで長く生活した際の見聞をまとめた『**北槎聞略**』（ほくさぶんりゃく）という本を書いたのは？　　——**桂川甫 周**（かつらがわほしゅう）

これは江戸時代の学問のところにも関わりがあるから，しっかり覚えておいてね。

❖ 蝦夷地の探検

蝦夷地について地理的な状況も全然わからなかったので，幕府はまずこれを把握（はあく）しなきゃいけないと，探検隊を送り込みます。これが **1786** 年の**最上徳内**（もがみとくない）と **1798** 年の**近藤 重 蔵**（こんどうじゅうぞう）・**最上徳内**らの**蝦夷地探査**です。

このとき，

Q 1798 年，近藤重蔵が択捉島に建てた標柱には何と書かれていたか？
―― 「大日本恵登呂府」
^{だいにほんえとろふ}

まだどこの国のものとも決まっていなかった千島列島の択捉島に，そういう標柱を建てたということは，現在，日本がこのあたりの北方四島が日本固有の領土であると主張するときの，大きな根拠になっています。

❖ 蝦夷地経営の変遷

▶東蝦夷地を幕府が直轄

ロシアの接近に伴い，1799 年には，太平洋に面したほうの東蝦夷地を幕府の直轄地にします。蝦夷地は長年にわたって松前藩に預けっぱなしだったのを取り上げ，アイヌの人々を和人に同化させていこうという方針で，蝦夷地経営を強化していきます。

▶八王子千人同心

幕府が武蔵国八王子に配置して治安維持に当たらせた，下級の幕臣集団を八王子千人同心というんですが，1800 年に，幕府はそこから 100 人を選び，蝦夷地開拓のため入植させ，アイヌの人々を和人に同化させようとしました。

▶レザノフ来航と文化露寇事件

さて，続いて 1804 年，レザノフが長崎に来航。ラックスマンに与えた長崎への入港許可証を持ってやってきた。レザノフはロシアの実業家で，遣日使節として長崎に来航し，通商を求めたのですが，幕府はこれを受け入れず，追い返してしまいました。

これに対する報復として，ロシア船が樺太，択捉を武力攻撃し，銃撃戦になります。はっきりいって，これ，国家間の戦争状態です。

Q 1806〜07 年に起きた，このロシア軍艦による<u>樺太・択捉攻撃事件</u>を何と呼ぶか？　　　　　　　　　　　　　　　——**文化露寇事件**

「文化」というのは，このときの元号です。北のほうで起こったこととはいえ，国家的な武力紛争ですから，注意しておいてください。

▶幕府が全蝦夷地を直轄化

そこで幕府は，1799 年の**東蝦夷地**に引き続き，1807 年には，松前藩を**転封**(国替)という形にして**西蝦夷地**も取り上げ，**全蝦夷地を直轄**します。

それまで蝦夷地は東西に分割して掌握されていたんですが，これ以降，

Q 幕府の全蝦夷地直轄化に伴い，1802 年に設置された**箱館奉行**は同年(1807 年)どう改称されたか？　　　　　　——**松前奉行**

❖ ゴローウニン事件

1811 年，**ゴローウニン事件**が起こります。これは，国後島測量のために南下してきたロシア軍艦の艦長，ゴローウニンが，幕吏によって捕らえられ，箱館・松前に抑留された事件です。

Q この紛争を，平和裏に解決した淡路島出身の北方商人はだれか？

——**高田屋嘉兵衛**

先ほど話に出てきた，**択捉航路**を開いた人物ですよ。

Q ゴローウニンが帰国後に日本での体験をまとめた本の，日本語でのタイトルは？　　　　　　　　　　　　——**『日本幽囚記』**

これが，ヨーロッパでベストセラーになります。この本によって日本

の様子が広くヨーロッパ諸国に伝わったということで，非常に有名です。

▶蝦夷地を松前藩に返還

ゴローウニン事件の解決により，北方の外交的課題は平和裏に解決した。もういいだろうということになって**1821**年，**蝦夷地は松前藩に返還**されました。

蝦夷地を直接掌握しようという意欲は，幕府にはもともと薄かったこともありますが，こうして，蝦夷地の扱いは二転三転したことになります。

4 　近現代の北海道

❖ 日露和親条約

では，幕末から明治時代の北海道の様子を見ていきましょう。**1854**年，**日露和親条約**が結ばれます。

日露和親条約

＊プチャーチン ⇔ 筒井政憲・川路聖謨，〈締結地〉下田

① 下田・箱館・長崎の開港

② 択捉(島)以南を日本領，得撫島以北をロシア領とする

③ 樺太(サハリン)は両国民雑居

④ 片務的最恵国条項

⑤ 双務的領事裁判権

ここで，ゼッタイ忘れてはいけないことがありますよね。つまり，黒板の3番目。

「樺太はどっちの国のものとも決めない」

ということ。ここが焦点ですね。樺太に住んでいる先住民はもちろんそのまま，樺太にいたアイヌの人々も，ロシア人で樺太に住んでいる人もそのまま，どちらの国とも決めず，**雑居状態のままにしておこうという**のが，日露和親条約の重要な条文でした。これを覚えておく。

▶日露和親条約に基づく国境線

　次に，地図をみてください。択捉から南側，歯舞〔はぼまい〕，色丹〔しこたん〕，国後，択捉を日本領，そして得撫〔うるっぷ〕から北側の千島列島（ロシア名は**クリル諸島**）はロシア領ということで，解決しました。これが変遷する**日露国境協定の最**〔へんせん〕**初，基本となる条件**です。

日露和親条約に基づく国境線

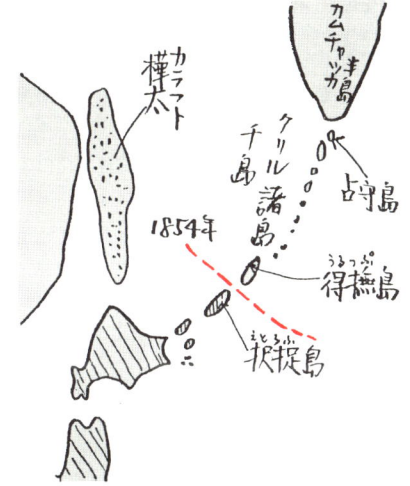

① ┌ 得撫島〔うるっぷ〕以北の千島列島〔ちしま〕（＝クリル諸島）　→ロシア領
　 └ 択捉島〔えとろふ〕から南　→日本領
② 樺太〔からふと〕（＝サハリン）　→両国(民)雑居

❖ 明治維新政府の発足

▶箱館五稜郭の戦い

いよいよ明治維新政府が発足します。

1869 年(明治 2 年)，蝦夷地は北海道と改称されます。

まず，北海道における最初の大きな事件は，戊辰戦争の最後の戦い，(箱館)五稜郭の戦いです。

Q 旧幕府の軍艦を率いて官軍と抗戦した人物は？ ——榎本武揚

箱館の五稜郭に立てこもった榎本が降伏し，戊辰戦争は終結します。

榎本武揚は，その後，罪を許されて新政府に加わり，北海道開拓を自らの最大の使命と位置付けて，開拓使という役所に出仕します。この開拓使が，中央政府が蝦夷地，北海道開拓を主導する際の行政機関となりました。

開拓使は，最初は東京におかれたんですが，やがて札幌に移ります。

❖ 「樺太・千島交換条約」締結

榎本武揚は，ロシアとの国境問題を解決するために，特命全権公使の立場で，1875 年に樺太・千島交換条約を結んでいます。

両国民雑居になっていた樺太全島をロシア領と認め，日本は手を引く。その代わり，千島列島は全て日本の支配下に入るという，画期的な条約でした。

❖ 北海道開拓の経緯

北海道の開拓は，ひとことでいうと，アメリカを模範とする近代化を目指したということになります。

明治政府の近代化政策は，イギリス，フランス，あるいはドイツと，いろんな国の影響を受けて行われましたが，北海道はアメリカの影響力

が圧倒的に強かったんです。

▶ケプロンとクラーク

Q 開拓使顧問として，北海道の開拓計画を立てたアメリカ人は？

——**ケプロン**

この人を北海道開拓の，いわばアドバイザーとして雇い，**アメリカ式大農場経営による近代化**を目指すことになりました。

同時に，開拓使は，北海道の近代化を進めていくリーダーを育てようと，**札幌農学校**を開校します。

Q 開拓使の招きで来日し，**札幌農学校教頭**として農学や英語などを教授したアメリカ人は？ ——**クラーク**

クラークが日本を去るときに「少年よ大志を抱け」という言葉を残したというのは有名な話だと思います。クラークが札幌農学校に赴任したのは短い期間なんですが，その間に，**内村鑑三**や**新渡戸稲造**といった，キリスト教（プロテスタント）の信者たちを育成することに成功します。

Q 内村や新渡戸のほか，クラークの感化によりキリスト教に入信した札幌農学校の学生グループは何と呼ばれるか？ ——**札幌バンド**

「横浜バンド」・「熊本バンド」と並んで，日本のプロテスタントの源流となる信者の団体となりました。

▶屯田兵制度

さて，アメリカ式大農場経営を目指して，北海道の開拓にどう着手していったか？

屯田兵制度といわれる面白い制度を取り入れました。もしもロシアが侵略してきたときには，銃を持って立ち上がり，国境を警備するという，**軍隊としての役割**を果たさせる一方で，今でいったら簡単なログハウス

みたいな住居をただで与え，最初の3年間は食料も与えるから，近辺の土地を開拓していってくれという，開拓農民兼国境警備隊みたいな，ユニークな制度を北海道に導入したんです。

明治維新によって職を失ってしまった旧士族などが，これに応じてくれれば，士族授産——士族に生きていく道を与える政策を具体化できることにもなるという意味も込めたものでした。

❖ 開拓使官有物払下げ事件

このように税金を注ぎ込む，北海道近代化の事業は，財政的な制約もあって，最初から一定の期間(10年)で満期を設け，打ち切りにすることになっていました。

予定どおり事業は終了となり，その期間に開拓使が税金を使って得たさまざまな土地，建物，工場などを，民間に払い下げようということになった。1881年，このとき，たまたま開拓使長官だったのが，薩摩の黒田清隆でした。

> **Q** 黒田清隆が，投資総額 1500 万円の巨費を投じた官有物を払い下げようとした，同じ薩摩の実業家は？　　　　　　　　——五代友厚

五代友厚は関西の財界をつくった有名な経済人でしたが，この人のつくった関西貿易社に，黒田は，40万円弱で払い下げようとした。額面からいえばただ同然で払い下げることとした。

別に賄賂のような性格を持つものではなかったんですが，1千万円以上もの税金を注ぎ込んで残ったものを，わずか数十万円単位で払い下げるというのは，税金をそのまま五代友厚に与えるようなものだと，猛然たる批判が起こり，払い下げは中止されました。

これが有名な開拓使官有物払下げ事件です。この事件は自由民権運動との関連で，もう1回ちゃんと復習しておいてくださいね。

❖ 北海道の行政再編

　この事件の翌年，1882 年，当初の予定通り，**開拓使は廃止**され，本土並みに北海道には県が置かれます。

　明治 4 年，1871 年の**廃藩置県**(はいはんちけん)で藩がなくなりますが，北海道は開拓使の支配でした。それが約 10 年後，1882 年に，**函館**県，**札幌**県，**根室**県の 3 県体制となります。

　ところが，この 1 つ 1 つの県が，県として自立していける財政状況ではなかった。独立の行政体として機能するほどの経済的基盤がまだ不足しているというので，この **3 県体制は無理だった**。そこで結局，

> **Q** 1886 年，3 県に分割した北海道行政は廃止され，再び，全土を 1 つに統合して置かれることになった役所は？　　　　　　　——北海道庁

　これで，現在の北海道が確定したんです。

❖ アイヌの同化政策

　最後に，アイヌの人々に対する政策の移り変わりに注意しておきましょう。

　もともと，アイヌの人々は狩猟・漁労で平和に生きていたわけですが，お節介(せっかい)なことに，彼らに農業を普及させていこう，**農民化しようという同化政策**が進められました。

> **Q** 1899 年，アイヌの人々の保護を名目に，実際は農民化と同化を進めようとして制定された法律は？　　　——北海道旧土人(どじん)保護法

　タイトルからして，アイヌの人々を「土人」という差別的な言葉で呼んでいるんです。これが近年になって強い批判を浴びながら，長年にわたって存続したのち，ようやく **1997 年**になって，廃止された。

Q 北海道旧土人保護法に代わって制定された，アイヌ文化の振興を推進しようとする法律は？　——**アイヌ文化振興法**

　略称ですが，こう覚えておけばいいです。日本国民は国民の義務としてアイヌ文化の存続，その振興を図らなければならないという法律です。ようやくできた法律だったんですが，保守派の抵抗によって，具体的な罰則などを伴わない，ただの目標を示す法律に終わってしまいました。

　そこで，アイヌ文化の存続が相変わらず危機にさらされているという状況が，今日なお続いているというのが現状となるわけです。

❖ ユーカラ

　文化史にも絶対に穴が開かないようにね。アイヌ文化における文学としての**ユーカラ**は大丈夫だよね。金田一京助による研究などでも有名な，**アイヌの叙事詩の口承文芸**でしたね。次回で学習する琉球の古歌謡「**おもろ**」としっかり区別しておくのがポイントですよ。

第6回 琉球・沖縄史

琉球・沖縄史（古代〜近世）

古代〜中世	旧石器時代	港川人・山下町洞人（**新人**段階）
	貝塚文化	**魚・貝類**などの食料採取文化
	グスク時代	**按司**が出現し，拠点として**グスク（城）**を築く
	三山時代	**北山・中山・南山**の３つの小国家が成立
	1429	**琉球王国成立**…王府：**首里**・外港：**那覇** 中山王**尚巴志**が三山を統一
近世	16C 中頃	ポルトガル船の東アジア進出
	1609	**島津家久**，琉球征服 ┌ 琉球国王の交代時に**謝恩使**を江戸に派遣 └ 将軍の代替時に**慶賀使**を江戸に派遣

琉球，沖縄の歴史を学習します。

ヤマト政権から律令国家という古代の歴史の展開とは別に，東北北部から北海道方面にはアイヌ文化に至る独自の歴史があったように，沖縄本島を含む南西諸島にも独自の歴史が展開し，文化が生まれ，やがて**琉球王国**という国家が誕生するのです。

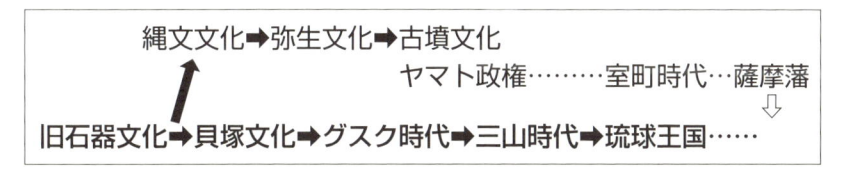

15 世紀は「琉球の世紀」。最も豊かな時代でした。しかし，その基盤となった**中継貿易**の利益はポルトガル船・オランダ船に，近世には薩摩藩に奪われてしまいます。

琉球・沖縄史（近現代）

近代	1853	ペリー来航（浦賀来航の2カ月前）
	1871	廃藩置県…琉球王国を鹿児島県に編入
		日清修好条規…日清両属→琉球帰属問題で対立
	1872	琉球藩設置（藩王：尚泰）
	1874	台湾出兵（征台の役）…西郷従道が軍を率いる
	1879	琉球藩廃止強行→沖縄県設置（琉球処分）
	1909	府県制実施
	1912	衆議院議員選挙法実施
現代	1945.4	米軍の沖縄上陸（沖縄戦）
	6	米軍が占領
	1951	サンフランシスコ平和条約調印…アメリカの沖縄統治承認
	1960	沖縄県祖国復帰協議会結成
	1967	佐藤・ジョンソン会談…3年以内の沖縄返還決定に合意
	1968	小笠原諸島の返還
		初の行政府主席公選…屋良朝苗が当選
	1969	日米共同声明…佐藤・ニクソン会談で沖縄返還合意
	1970	国政選挙実施
	1971	沖縄返還協定調印
	1972	沖縄の「祖国復帰」

　明治新政府は琉球王国そのものを否定して沖縄県を設置します。衆議院議員選挙法の実施も20世紀になってから。

　太平洋戦争では激戦地となり，戦後，独立を回復したときにも，沖縄は例外とされ，1972年にやっと「祖国復帰」が実現するのです。

1 琉球王国

❖ 旧石器時代

そもそも日本史の始まりは，**旧石器文化**ですね。このころは**更新世**の日本列島で，ときどき大陸と陸続きになったりしていた時代です。

この時代に**人間が存在していた**ことを明らかに証明できるものが，なんと，沖縄から出土しているんです。

> **Q** 沖縄本島から発見された，旧石器時代のものとされる人骨2体につけられた名前は？——**港川人・山下町洞人**

両方とも**新人**段階のもの。太平洋戦争末期の沖縄戦の悲劇の舞台となった，沖縄本島南部の摩文仁の丘の崖の下，港川というところにある断層から発見されたのが**港川人骨**で，**ほぼ完全な形で出土した唯一の化石人骨**ということになります。

港川人は，日本史を学習する際に，最初に出てくる人ということになります。港川にはこの人骨だけをテーマにした博物館があるくらいです。

那覇近郊で発掘された**山下町洞人**は，より古い化石人骨で，これまた有名です。

❖ 縄文・弥生時代

縄文・弥生時代と歴史は進んでいくわけですが，沖縄の縄文文化については，若干の違いはあるものの，本土と大きな変わりはなく，これといった注意点はありません。

ところが，弥生文化という名称については，沖縄ではそのままは通用しないので，厄介なことになります。

本土の弥生文化にほぼ該当する時期，沖縄本島など南西諸島では**農耕は発達せず，狩猟・採集**を基盤とする文化が続いていたので，別の名

称がつけられているんです。

Q <u>弥生時代の沖縄</u>で展開された，魚介類などの食料採取などを特色とする，独特の文化を何と呼ぶか？　　　　　　　　　──貝塚文化（かいづか）

なじみのない言葉でしょうが，覚えとかなきゃいけません。

❖ グスク時代

12世紀ごろになると，採取経済の**貝塚文化**から**農耕経済に移行**していって，社会がだんだん成熟してくると，**小地域の領主**，支配者のようなものが現れてきます。

Q このころ生まれた，在地豪族は何と呼ばれたか？　　　　　　──按司（あじ）

この**按司**が拠点（きょてん）として築いた施設を**グスク**といいます。漢字では「**城**」という字を当てて，「グスク」と読みます。グスクは，小高い丘の周囲にぐるりと石垣をめぐらせた城砦（じょうさい）のようなものです。

貝塚時代のあとに位置づけられる，この**按司**が**割拠**（かっきょ）し，**グスクが築かれていった時代を，グスク時代**と呼んでもいいでしょう。

❖ 琉球三山時代

グスク時代というのは，おのおのの**按司**が独立して割拠しているという，本土でいうと**小国の乱立**みたいな時代なんですが，やがて小国家は統合されていき，**15**世紀までに，そのような**小国家連合**が３つ誕生します。これを**琉球三山**（さんざん）**時代**といいますが，

Q <u>三山</u>という３つの勢力の名称は？　　──北山（ほくざん）・中山（ちゅうざん）・南山（なんざん）

これら３つの**国家連合**が**並存**していたわけです。

注意しておくのは，明（みん）が建国されると，おのおのが独立した１つの国

として朝貢するようになったということです。

琉球の三山分立

❖ 琉球王国の成立

　そういう中で，**1429年**，**琉球王国**成立——これは年号を覚えましょうね。1428年は**正長の徳政一揆**が起こった重要年号ですから，その翌年というふうに覚えておいてもいいです。

> **Q** 1429年，三山を統一し，沖縄本島を中心に琉球王国を建国したのはだれか？
> 　　　　　　　　　　　　　　　　　　　　　　——尚巴志

　中山王尚巴志という人が，ついに統一に成功します。

　琉球王国は**15世紀**に全盛期を迎えますが，これを象徴的に**琉球の時代**と呼ぶことがあるくらいです。

❖ 琉球の中継貿易

　修学旅行なんかで行った人も多いと思いますが，琉球王国は，首都にあたる**王府**を**首里**に設ける一方，丘を下って海に出る港，**那覇**における

95

中継貿易で空前の繁栄を誇ることになります。

　中継貿易というのは，自分の国の産出品を輸出するのではなく，他国である A 国の品物を輸入し，その品をまた別の国，B 国に輸出する。また逆に，B 国の品物を中継して A 国に輸出する。というふうに，貿易を中継することによって利益を得るというものです。

▶万国津梁の鐘銘

　琉球王国は，**日本列島と東南アジアを中継する中継貿易**で莫大な利益を上げたんですよ。これを象徴するのが，首里王府の正殿に掲げられていた，**万国津梁の鐘**という巨大な鐘で，その鐘銘（銘文）が有名です。

　今は，本物は保存するために別にしまってあり，展示してあるのはレプリカですが，銘文の内容をごくかいつまんでいえば，こういうことです。

> 「琉球王国は海上交通の要衝にあり，中国・日本と盛んな交流・交易がある。琉球王国は理想郷であり，那覇の港は，東南アジアなどのあらゆる物資であふれかえっている」

　朝鮮半島や日本，そして中国の豊かな産物がみんなやってくる。その逆も全部ある。というふうに，要するに**国際貿易センター**として，東アジアで最も繁栄する港――それが**那覇の港**である，という有名な史料です。

　修学旅行で行った人は，見たことがあるでしょう。行ったことがない人は，大学生になって余裕ができたら，単なる観光ではなく，ぜひちゃんと見学することを勧めます。

　そこで，貿易港**那覇の繁栄**，王府（首都）は**首里**，そして**明に朝貢**し，明の品物を持ってくる――はい，これ忘れない。

▶中継貿易と明の事情

ところで，明は，基本的には**海禁政策**といって，交易を朝貢貿易のみに限定し，自国商人が海外に行くことを禁止するんです。これは**倭寇**を禁圧するための外交策でもあった。

そういう事情もあって，那覇の港の中継貿易の空前の繁栄がもたらされたんだということに注意しておきましょう。

当然，琉球船は日本にもやって来ます。

Q 琉球船が来航した中世日本の国際貿易港を２箇所あげなさい。

——**坊津**(薩摩国)・**博多**

❖ 琉球王国の文化

ここでちょっと寄り道して，琉球の文化の話。

琉球王国には，「**おもろ**」と呼ばれた**古歌謡**，古い歌謡がありました。アイヌ文化と違って文字があったので，この「おもろ」を文字化して編集し，本にまとめています。これを『**おもろさうし**』といいます。

2 近世の琉球

❖ ポルトガルの進出

このように繁栄を誇った**琉球の時代**は，**ポルトガル**の東アジア進出によって，一気に崩壊してしまいます。

当時の琉球船などの船の規模をはるかに上回る，大型の**南蛮船**，特にポルトガルの船は，「**ガレウタ**」，あるいは「**ガレー船**」と呼ばれますが，これによって，琉球王国の中継貿易の利益は，一挙に奪われてしまうんです。

頭の中で想像しましょう。東南アジアの品物は，このポルトガル船が，中継なんかなしに，**直接日本に持ってきてしまう**んですよ。

その圧倒的な規模の違いから，**ポルトガル船の日本来航による南蛮貿易**の発展の裏返しとして，**琉球の中継貿易は衰退**，琉球の時代は終わり，代わって，長い苦難の道が始まるんです。

❖ 島津家久の琉球征服

　こうして，琉球王国の経済的な力の減退が生じたところに，17世紀初頭の事件が追い打ちをかける。1609年，大御所・徳川家康の許可を得て，**薩摩**の**島津家久**が軍隊で攻め込み，琉球を軍事的に制圧してしまうんです。

> **Q** 1609年，島津家久の琉球征服のときの琉球王国の国王は？
> ——尚寧王

　琉球王国を建国した**尚巴志**と混同しないようにね。
　尚寧王は琉球王国尚氏王朝の王で，捕虜として2年間薩摩に抑留されたのち帰国しますが，簡単にいえば，薩摩藩の植民地のような地位を強要され，これを受け入れざるを得なかった。
　ただ，そう簡単でないのは，植民地として薩摩藩の支配が貫徹したかというと，そうでもなくて，**形式的には琉球王国の存続が認められる**んです。
　完全に薩摩藩の領土の一部に組み込むことはせずに，琉球王国が行っている，**朝貢的な中国貿易を存続させ，利益だけを奪おう**というもくろみだったのだろうと考えられています。

❖ 琉球の日中両属

　そこで，建前上はひどくややこしいことになりました。まず，徳川幕府の支配下に薩摩藩があって，琉球王国はその薩摩藩に服属し，植民地的な立場となった。

その一方で，琉球王国は外形的には，相変わらず中国の王朝と朝貢貿易を行って，利益を得ている。この状態をひとことでいうと，**日中両属**——**日本と中国両方に服属する**という状態です。

▶謝恩使と慶賀使

このような，複雑な地位を許容せざるを得なかった結果，琉球国王は，**中国の皇帝と徳川幕府の両方に対して，外交的な儀礼を欠かせなくなった**のです。

要するに，中国の明や清の皇帝に対しては，中華帝国の周辺の蛮国として冊封される，朝貢・冊封関係を強いられる。徳川幕府に対しては，琉球国王に即位した際に，新国王となれたのは「徳川幕府のおかげです」と感謝するために，江戸に謝恩使という使節を送ることとされます。

さらに，**徳川将軍の代替わり**ごとに，「新将軍ご就任おめでとうございます」と祝う意味で，慶賀使という使節を江戸に派遣させられます。

しかもこの謝恩使や慶賀使は，**中国人の服装で江戸に来ることを強制**されるようになります。江戸時代の庶民がこれを見れば，将軍様に中国も朝貢の使節を送ってくるんだ，就任祝いの使節を送ってくるんだ，将軍様は偉いんだ，と思うからです。

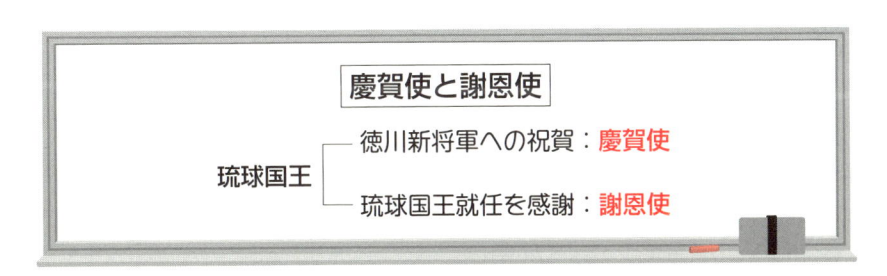

将軍家の権威を人々に知らしめるための手段として謝恩使・慶賀使を強要し，極めて不平等な，徳川幕府の都合を押しつけたということを，しっかり覚えておいてください。

以上お話しした，**薩摩の琉球征服**とその結果生じた**日中両属**関係については，ちょっと複雑ですが，内容をよく理解しておかないといけません。

▶薩摩藩の琉球支配

　次に，薩摩藩にとって琉球王国はどんな意味をもつかというと，**中国との貿易の利益を吸い上げる**。さらに，

Q 島津氏が上納(じょうのう)を義務づけた琉球王国の特産物といえば？　——**黒砂糖**

　特産物の強制的な買い上げ，納入なども義務付け，その結果，琉球は経済的に非常に厳しい立場に追い込まれました。

　ところで，やや細かい話ですが，島津氏によって，**琉球も検地(けんち)・刀狩(がり)の対象**になり，**尚寧王**は石高8万9千石で，王位を認められています。

▶琉球船の貿易ルート

　ついでに，ワンポイントの知識ですが，

Q 琉球船が中国に行く場合，入港する主要な港はどこか？　——**福建(ふっけん)**

　朝貢の使節は，福建から陸路を通って北京に向かいました。

論述対策

Q 鎖国制下における沖縄をめぐる外交・貿易関係について，80字以内で述べなさい。（岡山大・改題）

A 琉球王国は薩摩藩島津氏の支配下に置かれ，幕府に慶賀使や謝恩使を派遣することを強制されたが，明・清から冊封を受ける体制をも維持しつつ，中国との貿易を行った。（77字）

❖ ペリーの那覇来航

　江戸時代，**日中両属**の苦しい立場にあった**琉球王国**は，幕末に大きな衝撃に襲われます。外国船の来航です。

> **Q** 1853年4月，アメリカの艦隊を率いて那覇に来航した提督（ていとく）は？
>
> ——ペリー

　ペリーはいきなり浦賀（うらが）に来たんじゃないからね。じゃあ，なんで那覇に来たのか。これは，実は，太平洋航路の港として適当なところはないかって探してたんです。

　そもそも**ペリーが日本へ来航する背景**として，絶対覚えておかなきゃいけないことがあります。

▶捕鯨漁と寄港地

　当時，機械用潤滑油（じゅんかつゆ）などに使われた，上質な鯨油（げいゆ）を得るための捕鯨漁（ほげい・りょう）が北太平洋において盛んになっていました。その**捕鯨船**が，帆走船（はんそうせん）から蒸気船（じょうきせん）に変わっていくんですが，蒸気機関を動かすための燃料として，石炭（せきたん）が大量に必要でした。

　われわれが長距離ドライブに行くときに，ときどきガソリンスタンドに寄って給油をしなきゃいけないように，捕鯨船は定期的に石炭を補給

しながら長い航海を行わなければいけない。そこで，ペリー艦隊は，ある程度水深の深い港で，石炭も手に入る**寄港地**を探していたわけです。

　そんなわけで，ペリーは 1853 年に琉球にも行ったのでしたが，港は良かったものの，石炭が入手できない。

　浦賀に来る前に，台湾にも船を派遣しました。ここにも基隆という良港があったんですが，やっぱり石炭がほとんど入手できず，諦めるわけです。

　さて，**ペリーが浦賀にやってきた背景は，**

① 産業革命が進展し，機械制大工場が増えてきて，大量の上質な機械油，鯨油が必要となった。

② 蒸気船の時代がやってきて，捕鯨船の燃料である石炭を補給するための寄港地を探していた。

　そして，当時，盛んになりつつあった**中国との貿易**のためのルートを確保する必要も生じていたのです。そこで，

③ 中国貿易に参入するための太平洋航路の確立。

　このような事情があったのです。

3　近代の琉球・沖縄

❖ 琉球藩設置

　次は**明治時代**の話になります。

　1609 年の島津家久による琉球征服以降，薩摩藩に服属していた**琉球王国**は，1871 年（明治 4 年）の**廃藩置県**のときに**鹿児島県**に編入されたんですが，翌**1872 年**（明治 5 年）に，明治新政府は，琉球王国に対する清国の宗主権を否定し，日本領とするため，鹿児島県から分離して，琉球王国を琉球藩としました。

Q 琉球藩設置に伴い，琉球王国最後の王となったのはだれか？

——尚泰（しょうたい）

そこで琉球国王**尚泰**は，藩主じゃなく**琉球藩王**という名称を与えられ，東京に引っ越しちゃいます。本土の廃藩置県の翌年，1872年に琉球藩が置かれたんですよ。ただし，尚泰の称号は「藩主」ではなく「藩**王**」です。

❖ 琉球漁民殺害事件（牡丹社事件）

さて，**近代日本の最初の海外派兵**という事態の原因となる事件が，**琉球藩設置の前年，1871年**に起こります。

琉球船が台湾に漂着し，乗組員が殺害されるという事件が起こった。専門的には牡丹社（ぼたんしゃ）事件といいますが，台湾の港の牡丹社というところに漂着した琉球の漁民たちを，現地の人たちは温かく保護してくれた。ところが，台湾の山岳地帯にはたくさんの野蛮な先住民が住んでいて，中には首を狩る習慣を持っている首狩り族がいるといううわさがあった。

このうわさは，実はウソではなく，台湾の山地に，首狩りをする種族が一部存在していたのは確かなことではあったんですが，琉球の漁民たちを救ってくれた人たちは，この首狩り族とは無関係だった。

しかし，漁民たちは，温かくもてなされたあと，翌日の未明，小屋の外でシュッシュッ，シュッシュッと刀を研（と）いでいる音を聞いてしまうんです。

漂着したのは台湾の地であることを知り，首狩りのうわさが漁民たちに深く浸透していたため，彼らは，これはてっきり首狩りの準備をしているのに違いないと，誤解しちゃったんです。

これは，山に狩猟に行くときの道具である大きな蛮刀（ばんとう）という刀を手入れしていただけなんですけどね。

とにかく，漁民たちは，逃げ出してしまったんですよ。逃げ出すと，

人間って追っかけます。追いつかれて，本当に首をはねられ，結局，54名が殺害されちゃった。こういう痛ましい事件が起こったんです。

以上，ウソのような本当の話で，授業でこんなに詳しく語ることでもないんですが，実は，私は一度，台湾にロケに行って，この山地民族の生き残りの，日系ハーフのおじいちゃんにインタビューしたことがあるんですよ。河合塾サテライト授業のための撮影でしたけど，印象深いロケでした。

❖ 台湾出兵

さて，この事件，**1871 年**に起こっているんです。

日本としては，漂着民を殺したんだから，当然，犯人を引き渡せ，賠償金を払えってことになります。ところが，中国政府は賠償などを頭から拒絶（きょぜつ）したんです。「あんな野蛮人の住んでるところに責任は持てないから知らないよ」と，開き直った。

簡単にいうと，金は一銭も払いたくないという財政上の理由が一番大きかったんですが，当時の言葉で「**化外の民**（けがいのたみ）」（中国政府の統治の及んでいない野蛮人）だといって，責任を回避した。

それじゃあ，日本が直接そういう犯罪者たちを懲（こ）らしめてやるんだという名目を立てて，

> **Q** 1874 年（明治 7 年），台湾に漂着した**琉球漁民殺害**を理由に派遣された，台湾征討軍を率いた軍人は？　　　　　——**西郷従道**（さいごうつぐみち）

やめようってことになっていたのに，強硬な行動で，軍艦を用意して兵隊を乗せ，西郷が台湾に侵入した事件です。ちょっとオーバーな言い方をすると，**近代の日本最初の海外派兵**ということになります。

一般的な歴史の教養では，近代の日本が最初に外国に軍隊を送ったのは**日清戦争**（にっしん）（1894 年）ということになっているかと思いますが，それよ

りはるか以前，**1874年**に，**台湾出兵**が起こっているわけです。

　西郷隆盛の弟，「小西郷」といわれた西郷従道が，台湾に自ら兵を率いて侵入した事件であることを覚えておいて。

▶イギリス公使による調停

　そのまま西郷従道の日本軍に居座られると，事実上，台湾は日本の領土になってしまいかねないので，清国政府は，あわてます。

　Q 事態解決のため，清国が日本との仲介を依頼した北京駐在の**イギリス公使**は？　　　　　　　　　　　　　　　**──ウェード**

　中国は，当時，清王朝です。ウェードのあっせんで，日本にかなり有利な解決案を提示してもらい，結局，**清国が日本に謝罪**し，賠償金を出すという形で台湾出兵は終わり，日本は撤兵します。

❖ 沖縄県設置（琉球処分）

　このときに清国が謝罪したので，台湾出兵は正当な海外派兵だったという位置付けになってしまったんですよ。

　そこで，ある意味，明治政府は，**琉球をめぐる状況の打開**についても，実力行使で既成事実を積み重ねていけばいいんだ，琉球王国なんてのは無視して，強制的に，ここを**沖縄県**にしてしまおうと考えます。

　そして，沖縄本島に軍隊を若干，派遣し，**1879年**，いきなり**沖縄県の設置**を宣言します。この強行突破で行われた**琉球藩の廃止**と，**沖縄県の設置**という明治政府の措置のことを，**琉球処分**と呼んでいます。いかにも上から目線の呼び方ですね。

> 琉球王国　➡　琉球藩　➡　沖縄県

の順番ですからね，間違えないようにしましょう。

❖ 清国の反発

　沖縄県の設置がそういう形で実現しました。この段階で，当然，**清国は猛烈に反発**します。琉球王国は独立国じゃないか。そして清に朝貢する国ではないかと。

　そこで，清国は，大統領の任期が終わり，たまたまアジア歴訪の旅の途上にあった，**アメリカ前大統領グラント**に，日清間の問題の調停を依頼します。

　琉球王国，沖縄本島は，独立国として認めよう。八重山諸島は中国領とする一方，奄美から琉球本島の手前までは日本領とする——こういった**3分割案**のほか，いくつかの案が出てきたんですが，最後の段階の細かい詰めで日清間は対立し，結局，グラントの調停は失敗に終わってしまいました。

　実はここは，現在の日本の骨格を形作る大きな分かれ目だったんですけどね。アメリカ前大統領グラントのあっせんは失敗，と単純に覚えておけばいいんですが，この問題は，以後，**日清間の外交上の重要な懸案**として残ってしまった，ということを覚えておきましょう。

❖ 日本の沖縄県統治

　こういった清国との対立が続くなかで，**日本の沖縄県統治**が始まります。沖縄で起こる事件は，常に**北海道の歴史と対比**しておきましょう。

　北海道に対する明治政府の方針は，アイヌの人々を日本の農民と同じように農耕民にするんだという**同化政策**でしたが，対沖縄は違います。沖縄には立派な**琉球王国**という国家があったわけで，大きな変化を目指すと抵抗運動が起こってしまう。そこで，

> **Q** 琉球王国以来の古い習慣・制度をそのまま残そうとした，明治政府の政策は何と呼ばれたか？
> ——**旧慣温存策**

ということは，現実には大きな制度変更を加えない。

例えば，町の大通りに大きな，高い，細長い石を置いておいて，背の高さがその石と同じになった段階で成人と認め，1人頭いくらという税金（**人頭税**）を払うといった，中世以来の古い税制をそのまま継続した。琉球政府が宮古，八重山諸島で実施していた徴税方法をそのまま存続させた。これがまさに旧慣温存策の，顕著な具体例です。

しかしながら，琉球処分に伴うこのような政策は，現地の人々の反発を買います。特に古い税制が残っていた宮古島では，**人頭税廃止要求の反対運動**が起こりました。

一方，農地改革と同じような作業を行い，近代的な土地私有制度を確立しようとしますが，「これは誰々のもの」と土地に対する権利を示す文書などほとんど存在しない状況で，文書で証明できないものは全部没収しちゃう，というようなことをやった。

結局，多くの土地が入会地として没収されてしまい，人々の日常の生産活動にも支障をきたすということになって，**入会地処分への反対運動**などが起こります。

❖ 沖縄民権運動のリーダー：謝花昇

こういう中で，沖縄本島出身で初めて東京大学を出るという異例の高学歴を得た**謝花昇**という人が現れます。

当時，東大を出ると，高級役人になることがほとんど約束された道だったのですが，彼は卒業すると沖縄に戻って県に勤め，現地で，**沖縄に対する差別を撤廃せよ**という沖縄の抵抗運動の先頭に立ちます。

本土並みの権利を沖縄県にも与えよという謝花昇の運動は，彼自身，身の危険を覚えるほどの弾圧を受け，沖縄から逃げだすんですが，やがて精神異常を来して死んでしまいます。

そういう非常に悲劇的な最期をとげた人物ですが，これはもう**沖縄民**

権運動のリーダーとして，とても有名な人です。

▶府県制・衆議院議員選挙法

謝花昇たちが要求した，この**沖縄県の本土並みの扱い**が，ずっと遅れて実現します。

まず，**府県制**（ふけんせい）が本土並みに施行され，実施されたのが，**1909 年**。沖縄からは代議士（い）は要らないと，**衆議院議員選挙法**そのものも適用されてなかったんですが，**1912 年**に実施となり，ようやく沖縄選出の衆議院議員が選べることになりました。これらはかなり重要な年号ですから，覚えておこう。

$$
\text{沖縄} \begin{cases} 1909 & \text{府県制} \\ 1912 & \text{衆議院議員選挙法} \end{cases}
$$

4 現代の沖縄

❖ 米軍の沖縄上陸

次は，**アジア・太平洋戦争**最大の激戦，**沖縄戦**の話になります。ここは戦後史の出だしのところでしっかり復習すべきところですが，**沖縄戦は「月」（つき）まで覚える。**

米軍が**沖縄本島に上陸**したのは **1945 年 4 月**です。慶良間諸島（けらま）なんかは，もうちょっと前から始まっていますが。そして，現地の沖縄軍が公式に認めた沖縄戦の終結は，**1945 年 6 月**です。

4 月から 6 月が沖縄戦――大丈夫ですね。ちょうどその真ん中で，ヒトラーが降伏し，ドイツがギブアップしたのが 5 月ですよ。

沖縄戦では，住民たちも動員され，男性が組織されたのが**防衛隊**。

Q 14～16歳の男子中学生たちによって組織された少年兵部隊は？
——鉄血勤皇隊

のちに「ひめゆりの塔」で有名になったひめゆり隊など，女子学生の部隊まで動員されて，最後は悲劇的な集団自決に至った。

1945年4月から約3か月間の沖縄本島の戦争で，日本側の死者は，軍人・民間人合わせて**18万人**あまりに上りました。以上が**沖縄戦の特徴**です。

❖ アメリカの沖縄統治と返還協定

戦争が終わり，1951年，サンフランシスコ平和条約で**日本が独立を回復した**ときも，**沖縄に対する施政権はアメリカが握ったまま**であって，沖縄の戦後はまだ訪れなかった。

一方，**奄美諸島**は独立を回復してすぐ**1953年**に，**小笠原諸島**も**1968年**には返還されていますね。ここちょっと忘れやすいから，注意ね。

Q 沖縄返還協定によって沖縄が占領から脱し，実際に独立を回復したのは何年か？
——1972年

結論的にいえば，入試の焦点は，沖縄返還協定の年号の**1971年**と，それが発効して，実際に沖縄が祖国復帰を果たしたのは，**1972年**であること。

この**1年の差**は絶対に覚えておかなくてはいけません。1971年，返還協定，1972年，祖国復帰。ただし，米軍の巨大な嘉手納基地などは，今なおそのまま存続しています。これはもう，まさしく現在の課題ということになるわけです。

▶祖国復帰運動

　以上のように，**サンフランシスコ平和条約**と**沖縄返還**という**大きな節目**をとらえた上で，**その間に起こった細かめの事件や状況**まで目を配っておけば，テーマ史として沖縄史が出題されたときも，自信を持って対処できます。

　そういった事項で一番大事なのは，沖縄の独立を回復しようという，**日本への復帰運動**でしょう。ひとことでいえば，「米軍出ていけ」という運動です。

> **Q** 1960 年，アメリカ施政権の下，沖縄の日本復帰を目指して結成された団体は？
> ——沖縄県祖国復帰協議会

　年号も覚えておいてよ。**1960 年**といえば，**新安保条約締結**の年ですよね。

▶佐藤・ジョンソン会談

　アメリカ側も，**日本の復興と経済成長**を認めて，沖縄返還を次第に許容するようになっていきます。

　そして**1967 年**に，長期政権の**佐藤栄作**首相と，アメリカ大統領**ジョンソン**との間で，沖縄返還についての話し合いが行われ，基本的に沖縄の返還に合意する，しかも**3 年以内**に実現しよう，という日米の共同声明が出されました。

　翌年の 1968 年，返還に先立って，その準備という意味で，従来アメリカ軍が指名していた沖縄行政のトップである**行政府主席が沖縄の人々の選挙で選ばれる**ことになりました。

> **Q** 琉球政府主席公選が実施され，初の主席に当選したのはだれか？
> ——屋良朝苗

▶佐藤・ニクソン会談

その翌年，最終的に沖縄返還が合意されました。

> **Q** 1969 年，「核抜き」の沖縄返還が合意された日米共同声明における，佐藤栄作首相の相手のアメリカ大統領は？　　　──**ニクソン大統領**

　今度は佐藤・ジョンソンじゃなくて，**佐藤・ニクソン会談**ですからね。佐藤栄作はそのままですが，相手のアメリカ大統領は変わっています。この区別は，しっかり意識しておいてください。

❖ 米軍基地問題

　あとは予定通り，**沖縄返還協定調印**が 1971 年，翌 1972 年，**祖国復帰**と進んでいきます。

　しかし，北海道で**アイヌ文化存続の問題**がなかなか解決できないのと一緒で，その後の沖縄は，**日米安保条約体制の下**，**極東における最大の米軍基地**を抱え，現在に至るまで苦しみ続けることになりました。

　アメリカが中心となって世界の秩序を維持するために，沖縄における米軍基地は絶対に手放せない，というのがアメリカの立場でしょうけれども，誰の目から見ても，沖縄が**基地の存在によって，本土に比べて圧倒的に過重な負担を強いられている**のが現実です。

　日本復帰以来，いわゆる**米軍基地問題**がさまざまなパターンで起こってきて，沖縄の人々を苦しめているわけです。

　沖縄の歴史は戦後史のメインテーマですから，『日本史Ｂ講義の実況中継〈第④巻〉』のほうをいま一度確認した上で，終わりに，もう少し細かいところも加えて覚えておくことにしましょう。

❖ 非核三原則

　1971 年，沖縄返還協定締結に際して，政府は衆議院本会議で，いわ

ゆる「**非核三原則**（ひかくさんげんそく）」の遵守（じゅんしゅ）を決議します。

Q 「非核三原則」とは何か？
—— 「**(核兵器を)もたず・つくらず・もち込ませず**」

これ全部いえるようにしておく。建前上は，日米の合意および衆議院本会議の決議によって，核に関するこの三原則を守ることを決めたはずでした。

ところが，沖縄返還交渉にあたって，佐藤栄作首相が，アメリカ側の要求に沿って，**有事（ゆうじ）の際の沖縄への核の持ち込みを認める**「**密約（みつやく）**」を結んでいたことが明らかになりました。駐日大使も勤めた，日本研究の開拓者としても著名な**ライシャワー**の証言から，密約があったことが明らかになっています。

非核三原則のうちの３つ目，「もち込ませず」に違反する密約が，日米間で交わされていたということなんです。

もちろん，われわれは，**非核三原則**というものを，日本政府の基本的な政策として，議会で，さらに立法府でも決議をしているという事実を忘れないようにしなければいけません。

沖縄の問題は，きわめて今日的な課題ですから，日頃（ひごろ）からニュースなどに敏感になっておいてください。

第 1 回

教育史/古代〜近世

教育史（古代〜近世）

古墳	5C 初	王仁，論語・千字文を伝える
	6C 前半	百済から**五経博士**来日
奈良	8C	式部省管轄下に**大学（寮）**設置・地方に**国学**設置
		芸亭（石上宅嗣）…私設図書館
平安	9C 〜	紀伝道
		大学別曹
		勅撰漢詩文集
鎌倉	1205	『**新古今和歌集**』（後鳥羽上皇）
	13C 後半	**金沢文庫**（北条実時）
室町〜安土・桃山	1439	『**建武年中行事**』（後醍醐天皇）・『**職原抄**』（北畠親房）
		『**公事根源**』（一条兼良）…有職故実
		古今伝授（東常縁→宗祇→三条西実隆）
		五山文学・五山版
		足利学校再興（上杉憲実）
		往来物『**庭訓往来**』
		イエズス会…**セミナリオ・コレジオ**
江戸	1641 頃	花畠教場（岡山）
	1690	**湯島聖堂，聖堂学問所**
	1790	**寛政異学の禁**…聖堂学問所での朱子学以外の講義を禁止
	1797	**昌平坂学問所**を官学とする
	1811	**蛮書和解御用**

　教育史はテーマ史の定番です。まず，前近代の教育史から。

　「教育」といっても，一般の国民に対するものではなく支配者階級の学問，具体的には律令制度を支える漢詩文の受容とその展開に関わる教育の歴史が中心です。実際には**文字の使用**と**漢詩文に関する学問の受容の歴史**ということになります。

1 古代の学問・教育

❖ 王仁と阿知使主

では，さっそく古代の学問，教育から見ていきましょう。

まず学問といっても，この時代に日本固有の学問としてはっきりしたものはなく，**中国あるいは朝鮮から入ってきたもの**ということになります。文字そのものが中国・朝鮮から伝わってきたものだから，そういうことになるのは当然でしょう。

かなり伝説的な要素が強いんですが，**5世紀ごろ**，**古墳時代の中期ごろ**，**王仁**（わに）という人が，朝鮮半島の**百済**（くだら）から『**論語**』（ろんご）や『**千字文**』（せんじもん）を持って日本に来たんだといわれています。

> **Q** 文筆に従事し，ヤマト政権に仕え，『論語』・『千字文』をもたらしたとされる**王仁**一族は何と呼ばれたか？ —— **西文氏**（かわちのふみうじ）

これに対して，**阿知使主**（あちのおみ）という渡来民（とらいみん）が，同じころ日本にやってきて，やはり文筆を 司（つかさど）った。

> **Q** 漢人系の渡来民だった**阿知使主**の氏名は？ —— **東漢氏**（やまとのあやうじ）

「かわちの」，「やまとの」という名前ですが，律令制下の古代行政区画を見て，奈良県と大阪府を比較すると，奈良県大和は**東側**にありまして，大阪府河内（かわち）は**西側**に当たります。

そこで，東と西を「とう」「ざい」と読まずに，西のほうを「**かわちのふみうじ**」，東のほうを「**やまとのあやうじ**」というわけで，合わせて「**東西史部**」（やまとかわちふひとべ）と総称します。

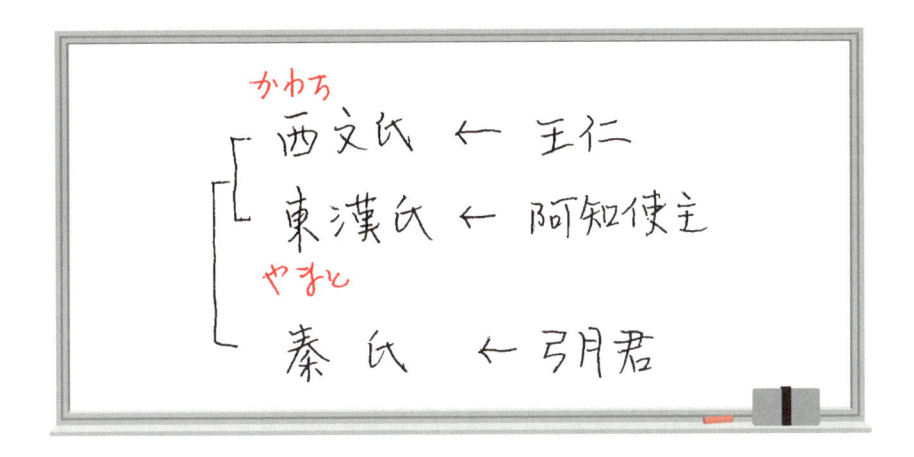

❖ 弓月君

　王仁に始まる系統と阿知使主に始まる系統の２つの東西史部の他にも，**弓月君**（ゆづきのきみ）という渡来人がやってきて，その一族が繁栄しました。

Q 養蚕（ようさん）や機織（はたお）りを伝えたといわれる**弓月君**の一族の氏族名は？

——**秦氏**（はた）

　以上の３つをまず覚えておいて。これらによって，**文字とともに，中国の学問が日本に伝わってきた**ということになるわけです。ここは固有名詞の読み方が基本ですから，しっかり確認しておいてください。

❖ 仏教・儒教伝来

　日本は百済を支援するなど，両者は友好関係を維持していましたが，その百済から伝えられた，最も有名なものは**仏教**で，**仏教公伝**と呼ばれます。

Q 仏像や経典などの仏教セットを日本に献じた，**百済の王**は？

——**聖明王**（せいめいおう）

また，百済からは，儒教（じゅきょう）の専門家たちも，家庭教師のような形で日本にやってきたといわれています。これは1人2人という話ではなくて，交代でやってきたらしい。

Q 儒教の経典である五経（ごきょう）を講じ，儒教を体系的に伝えた，これらの学者たちは何と呼ばれたか？　　　　　　　　　　　——五経博士（はかせ）

五経というのは，孔子（こうし）や孟子（もうし）が唱えた，中国の古い時代の古典的な学問の経典で，

「易経（いきょう）」「詩経（しきょう）」「書経（しょきょう）」「礼記（らいき）」「春秋（しゅんじゅう）」

という5つでしたね。その専門家が**五経博士**で，今でいえば，日本に西洋の学者がやってきて，西洋の学問を伝え，教えたというようなことになります。

❖ 律令制度を支えた儒教

やがてこの儒教が，具体的な形としては，**律令**という法律によって国家を運営する律令制度を支える，基本的な教育学問になっていく。これはもう皆さん知ってるとおりです。

▶式部省下の大学（寮）の教育

701年の大宝令において，大学（寮）（だいがく・りょう）という**中央官庁の官吏（かんり）養成機関**が，式部省（しきぶ）管轄下に設置され，そこには専門の学者が役人として配置されて，儒教中心の教育を施すことになります。

Q 大学（寮）において，「孝経（こうきょう）」・「論語」などの経典の学習，今でいえば，道徳教育にあたる学科は何と呼ばれたか？　　——明経道（みょうぎょうどう）

その明経道の教官が，**明経博士**です。

このような儒教道徳を教える他に，法律学を教える明法道（みょうぼうどう），さらに，漢文学などを教える紀伝道（きでんどう）（**文章道**（もんじょうどう）），書を教える書道，算術を教える

算道などの教科が，学問あるいは教育として成立することになります。

このあたりは大丈夫でしょうか？

大学で学んだのは，**五位以上の，いわゆる貴族**といわれる人々の子供たち，それから文筆を専業とする，**東西史部のような文筆官僚**の子供たちです。彼らは職業的な意味で学問が必要ですからね。ここはくれぐれも，**式部省管轄下の大学(寮)が公的な高等教育を担ったん**だということを覚えておく。

▶地方の豪族の教育

いまのは中央官庁の話ですが，**地方**はどうだったかというと，地方は国を単位に，おのおの，**国学**というのが置かれ，そこで**郡司など地方の有力豪族**の子弟が学んだということになっています。

国学については，どこまで実際に教育の実践が行われたかというのはかなり疑問で，それほど発達したわけではないだろうといわれています。

❖ 石上宅嗣

さて，個人的にも学問や教育に興味のある人というのは当然出てくるわけで，早い段階では**石上宅嗣**が有名です。石上氏は覚えてますか。元の物部氏，**石上神宮の七支刀**の「石上」ですよ。

> **Q** 奈良時代末期に石上宅嗣が開いた**日本最初の公開図書館**といえば？
>
> ——**芸亭**

芸亭は，彼がつくった一種の書庫です。仏教の経典は除きますよ，これは大量に入ってきますから。**仏教経典以外の一般的な専門書**を集め，集めるだけでなくてそれを公開した。

芸亭の「うん」は芸術の芸とは違う字です。**草冠** じゃダメです。草冠の真ん中を切っておいてください。「うん」というのは草の名前で，防虫剤替わりに本の間に挟んでおいた——これが施設の名前になっているら

しい。文字も読み方もしっかり覚えておいてください。

❖ 紀伝道

　以上お話ししたように，儒教中心の学問を受容したわけですが，その中で最も重んぜられたのは紀伝道でした。その内容は，紀伝体の紀伝ということで，**歴史学**のことです。ただし，中国の歴史を学ぶわけではなく，実際には，**漢文そのものに習熟**することが主な目的になってくるので，ここでいわゆる**漢文の日本における受容**の作業が行われていった。

　要するに，中国に対抗するために，中国人とちゃんと漢文で文書のやりとりができる人間を養成することが，教育の一番大事な最初の目標でした。紀伝道の習熟が教育の中心になっていったというのを覚えておこう。

　そこで単純化しちゃうと，まず役人になる前提として，**儒教的な道徳**を身につけさせる道徳教育，すなわち明経道がすべての初めですが，平安時代になってくると，漢字・漢文が書ける，読めるということが重視され，紀伝道が中心になっていったということ。このあたりは，**平安初期**の話ですから，文化史でいえば**弘仁・貞観文化**の時期にあたるわけです。

　この傾向が強まっていくと，上層貴族の子供でも，漢文ができないと出世しにくくなるということになってきます。今の教育で，明治以降の近代化の結果，英語ができないとすべての受験が成り立たないという状況と似てますね。このような状況を「**文章経国**」の思想などと呼ぶんですね。

❖ 高等教育を担う大学別曹

　このように，日本人が中国人にいかに近づくかということが出世のための必要条件となった。そこで有力氏族は一族の子弟のために，**氏単位**

の大規模な教育施設を設けていきます。

Q 当時，最も有力な氏であった藤原氏が設けた，大学教育のための予備校のような役割を果たした施設の名は？　　　　　　——勧学院（かんがくいん）

式部省の正規の**大学(寮)**の近くに，氏が別棟を立ててつくり，経営した施設です。そこに一族の子弟を寄宿させて，大学での試験や講義に備えさせた。

この勧学院のような大学(寮)の付属施設を**大学別曹**（べつそう）と呼びました。英語で言えば annex，「別館」という意味です。他に**在原氏**の**奨学院**（しょうがくいん），**和気氏**の**弘文院**（こうぶんいん），などがありますが，

Q 嵯峨天皇（さが）の皇后である　橘　嘉智子（たちばなの かちこ）が橘氏のために設けたのは？　　　　　　——学館院（がくかんいん）

特に**橘氏**の大学別曹はよく聞かれます。このように，**大学別曹が実際上の高等教育を担うようになっていった**というのが，平安時代の大きな動きです。

❖ 漢詩文の隆盛

このような状況で，文化史でいうと**漢詩文が非常に尊重**され，天皇の命によって**勅撰漢詩文集**（ちょくせん）が編纂されました。

Q 嵯峨天皇・淳和天皇（じゅんな）のときに編纂された**勅撰漢詩文集**のタイトルは？　　——『凌雲集』（りょううんしゅう）・『文華秀麗集』（ぶんかしゅうれいしゅう）・『経国集』（けいこくしゅう）

一方，近代における日本の英語教育の成果といったものを考えてみると，これらの漢詩文集に比肩（ひけん）するレベルの英語の歌や詩なんかができているでしょうか。

たぶん，とてもそこまではいっていないと思いますけど，古代におい

ては，漢詩文に対する強い関心と，その教育に力を入れた結果，これら3つの漢詩文集のように，天皇の，国家の名で認められた，高いレベルの漢詩集が出版されたということです。ちなみに，

Q 奈良時代に成立した，現存，日本最古とされる漢詩集は？
—— 『懐風藻』

これは勅撰ではありませんので，ちょっと注意しておきましょう。

❖ 空海の漢詩文集

他に，平安時代の個人の漢詩文集としては，

Q 弟子が編集した空海の漢詩文集は？ —— 『性霊集』

Q 空海による日本最初の文学論といわれる，漢詩を書く際の注意点などをまとめた書物は？ —— 『文鏡秘府論』

空海は超有名人で，平安京の中に，だれでも通える，だれでも入れる綜芸種智院という教育施設をつくったといわれていますが，その後，特に発展したとも見えず，そのような庶民教育が定着したわけではなさそうです。

❖ 学問の家学化

平安中期以降，藤原氏のうちの特定の家だけが摂関になれる，いわゆる五摂家の成立のように，家が1つの大きな社会的単位となってくると，学問もそのような流れに沿ったものとなっていき，学問は家学化します。つまり，特定の学問分野について，特定の氏が氏としてこれを学び，親子代々にわたってこれを伝えていく。
例えば紀伝道は大江氏と菅原氏が主に学ぶ学問であるとか，明経道は

<ruby>清原氏<rt>きよはら</rt></ruby>とか。それによって氏が成り立っていくというような学問の状況が，家学化，家の学問化です。

2 中世の学問・教育

❖ 鎌倉時代

▶有職故実の学

さて次は中世・鎌倉時代。**武家政権**が誕生してきます。そうすると，**公家政権**のほうは武家政権に実際の力を奪われていく。

そこで，武家政権にはないような学問とか儀式とか，そういうところで自分たちが国家の支配者であることを証明したいと，**儀式の研究**なんかが進んでいきます。**公家社会の儀式<ruby>典礼<rt>てんれい</rt></ruby>を研究する学問分野**は<ruby>有職故実<rt>ゆうそくこじつ</rt></ruby>と呼ばれました。

ちょっとさかのぼって，院政期の話ですが，故実について基本となる著作が現れます。

Q <ruby>大江匡房<rt>おおえのまさふさ</rt></ruby>による儀式や政務の基本をまとめた著作の名称は？

—— 『<ruby>江家次第<rt>ごうけしだい</rt></ruby>』

<ruby>藤原師通<rt>もろみち</rt></ruby>の依頼で大江匡房が書いたもので，匡房は 1111 年（天永 2 年）に没する直前まで執筆を続けたというものです。匡房は院政期を代表する大学者，白河院の<ruby>近臣<rt>きんしん</rt></ruby>です。

次に，鎌倉時代。

Q <ruby>順徳天皇<rt>じゅんとく</rt></ruby>が自ら<ruby>著<rt>あらわ</rt></ruby>した，朝廷における行事の作法などについてまとめた本は？

—— 『<ruby>禁秘抄<rt>きんぴしょう</rt></ruby>』

このころになると，公家層は，自分たちは変わらないことに意味があるという理念を打ち出します。5 年前も 10 年前も 50 年前も 100 年前も，

この儀式はこのようにやってきたんだと。

　昔通りにやっているということに価値を認める価値観っていうのは，今でもいろんなところにありますよね。そういう意味で，**公家の世界の学問**として，**有職故実の学**あるいは**有職の学**というのが重んぜられ，その先頭を切って，天皇自らが書いたのが，順徳天皇の『禁秘抄』でした。

▶武家政権の学問

　一方，武家政権の方は，仏教では**禅宗**を保護し，重んずるようになってきます。

　また，**源頼朝**と同じころの中国に，朱熹という学者が出て，孔子・孟子の学問の原典を基に，一種の哲学体系を独自に作り上げます。朱熹の学だから，これを朱子学と呼びます。

　そして，禅宗のお坊さんが，中国からこれをどんどん持ち帰ってくる。禅僧が，仏教的な禅の研究，禅の修行だけではなく，併せて──ついでにという意味ですが──朱子学を受け入れるようになってきます。

▶金沢文庫

　鎌倉中期に，武士の中からも学問に興味を持つ人物が出てきます。

> **Q** 武蔵国金沢の別邸に，和漢の書を収集した書庫，金沢文庫を開設したのはだれか？
> ──北条 実時

❖ 室町時代

▶有職故実の学の充実

　鎌倉から室町への大きな流れとしては，室町に入っていって，**有職故実の学**がますます充実してくること。それから，鎌倉時代に始まった，公家たちによる古典文学研究が本格化してくること。そういったところを，はじめに意識しておいてください。

Q 後醍醐天皇自らが，仮名で書いた有職故実の本といえば？

—— 『建武年中行事』

Q 北畠親房が，律令の官職の由来などを説明した有職故実の書は？

—— 『職原抄』

さらに，もう1点。

Q 一条兼良による，有職故実の集大成的な著作は？ —— 『公事根源』

このあたりはさほど面白くないテーマで，飽き飽きして忘れてしまうことがあるので，気を引き締めて覚えてください。

▶古典文学研究

それから一条兼良の『源氏物語』についての研究書，『花鳥余情』も有名な本です。

▶『新古今和歌集』

和歌については，鎌倉時代，後鳥羽上皇の『新古今和歌集』の編纂が重要です。和歌は国家統治の基本であるという考え方がだんだん広がっていって，やがて勅撰和歌集である『古今和歌集』の解釈——まあ，歌の解釈は今でも難しいわけですが——これが研究対象として，歌に関する学問が尊重されるようになります。

▶古今伝授

そこで，『古今和歌集』についての一番難しいところの解釈，その学問を，**秘伝として師から弟子に伝えていこうとする動き**が出てきます。すなわちこれが**古今伝授**というやつ。「決して他人には言うなよ」という，非常に秘密主義の**秘事口伝**です。

文章に書いちゃうとみんなに広まっちゃうから，口から口へ，お前だけにここの解釈を教えてやろうといった，きわめて**閉鎖的な和歌の学問**

123

が生まれた。

東常縁（とうつねより）から**宗祇**（そうぎ）に伝えられたのが始まりで，**三条西実隆**（さんじょうにしさねたか）へというふうに，まあ実際には，単純に一系統で伝えられたわけではないんですが，秘事口伝化して歌の学問が伝わっていった。これが中世後期の大きな学問，特に**歌学の大きな特徴**ということになります。

❖ 武士中心の教育機関

以上は公家による学問の状況ですが，鎌倉時代の**金沢文庫**と同じように，**武士が中心となった学問研究・教育機関**も出現します。

Q 戦国期にかけて，下野国足利（しもつけあしかが）に，関東管領**上杉憲実**（かんれいうえすぎのりざね）が再興した学校は？

——**足利学校**

東日本の高等教育や研究の中心になっていった教育機関で，宣教師の**ザビエル**がこれを知り，「**坂東の大学**（ばんどう）」といって，これを西洋に紹介したという有名な話があります。

❖ 僧侶中心の学問研究

この時代，**公家階級は没落の一途**（ぼつらく いっと）**をたどり**，実際の学問研究は**僧侶**（そうりょ）**中**心になっていきます。

すなわち，鎌倉・室町幕府が**五山制度**（ござん）を整えて，これを保護した結果，**五山のお坊さんたちによる学問や文学が盛んになってきます。これを五山文学**と呼びます。**鎌倉時代末期から室町時代にかけて禅宗寺院で行わ**れた漢詩文です。

Q **京都五山・鎌倉五山**などの禅僧によって出版された書籍は何と呼ばれるか？

——**五山版**（ござんばん）

こうして，高等研究，あるいはレベルの高い文学などは，五山文学，

五山版の出版などに結実[けつじつ]します。

❖ 武士・町人の子弟教育

一方，庶民の台頭あるいは武士の成熟を背景に，有力な武士や富裕な町人たちは，**子供の教育**に関心を示すようになります。それ以前には，子供に対する教育という概念そのものがほとんどありませんでした。

そこで，子供のうちから義務教育レベルの簡単な基本教育を受けさせようとしましたが，学校がなかったので，学問の中心でもあったお寺に子供を通わせようという，寺院教育が発達していきます。

一般的な教育で目標とされたのは，まず簡単に**手紙が書ける，読める**というレベル。これが最も実用的な初等教育という意味で，手紙のやりとりを教材にしちゃうんです。

往復一対の手紙を集めて教材として編集した，当時の初歩教科書の総称を往来物[おうらいもの]といいました。

Q 南北朝～室町初期に成立した，この書簡形式の教科書（往来物）の名は？
—— 『庭訓往来[ていきんおうらい]』

「庭訓」というのは「家庭での教訓」の意。「往来」というのは「行ったり来たり」ですから，この場合の往来は手紙が行ったり来たりしている教材という意味になる。

だから，手紙が来たら読める，返事が書けるという意味で，そのような**模範的な手紙の文章**を並べておいて，地名や季節のあいさつ，武家の心得などを覚えさせたりするんです。これが，**室町時代における，民間の教育**の発達段階でした。

❖ 戦国時代

さて，**応仁・文明の乱（応仁の乱）の影響**というのはやっぱり大きくて，

その結果，**京都が荒廃**し，首都としての権威あるいは力を失っていく。

　特に，京都が，学者が住みにくい世界になってしまうと，台頭してきた**守護大名，戦国大名**という地方の権力者のもとに赴き，**地方に学問を伝える**という役割が**禅僧**に求められ，重視されるようになります。そして，それがそのまま江戸時代につながっていくことにもなる。

▶薩南学派・海南学派

　そのようにして，戦国期に，地方で発達した学問の流派が2つあります。

> **Q** 室町後期から江戸前期にかけて薩摩国を中心に栄えた，桂庵玄樹（けいあんげんじゅ）を始祖とする朱子学の一派は？
> ——薩南学派（さつなん）

> **Q** 室町末期，土佐（とさ）で興（おこ）り発達した，南村梅軒（みなみむらばいけん）を祖とする朱子学の一派は？
> ——海南学派（かいなん）

　南村梅軒という人は経歴のよく分からない人ですが，この人や桂庵玄樹が，今の鹿児島県あたり，また高知県あたりに儒学を伝えたことを覚えておいてください。要するに，**応仁・文明の乱で京は荒廃し，文化も地方に拠点を移していった**ということです。

◤3 近世の学問・教育

❖ 織豊時代

　さて，時代は戦国から**織豊時代**（しょくほう）に移ります。ここに至って，日本の学問・教育も，外国の，なんとヨーロッパの影響を受けるようになります。

▶キリスト教伝来

　これがまさに**キリスト教の伝来，宣教師の歴史**の話になるわけで，まずは『日本史B講義の実況中継〈第②巻〉』第29回を確認してもらうのが

いいと思います。

で，日本の布教に乗り出したのは**旧教**側の宗教改革，その先頭に立ったのが**イエズス会**でしたね。日本で布教するにあたって，本格的に活動するためには，日本人のキリスト教徒を増やすだけではなくて，宣教師そのものを日本で生み出していかなきゃいけない。

▶キリスト教の学校

Q 日本人宣教師養成のために，イエズス会が設立した大学は？

——コレジオ

これは，簡単にいえば，キリスト教について教える，短期大学レベルの高等教育です。さらに，

Q 同じくイエズス会が設置した宗教教育施設は？　　——セミナリオ

こちらは，まあ，日曜日の教会のミサみたいなもんでしょう。だれでも参加できてイエズス様の教えを知ることができるというもの。

このコレジオとセミナリオの区別はなかなか厄介で，絶対に覚えておくのは，**コレジオのほうが上級の学校で短大レベル，カレッジ**と覚えておいてください。ユニバーシティまではいかない。日本にはユニバーシティにあたるような，キリスト教高等教育の施設はほとんどなかったのです。

だから，コレジオが**宣教師養成学校**，セミナリオは広くキリスト教を広めるための**下級神学校**ということになります。

教会堂も建てられています。1576年に**オルガンチーノ**が**高山右近**らの協力を得て京都に建てたのですが，建築様式は寺院建築だったので「**南蛮寺**」などと呼ばれました。よーく見ると，「**洛中洛外図屛風**」などにも教会堂が描かれています。

▶コレジオ

コレジオは 1580 年に，**大友義鎮**の保護を得て豊後国**府内**に置かれ，その後キリスト教弾圧が強まると，場所を点々と移しますが，最終的には **1614 年の禁教令によって廃絶**に追い込まれました。

▶セミナリオ

セミナリオも同じ 1580 年に置かれています。ヴァリニャーニが織田信長の許可を得て，最初に置かれたセミナリオは，**安土**と**有馬**です。織田信長はキリスト教に寛容でしたから。

セミナリオは，やがて安土と有馬のものが**有馬**に統合された後，九州各地を点々とし，これまた **1614 年の禁教令によって廃絶**します。

ついでながら，キリスト教伝来に伴って，「カステラ」とか，雨合羽の「カッパ」とかいうような，**ポルトガル語由来の新しい外来語**の語彙，言葉が日本語化し，定着したというのも，ちょいと覚えておいたほうがいいかもしれません。

❖ 江戸時代

禁教が決定された結果，江戸時代になると，幕府は**正学**——一番正しい学問は**朱子学**と決めて，これを，幕藩体制を支える最も推奨すべき学問だとしました。すなわち，**封建教学**——身分秩序を重視する，封建制度にふさわしい学問として，鎌倉時代前期に確立した朱子学を積極的に導入することにしたわけです。

▶朱子学の隆盛

そこで家康が顧問として雇った**林羅山**は，京都から江戸に引っ越し，上野忍ケ岡に宅地を賜って，将軍に朱子学を講義するだけではなく，生徒を集めて塾を開きます。

🗨️ 5代将軍綱吉のときに，この林家の私塾を移転し，そこにまつった**孔子の廟**を何と呼んだか？ ——**湯島聖堂**

湯島聖堂が設置されると，林家の私塾は聖堂付学問所となります。通称「**昌平黌**」と呼ばれる学校です。1797年（寛政9年）には幕府の直営とされます。

🗨️ 湯島聖堂の完成を機に，**蓄髪**（還俗して僧が再び髪を伸ばすこと）を許され「**大学頭**」に任ぜられたのは？ ——**林鳳岡（信篤）**

ちなみに**聖堂**というのは，イエズス様やマリア様をまつる教会に該当する，儒学の始祖たちをまつる一種の宗教施設です。儒教の中国古来の聖人をまつる堂と，その聖堂に付属する学校という位置づけであり，それが**聖堂学問所**という意味です。

▶ **寛政異学の禁（寛政の改革）**

幕府の御用学問として隆盛を誇った朱子学は，「**君臣父子の別**」とか「**忠義・孝行**」といった**儒教道徳**を掲げ，いわゆる**文治政治**のもととなった学問でしたね。

しかし，これに対して，朱子学は**形式主義的**で役に立たない，もっと**役に立つ学問**を学ぼうよという運動が起こってきます。例えば，**経世論**——世の中をどう経営して，人々を平和に，豊かにさせるか，具体的な政策を考えようという学問です。

経世論を説く**荻生徂徠**の**蘐園塾**には，生徒がどんどん集まるようになって，今でいったら国立大学である東京大学が定員割れみたいなことになってくる。

幕府が絶対守りたい**正学**である**朱子学**が脅かされるような事態となり，非常に保守的な，非常にまじめな老中**松平定信**は，**寛政の改革**において**寛政異学の禁**を出して，朱子学を何とか守ろうとしました。

ただし，これはあくまでも**林家の主宰する聖堂における学問だけを対象**にしたものです。世間一般の学問に対しては介入しないが，**聖堂学問所では朱子学だけを教えなさい**ということ。

逆にいえば，聖堂学問所ですら**折衷学**とか，他のいろんな学問を教えていたということを意味します。そうしないと生徒が来ないから，みたいな状況だった。

▶寛政の三博士

この**寛政異学の禁**のときに朱子学振興に努めて活躍した，**寛政の三博士**といわれる学者たちが登場しました。単純な暗記モノですから，しっかり覚えておく。

Q 寛政の三博士とはだれだれか？

——**柴野栗山・尾藤二洲・岡田寒泉（古賀精里）**

岡田寒泉はのちに幕府の代官となって三博士からはずれ，代わりに**古賀精里**が入りますから，都合4人の名前を覚えておいて。

やがて定信は引退しますが，寛政異学の禁という幕府の政策に沿って，1797年，**聖堂学問所は林家の家塾から切り離され，正式に官学**，幕府直営の機関となるのですよ。

▶西洋の学問の導入

朱子学を守ろうとする一方で，幕府は，吉宗以来，**西洋の学問**でも役に立つものは受け入れようというふうに変わっていきます。

江戸中期の**蘭学**（オランダ語を通じて学ばれた学問）から，幕末の**洋学**（西洋の学問の総称）へと発展していきます。**西洋の学問も，キリスト教に関わらないものは積極的に導入**していこうというふうに変わっていくキッカケとなったわけです。

Q 1811 年，高橋景保（たかはしかげやす）の建議によって設置された蘭書の翻訳局兼研究所の名称は？
——蛮書和解御用（ばんしょわげごよう）

西洋の学問導入のきっかけとなったのがこの機関です。これはその後，洋学所，1856 年には，蕃書調所（しらべしょ）と名称は変わっていきますが，最終的には，明治時代，**東京大学**へとつながっていきます。

❖ 藩学（藩校）の創設

あとは，藩学（藩校）を見ていきましょう。藩が，幕府に見習って，朱子学などを学ぶための教育機関，学校をつくり，藩士（はんし）を教育していきます。幕府を見習って同じようなことをしないと目をつけられるから，という理由もありました。

早いものとしては，岡山藩の花畠教場（はなばたけきょうじょう）が有名ですが，これは熊沢蕃山（くまざわばんざん）を招いて組織された学習所，塾のようなもので，藩校とは違うものと考えられています。開設の時期も 1641 年ごろと，非常に早いものです。

▶初期の藩校

藩校として早いものは 17 世紀に登場しますが，ほとんどが**18 世紀後半**以降，急増していきます。初期には学問好きな大名が現れ，設立されたものです。

Q 会津藩主保科正之（ほしなまさゆき）（あいづ）が，会津に設けた藩校は？
——稽古堂（けいこどう）

Q 毛利氏（もうり）が，城下町萩（はぎ）に設けた長州藩の藩校は？
——明倫館（めいりんかん）

このあたりが，藩校の早いものです。

▶藩校の設立ラッシュ

18 世紀後半になると，藩校は設立ラッシュを迎え，このころには，必ずしも朱子学だけではなく，他のさまざまな役に立つ学問も教育する

ようになっていきます。

　幕末にかけては，**洋学専門の藩学**をつくるような藩も出てきます。細かいことは覚えなくていいですが，代表的な，充実した藩校だけは覚えておきましょう。

> **Q** 熊本藩の名君中の名君，細川重賢（ほそかわしげかた）が創立したのは？　──時習館（じしゅうかん）

> **Q** 鹿児島・薩摩藩のこれまた名君，島津重豪（しまづしげひで）が設けたのは？
> ──造士館（ぞうしかん）

島津重豪を島津久光（ひさみつ）と間違えないようにね。

　それから貧乏で有名な**米沢藩**を再建した，**上杉治憲**（うえすぎはるのり）の**興譲館**（こうじょうかん）。秋田藩・**佐竹義和**（さたけよしまさ）の**明徳館**（めいとくかん）。では，

> **Q** 1841 年に，烈公（れっこう）と呼ばれた水戸藩主，徳川斉昭（なりあき）が創設したのは？
> ──弘道館（こうどうかん）

『大日本史』編纂のために設けた**史局**，**彰考館**（しょうこうかん）と混同しないようにね。藩校の**弘道館**は，幕末の倒幕運動に重要な役割を果たします。

　以上が，18 世紀後半に入っての藩校として覚えておくものです。

❖ 郷学

　大きな藩は，城下町や城内においた**藩学**以外に，藩士や庶民の教育のために，**地方にも学校**をつくっていきます。そのような，地方においた**藩経営の学校**は，一般に**郷学**（ごうがく）（**郷校**）と呼ばれました。

　古い郷学で，有名なものとして，

> **Q** 学問好きで有名な，岡山藩藩主池田光政（いけだみつまさ）がつくった郷学の名は？
> ──閑谷学校（しずたに）

池田光政が熊沢蕃山を招いて開設した学習所は，先ほど話した**花畠教場**です。

❖ 庶民の自発的教育機関

　次は**庶民教育**の話です。権力者たちは庶民のための教育なんてことをやるわけはないので，民間から自発的に起こってきます。

　近世以前では，有力者や武士の子供たちが**寺**に行って初等教育を受けたということをお話ししましたが，江戸時代には，庶民教育が**民間**で行われるようになります。

　Ⓠ 江戸時代の**庶民**のための教育施設の名は？　　　　——**寺子屋**

　寺子屋の数は，統計がややこしいんですが，数千とも数万単位ともいわれ，もうできては潰れ，できては潰れ，今でいうと学習塾の争いみたいな状況でした。経営者も，教師もさまざま。失職した元武士の牢人とか，神主，坊さんとか。みんな，塾を開いては生徒を集めます。

　中には充実した寺子屋もありました。江戸の商人たちは，奥さんも亭主と一緒に働いていたんですが，当時は，保育所なんてありません。そこで，そのままずーっといてもいいよと，夜まで延長して子供を預かり続ける，サービス満点の寺子屋なんかも出てきました。

　うちはイベントいっぱいあるよとか，遠足が月に１回あるよとか宣伝して，生徒をいっぱい集めたのもあった。これが**寺子屋の多様な教育**ということになります。

▶読み・書き・そろばん

　寺子屋で教えたのは，基本はまず**字が読める**ことと**書ける**こと。あとは，お金を貸したり借りたりするし，物を値切ったりするから，緻密な**計算能力**が非常に必要です。

　数学といえば，もともとお城の建築などにともなう**和算**というのが発

達していたんですが，これが江戸時代になると庶民レベルで普及することになった。

以上3つを「読み・書き・そろばん」ていうんです。これは，絶対覚えといて。

本を読みなさい，漢字の書き取り練習をしなさい，何とか式で計算能力を高めなさいみたいな，近代でも初等教育の中心となる「読み・書き・そろばん」の実用的な教育が，寺子屋における庶民教育の内容，中身であったということ。

そこで，どんな教材が用いられたかというと，最初の読み・書きのための教材は手紙をならべたものです。

Q 南北朝〜室町初期に使われた書簡形式の教科書って，何でした？

—— 『庭訓往来』

そう，**教科書**としては，相変わらず『庭訓往来』が使われていました。ただ，この時代には，「往来物」は多種多様，実にバラエティーに富むようになったことが，わかっています。

このあたりまでが，まずは，前近代の学問・教育の歴史，推移ということになります。

教育史（近現代）

明治	1871	**文部省**設置
	1872	**学制**公布…**「学事奨励ニ関スル被仰出書」**
	1877	**東京大学**設立（昌平坂学問所・開成所・医学校など継承）
	1879	**教育令**
	1886	**学校令**（**森有礼**）
		帝国大学令・師範学校令・中学校令・**小学校令**
	1890	**教育勅語**
	1903	**国定教科書制度**発足（検定制→国定制）
	1907	小学校令改正…義務教育年限を6年に延長
	1908	**戊申詔書**
大正	1918	**大学令**・高等学校令
昭和	1937	**『国体の本義』**（文部省）
	1941	**国民学校令**…義務教育年限は8年
	1945	**教育の民主化**…**修身・地理・国史**（**日本歴史**）の授業停止
	1947	**教育基本法**…義務教育年限は9年
		学校教育法制定（具体的な教育制度を規定）
	1948	衆参両院で教育勅語の排除・失効を確認
		教育委員会法…教育委員は**公選制**
	1956	教育委員（公選制→**任命制**）

　前回に続き，近現代の教育史です。教育という作業は様々な場面で展開されていくものですが，ここでは明治政府による**文部省**の設置，「**国民皆学**」を目指す公教育に始まり，現在の**義務教育9年**，**6・3・3・4制**の学校教育の成立までを扱います。

1 明治期の教育制度

では，**明治時代の教育**について見ていきましょう。多様な教育が発達した前近代に比べてかなり単純です。近代は**国家主導**で，教育は割と単純に**近代化**を遂げます。

❖ 教育令の制定

▶義務教育

まずは，政府の目標ですが，すべての国民に**義務教育**を受けさせよう，「**国民皆学**」が基本的な目標とされます。そこで，明治政府は最初から国民皆学を目指して，**文部省**を設置する。早いです，**明治 4 年（1871 年）**ですから。年号，覚えておこう。そして具体的には，

> **Q** 実学主義に基づき，**国民皆学**，**教育の機会均等**を普及させようと出された，太政官布告は？ ——「**学事奨励ニ関スル被仰出書**」

これは **1872 年**公布の「**学制**」の趣旨を天皇の言葉で示したものです。当時最も進んでいた**フランス**の教育理念・学校制度をまねたものだといわれています。

ところが，ちょっと近代的過ぎるというので，そのままは進みません。当初は，フランス流に，義務教育の年限は小学校 4 年，それにプラス高等小学校 4 年という初等教育の期間が考えられたのですが，このような理想的とされた教育システムに対して，**学制反対一揆**が起こってしまった。義務教育のための保護者，親の費用の負担などに対する反発が生じたのです。

> **Q** 1879 年の**教育令**に採用された，義務教育は地方自治的に，各地方が担っていくという方式はどこの国のものか？ ——**アメリカ**

今度は，義務教育段階の教育は**アメリカ式**でいこうとします。だが，これもうまくいきません。自治体にそんなノウハウはありません。結局，教育令は，**アメリカの教育制度をまね**，義務教育にあたる**小学校年限を4年としたこと**，それが失敗に終わったということです。

実際には，4年のうち最低16か月通えばＯＫというふうに緩和されますが，この教育令は，翌年には早速，改正されてしまいます。

そして，改正された教育令で**政府の統制が強化**され，本格的にこれが実現し，定着したのは，**第1次伊藤博文内閣**の初代文部大臣，**森有礼**のときでした。

▶高等教育

次は高等教育。**高等教育機関**として，国家公務員上級の**役人養成**のために，明治10年(1877年)に**東京大学**が発足しています。東京大学は，昌平坂学問所や開成所，医学校，蕃書調所などの江戸時代のメインの教育施設を継承したものです。

ここで1つ注意。1877年，東京帝国大学(×)はブーですよ。最初は単に**東京大学**。東京帝国大学と改称されるのはもっと後の話です。

私立の高等教育機関も登場しました。これはもう皆さん知っている，**福沢諭吉**が開いた**慶応義塾**。これが現在の慶応義塾大学になるし，**新島襄**の**同志社英学校**は現在の同志社大学です。

さらに**大隈重信**の**東京専門学校**が，現在の早稲田大学。それから**津田梅子**の**女子英学塾**，現在の津田塾大学など——私立の高等教育機関もたくさん発足していることも忘れないようにしましょう。

❖ 学校令の制定

さて，教育制度の基本的枠組みは，1886年の「**学校令**」と呼ばれる勅令によって確定します。1885年に内閣制度が発足した，その翌年のことです。

1886年の学校令は，学校の種別ごとに制定されていった法令の総称で，具体的には1886年に公布された**帝国大学令・師範学校令・小学校令・中学校令**ですが，その後，改正を重ねていきます。

　その特徴をひとことでいえば，結局は**ドイツ**風ということです。フランス，アメリカを参考にはするものの，結局はドイツ流になった。**中央集権的，政府主導型**のやや古い形の制度になってしまうわけです。学校令制定時の政府の代表は**初代文部大臣，森有礼**です。ここは絶対に覚えておかなきゃいけません。

▶帝国大学令

　1886年，**帝国大学令**によって高等教育機関の設置が決まり，このときに東京大学は**帝国大学**と名前を変えています。もちろん，官吏養成，**国家公務員を養成**するのが最大の目的です。近代的な官僚がいないと，政治そのものが動きませんからね。

▶師範学校令・中学校令・小学校令

　師範学校令は教員養成のための学校に関する法令です。一番の，基本となる**小学校令**は，**国家主義的教育**で，**ドイツ流の教育**プラス江戸時代の儒教的な道徳を身につけさせる**徳治主義**が前面に出てきます。**尋常小学校**と呼ばれた義務教育は年限**4年**です。また**中学校令**も1886年に公布されました。

　教科書は自由にいろんな教科書会社が発行していましたが，1886年，**教科書検定条例**というのが制定され，**検定制**が導入されます。

❖ 教育勅語

　次に大事なのが，教育の指導原理を示した**教育勅語の発布**です。

Q **教育勅語**の原案を起草した人物2人をあげなさい。

——**井上毅・元田永孚**

この2人にはマーカーですよ。**井上毅**は明治政府の超重要人物で，伊藤博文の下で明治憲法の起草にもあたった，**日本近代化**の実務を担った人です。一方，**元田永孚**は天皇の家庭教師のような役割を果たした官学者，**儒学者**という，珍しい組合せでした。

教育勅語は「忠君愛国」思想という基本理念を掲げます。一番大事なのは，「一旦緩急アレハ義勇公ニ奉シ」——すなわち国が危機に陥ったときには，国民は，身を挺し，命を投げ出して国を守る。これが**教育の目的**であるということを，天皇自らの言葉で語った形で公布されました。

この忠君愛国思想が憲法と一体化したものとして制定され，**戦前教育の基本**となり，これと軌を一にして，国定教科書制度も発足しています。

❖ 義務教育の進展

明治時代も 1900 年代になって，**経済の近代化**が進み，経済が成長していくと，国民が相対的にみんな豊かになっていきます。それもあって，

> **Q** 1907 年の小学校令改正により，義務教育年限は何年になったか？
>
> ——**6 年**

義務教育年限が 4 年から 6 年に伸ばされました。そして，明治の末年には，義務教育の就学率はほぼ 100% に近づきました。

身体に障害のある人とか，当時は親と共に旅から旅へ渡り歩く芸能者の子供なんかもいますから，どんな世の中でも義務教育就学率 100% 達成というのはあり得ないわけで，97，98，99% あたりに達し，**国民皆学の目的をほぼ達成**したのは，**1909 ～ 1910 年あたり**だったと覚えておいてもらえば大丈夫です。

❖ 戊申詔書

さて，明治末期，対外的には**日清戦争**，**日露戦争**に勝ち，一流国の仲

間入りを果たして、国民は喜んだわけですが、その結果、日露戦争後になると、お国のために頑張ろうとか、奉仕しようとかいう意識が薄れてきます。

代わって、「楽しいことを優先しよう」といった快楽主義、享楽的傾向が色濃く出てくるようになる。そこで、これはちょっと1回締めなきゃいけないという話になり、

Q 1908年、倹約に努め、一生懸命仕事に励めと、国民道徳の強化を図るために発布された天皇の言葉は？　　　　──戊申詔書

これは、逆にいうと、日露戦争後の国民たちの一般的な心情傾向が、国の支配者の側から見ると、かなりまずいものになっていたということを示しているわけです。

2 大正期の教育制度

❖ 大学令・高等学校令

時代はそろそろ大正時代に入りますが、1918年、大学令が公布されました。

それまでは、官立の帝国大学以外、正式には大学という資格を与えていなかったんですが、高等教育の拡充のために、**公立・私立大学、単科大学の設立を認めた**ものです。

その結果、それまでは今の専門学校みたいな扱いだった慶応義塾、東京専門学校などが**大学**に格上げされました。これは**原敬内閣の高等教育の拡充政策**の目玉でした。

このように、第1次世界大戦期の**大戦景気**を背景に、大戦後まもなく、大学令による認可を最初に受けて、国立大学と同じ卒業資格を与えられることになったのが、**早稲田大学**と**慶応大学**だったので、この両校がそ

の後，**私学の雄**といわれるゆえんになったということです。

　ついでに高等学校令も改正され，高等学校も広く認可されるようになりました。

❖ 大正自由教育運動の展開

　さて，大正期，民間レベルの自由主義的な傾向，すなわち大正デモクラシーを象徴したのが大正自由教育運動でした。

　これは，明治時代からの画一的な教育，決まった形を押し付ける教育ではなく，**子供の個性・自発性を尊重**して教育しようとする運動で，自発的にものを考えさせる学習，具体的には，自ら文章を書かせる，**作文**を学習の基本に据えようというものでした。これがいわゆる大正自由教育運動で，ワーッと人気を集めます。

　運動の具体的な展開のうち，代表的なものとしては，

> **Q** 自由教育を実践するために，成城小学校を創設した人物は？
> ——沢柳政太郎

　それから，女性史でも出てきた，**羽仁もと子**の自由学園あたりは，必須です。

　繰り返しますが，**作文中心の学習**というのがポイントで，これを生活綴方運動といいました。作文のことを，昔は「綴方」といってたからね。今では死語に近づきつつあるので，言葉として覚えておきましょう。

▶『赤い鳥』

　この**生活綴方運動**に新しい示唆を与えた大正期の児童雑誌があります。

> **Q** 児童を読者対象とする，児童文学を成立させた雑誌『赤い鳥』を創刊したのは？
> ——鈴木三重吉

❖ 軍国主義教育

▶『国体の本義』

ところが，1930 年代以降，**昭和 恐 慌**（きょうこう）以降になり，軍国主義が本格化すると，教育も，一気に軍を尊重し，国を尊重する**軍国主義的な教育**に変わっていきます。

> **Q** 1937 年，天皇中心の家族国家として，国民が国に奉仕するよう唱 導（しょうどう）した，文部省発行のパンフレットは？
> —— 『**国体の本義**』（こくたい　ほんぎ）

「**国体**」というのは，「**明治国家の体制**」のこと。具体的には神である天皇を主権者とする国のあり方です。大正デモクラシーを象徴する天皇機関説を否定する考え方でした。そして，それを広く臣民たる国民に浸透させていったのが**国体明 徴**（めいちょう）**運動**です。

▶国民学校令

さらに戦争が激しくなり，長期化した 1941 年には，**国民学校令**が出て，義務教育は**国民学校**という名の小学校によって運営されるようになります。前の名称である尋常小学校の改称を促した**国民学校令**は，軍国主義の進展の中で必ず問われるところです。

中学校以上では，ほふく前進とか，**模造銃**（も ぞうじゅう）を使った訓練などの**軍事教 練**（きょうれん）が強化されていきました。

これは，学校の運動会に一番名残（なごり）があり，今でも整列し，行列して，腕を振り，足を上げて歩きましょうみたいなところに若干残っているかもしれません。

▶義務教育年限の延長

このときに，義務教育年限が，1907 年の小学校令改正の 6 年から，**8 年**に伸びています。

でもまあ，結局，**アジア・太平洋戦争は敗戦**ということになりますよね。この間に，徴兵猶予を受けていた大学生たちも，**学徒出陣**で，文系は免除されなくなって徴兵され，戦地に赴くことになっていきます。

学生も戦争に巻き込まれたという例では，**沖縄の**ひめゆり隊といったのも出てきますね。この辺は通史の学習でやったとおりです。

4 戦後の教育制度

❖ 教育の自由化

さあ，一転して，**戦後**ですよ。**マッカーサー**の指導の下に**民主化**が進みますが，その**五大改革指令**の１つが**教育の自由主義化・民主化**でした。

教育の民主化で取られた最初の措置は，**修身・地理・国史（日本歴史）の授業の停止**でした。民主的な内容の教科書に変えなきゃいけなくなったわけですが，すぐにはできないので，とりあえず，**墨塗り教科書**を使ったりした。

「修身」という教科名をちゃんと覚えておいてね。「身を修める」ってことは，**道徳教育**のことです。「地理」もまずいでしょう，満州帝国が載っているし，朝鮮半島は真っ赤に塗られてて，日本の領土になってるし……。それから「国史」，要するに「日本歴史」は，神武天皇から始まる神話に基づくものでした。

❖ アメリカ教育使節団

そこでいったん，こういう教科を停止，ストップさせたうえで，アメリカから**教育使節団**という教育関係者らの視察団がやって来ます。

> **Q** アメリカ教育使節団のアドバイスに基づいて，1947 年に制定された，戦後教育の基本を決めた法律は？　　　　　——**教育基本法**

❖ 教育基本法・学校教育法

教育基本法によって，義務教育は**6・3制**となり，その年限は**9年**になりました。小学校6年，中学校3年ですね。

具体的なシステムは学校教育法によって定められ，「女性史」でもやったように，**男女共学**になると共に，全体の教育制度は**6・3・3・4制**の単線制度になります。**アメリカ**をまねたものです。最初の義務教育は，6年，3年の合わせて9年，そのあとが，高校3年，大学4年ということでしたね。

❖ 教育勅語の排除

次に，大事なこと。立法府である衆議院・参議院において，**教育勅語は排除され，効力を失ったことが確認**され，その旨決議されます。

にもかかわらず，これを無視して，教育勅語はまだ生きているんだ，教育勅語にはいいことが書いてあるんだという意見が，一部には残っていますが，**衆参両院の議決によって効力を停止されている**ということを忘れないほうがいいです。

❖ 教育委員会法

教育行政に関しては，1948年，**教育委員会法**が制定され，文部省が地方教育を一元的に統括するのではなく，**地方自治体に教育の権限が委譲**されます。

そこで**教育委員会**が設けられ，**委員は選挙によって選ばれる**。要するに，区議会議員とか県会議員とかと同じように，都道府県，市町村の地域ごとの選挙で選ばれた教育委員が教育行政を担っていくという体制が整います。

▶公選制から任命制へ

以上のように，**公選制**でスタートしたんですが，1956年に**教育委員**

会法は大幅に改正され，公選制から任命制に変わります。市長とか町長とか知事が，教育委員を任命することになったわけで，国民は，教育行政に一切関われないことになったんです。

要するに，**国民の教育に対する権利，自由は否定された**のです。

当時はいわゆる保守長期政権の下で，自民党中心の政権が続いていて，地方自治体の首長も，自民党系がほとんどを占めていました。そうすると，自民党の意見がそのまま教育行政に反映することが多くなり，簡単にいえば，校長上がりの年取った先生とか，地方のいわゆる金持ちのおじさんとかいった人々が，自治体の首長から教育委員に任命されるようになる。

そういう意味で，教育委員会法が改正され，任命制が導入されて以降，極端ないい方をすれば，親の教育に関与する権利が奪われて，今日に至っているのです。大きな意味でいうと，これは，戦後の民主化の逆コースの象徴になっているわけで，そこのところを注意しておかないといけません。

その他，現在における教育上の様々な課題は，以上お話ししてきたような**歴史的なプロセスを経て生まれてきた**ものであるということを，覚えておいてください。

第9回 貨幣・金融史／古代・中世

貨幣・金融史（古代・中世）

古代	天武朝	**富本銭**（奈良県飛鳥池遺跡より出土）
	708	**和同開珎**（最初の皇朝十二銭）…武蔵で産銅，和銅改元
	711	**蓄銭叙位令**
	760	**開基勝宝**（金貨）
	958	**乾元大宝**（最後の皇朝十二銭）
	12C〜	**宋銭**の大量流入（日宋貿易）
中世		**借上・為替・替銭屋**の登場
	1297	**永仁の徳政令**
	1325	**建長寺**船派遣（**北条高時**）
	1342	**天竜寺**船派遣（**足利尊氏**）
		勘合貿易→明銭（**洪武通宝・永楽通宝・宣徳通宝**）の流通
		→金融業（**土倉・酒屋**）の発達・**祠堂銭**〈室町以降〜〉

　かつては，日本最古の貨幣は 708 年の**和同開珎**とされてきました。ところが，1998 年，奈良県の飛鳥池遺跡から 7 世紀後半の**富本銭**が大量に出土。これが最古の貨幣ということになりました。『日本書紀』によれば，683 年，天武天皇が貨幣の使用を命じたという記事があり，その貨幣に該当するのが富本銭ではないかということになりました。

　富本銭は「富本」と 2 文字ですが，和同開珎から乾元大宝までの 12 種類の銅銭は全部 4 文字。中国でも，前漢と後漢の間の新という王朝のときに「貨泉」という 2 文字の銭が発行されていますが，唐の「開元通宝」などはみな 4 文字です。

　おそらく，久しぶりに派遣された 702 年の遣唐使が 4 文字の銅貨を知って，帰国後，日本も 4 文字にしたのではないかと推定されています。

1 古代の貨幣史

❖ わが国最初の貨幣

　弥生時代，あるいは，もっと前，縄文時代の遺跡から発見される黒曜石(こくよう)が，一種の貨幣のような役割を果たした可能性がありますが，本格的な通貨は中国の銭貨に対応して発行されたものです。

> **Q** 天武朝(てんむ)に，日本で最初に貨幣として発行されたとされる銅銭は？
> ——富本銭(ふほんせん)

　これが発見されたのはつい最近といえば最近で，1998年，飛鳥池遺跡(あすかいけ)——古代のヤマト政権，天皇政府の国営工場の一角から，お金を鋳造(ちゅうぞう)していた証拠が出てきたんです。

　鋳造の最終段階でお金の形を整える直前，完成直前の，木の枝先に貨幣が付いたような状態の枝銭(えだぜに)というものが出てきました。

　それまで各地からパラパラと出ていた「富本」という2文字が刻印(こくいん)された富本銭が，かなり大量に発行されていることが分かったので，これを**最初の貨幣**と今は認めています。

　お金は，もちろんものの売買のときに使うわけですが，おまじないとして，貨幣をお寺の大事な柱の根元に埋めるなんていう習慣があったので，富本銭の存在はもともと知られてはいたものの，これが通貨として本当に利用されていたのかどうかという点については，疑問符がつけられていたんです。

　飛鳥池遺跡の発掘で，富本銭が通貨として大量に発行されていたことが，ほぼ証明されたわけです。大事なのは「**富本**」という漢字**2文字**であるということです。

　やがて中国の真似(まね)をして，唐のお金なんかを参考にするようになってくると，**4文字**になります。

❖ 最初の4文字の貨幣：和同開珎

さて，8世紀に入って，**武蔵国秩父郡**から，銅が自然の状態ですぐ使えるような形で産出され，これが都に送られてきて大騒ぎになるんです。**日本産の自然銅の産出**です。

Q この出来事を契機に，鋳造が始まった**4文字**の貨幣は？

——和同開珎

4文字になった最初のお金が**和同開珎**で，日本産の銅だから，これを「和銅」と呼んだところから名付けられたもの。昔から，これが日本最初の通貨として知られていたんですが，富本銭のほうが古いことがわかり，その地位は富本銭に譲ることになりました。とはいえ，

Q この和同開珎を最初とし，あと計**12種類**に及ぶ，政府が発行した通貨を何と呼ぶか？

——皇朝十二銭

もしくは，**本朝十二銭**と呼んでいます。和同開珎から日本の貨幣の歴史が始まったとされているわけです。

708年，日本産の銅の産出を祝って，まず**元号**が「**和銅**」と改元されますが，お金の和同開珎のほうには金偏がないんです。「銅」でなく「同」ですからね。

ついでに「**珎**」という字も難しい。当用漢字の「珍」を書かないように。**倭の五王**のほうは，讃・珍・済・興・武と，「珍」ですよ。

また，読み方ですけど，和同「カイホウ」と読むのか，「カイチン」と読むのか，両説があります。まあ，「わどうかいちん」で覚えておけばいいけど，漢字のほうは正確に覚えておく必要があります。

❖ 蓄銭叙位令とは？

こうして，中国にならって**通貨制度**というものを導入したわけですが，これがすぐに国民に浸透したわけではありません。

Q 古代日本において，銭貨鋳造をつかさどった役職名は？ ——鋳銭司（じゅぜんし）

これは**令外官**（りょうげのかん）の1つです。**鋳銭司**を置いて貨幣を発行したんですが，人々はなかなかこれを使わない。

貨幣は，都を中心に，畿内（きない）周辺ではかなり使われるようになっていたんですが，それ以外ではまだまだで，欲しいものを手に入れるために，市場に何を持って行くかというと，米や布でした。

要するに，**米や布が貨幣の代用**に使われる時代だったんです。そこで，面白い法律を出します。

Q 711年，貨幣の流通を促進する（そくしん）ため，蓄銭の量に応じて位階を授ける（さず）ことを定めた法令は？ ——蓄銭叙位令（ちくせんじょいれい）

お金ってのは価値があるんだよと，貨幣の価値を知らしめ，その流通を促す（うなが）というねらいで，簡単にいうと，**貯金をしたら国家公務員の資格を与えるよ**という，スゴイ発想の法律でした。

「蓄銭」はいいとして，「叙位令」の「**叙**」という字。易しそうだけど，結構間違えますので，1回，漢字の書き取りをやっておいてください。

❖ 皇朝十二銭の最後の貨幣：乾元大宝

先ほど**皇朝十二銭**の話が出ましたが，蓄銭叙位令以降，通貨が発行されていって，

Q 和同開珎に始まる皇朝十二銭の最後となった貨幣は？ ——乾元大宝（けんげんたいほう）

村上天皇の直接政治のころの, 乾元大宝が最後ということになります。そこで,

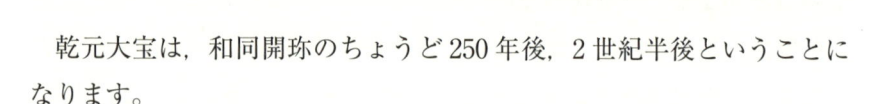

708年…和同開珎の発行（皇朝十二銭の**最初**の貨幣）
↓ 250年後!!
958年…乾元大宝の発行（皇朝十二銭の**最後**の貨幣）

乾元大宝は, 和同開珎のちょうど250年後, 2世紀半後ということになります。

次に, 1つ注意することがあります。実は, 和同開珎は最初, 銀で鋳造され, 同じ年のうちに銅でできた, 銅銭が発行されているんです。**和同開珎には銀銭と銅銭の2種類ある**ことを覚えておいてください。

銀銭と銅銭が出てきましたが, 金貨も鋳造されています。

Q 760年に鋳造された**日本最初の金貨**の名は？　——**開基勝宝**（かい き しょうほう）

ただし, **開基勝宝**は, 流通するほどの量が発行されていたとは考えにくいらしい。一応, 金, 銀, そして銅銭という3種類の金属貨幣が発行されたことは覚えておきましょう。

❖ 外国銭の時代

日本では, **皇朝十二銭**以降, 律令国家の力が衰えてしまい, 中央集権的な事業の象徴であった鋳銭事業, お金をつくってこれを国民に提供するという事業ができなくなってしまった。

ところが一方で, 経済が発展し, 商業も活発化していくので, 銭の必要性は高まるばかりです。そこでこれを補ったのが, 何と外国で鋳造した銭で, これを日本に輸入して使うということになります。**外国銭の利用**の時代がやってきた。

平安末期以降，最初に入ってきた外国銭は，**日宋貿易**により大量に輸入された**宋銭**でした。

2　中世の貨幣史

❖ 金融業の発達

　宋銭の大量輸入によって，市場にある程度潤沢に通貨が供給されました。お金のあるところには，必ず**金融業**が，それもだいたい高利の利息を取る金融業が発達していきます。

　Q 　**鎌倉後期**に現れた，高利で金銭を貸し付ける金融業者を何というか？
　　　　　　　　　　　　　　　　　　　　　　　　　　　　──**借上**

▶為替の登場

　遠隔地間における代金の決済に際して，現金そのものを送って支払うという，いわば原始的な方法に代わって，**為替**という送金の手段が発達します。

　「この証書を持ってきた人に銭いくらを渡してください」という，お金と引き換えにされる証明書──これを**割符**，あるいは「さいふ」といい，このような紙に書いた証明書を決済の手段として，お金の代わりに使うわけです。

　Q 　中世において，**為替**を扱った業者は何と呼ばれたか？
　　　　　　　　　　　　　　　　　　　　　　　──**替銭屋（割符屋）**

　具体的には，替銭屋に現金を払い込んで割符を発行してもらい，それを相手に送る。受け取った相手は，所定の替銭屋に行き，それを現金化する。そういうしくみです。

　為替，**割符**とか，**替銭屋**とか，中世独特の言葉は，その意味もしっか

151

り覚えておかないといけません。

❖ 貨幣経済発展の影響

このような**貨幣経済の発展**は，実物である**米**や**麦**，あるいは**布**とかで税金を取っていた**荘園公領制**の下における**税制に問題**を生じさせます。

▶御家人の窮乏と救済策

すなわち貨幣経済が発達すると，荘園の経営が苦しくなった**御家人**たちが自分の所有する**地頭職**を**担保**にして，**借上**などから金を借りるわけです。だが，借りたはいいが，返せない。結果，担保として提供した地頭職などが，借上など金融業者の下に移ってしまう。

こうして，御家人たちの所領が消失する。ますます**御家人の窮乏化**，貧乏の度合いが増していく。それはけしからんというので，

Q 1297年，**御家人救済**のため，質入れ・売却した所領を御家人に**無償返却**させた法令は？
——**永仁の徳政令**

これは有名。中世の基本事項として，必ず知っておかないといけません。

実際には，この永仁の徳政令という一連の法令は，**越訴禁止**などの条項を含み，御家人には不利なところもあったんです。

「越訴」というのは，今でいえば再審請求。判決に不満があるときに，もう一度審理してくれと要求することで，これは当然の権利として認められていたんです。これを禁止されてしまうと，誤審だと思っても，敗訴が確定してしまう。そこで御家人たちは反発した。でも，**借金を返さなくてもよい**，要するに**抵当として取られてしまった地頭職などを取り戻してもいい**というところは大歓迎されました。都合のいいとこはドンドン利用しようというわけです。

というわけで，借りた金を返さなくてもいいということですから，永仁の徳政令は「(図々しくて)さすがに言いにくいなあ」と勝手に解釈して，

ゴロで
覚える！　　1297年，永仁の徳政令…
「言(いい)にくいな永仁の徳政令」
　　　1　2 9　7

この年号はしっかり思い出しておいてください。

❖ 建長寺船・天龍寺船の派遣

次にいきます。**鎌倉時代末期**に，建長寺(けんちょうじ)がだいぶ傷んできたので，これを修復するために巨額の資金が要る。そこで，その資金を稼ぐため，わざわざ**貿易船**を造って中国に派遣して，利益を得ようと企(くわだ)てます。

Q 得宗北条高時(とくそうほうじょうたかとき)のとき，元(げん)に派遣されたこの貿易船の名は？

——**建長寺船**

これ，実際に行ったんです。このように，お寺などの修復や建立のための資金を稼ぐという目的をもって建造された貿易船は，**寺社造営料船**と総称されます。では，同じく，

Q 後醍醐天皇(こだいご)の冥福(めいふく)を祈るため，天龍寺(てんりゅうじ)を建造する費用を得る目的で，天龍寺船を元に派遣したのはだれか？　　　　　　——**足利尊氏**(あしかがたかうじ)

後醍醐天皇の死後の極楽往生を願う，菩提(ぼだい)を弔(とむら)うためのお寺を造るということで派遣された**天竜寺船**も，代表的な**寺社造営料船**です。

他にも寺社造営料船と思われる，中世の貿易船が発見されています。

Q 韓国の<ruby>新安沖海底<rt>しんあんおき</rt></ruby>から引き揚げられ，発見された寺社造営料船と見られる沈没船の名は？

——<ruby>新安沈船<rt>ちんせん</rt></ruby>

　中国の元で貿易をし，大量の銅銭を仕入れて帰って来る途中，沈んだ船であることが，遺物で確認されました。<ruby>東福寺<rt>とうふくじ</rt></ruby>の造営のために派遣された船であることがわかっています。

　考古学的な意味でも注目された**新安沈船**は，難関大では時折り出題されるので，覚えておいてください。

❖ 明との勘合貿易

中国の王朝は元から<ruby>**明**<rt>みん</rt></ruby>に変わり，<ruby>**勘合貿易**<rt>かんごう</rt></ruby>が始まりました。

▶明銭の大量輸入

　宋銭，**元銭**に続いて，勘合貿易に伴い，**明銭**が**大量**に**輸入**されるようになり，これが**商業の発達**を担保することになります。輸入銭が中心の時代です。**中世貿易の輸入品**の代表として，**銅銭**をよく思い出しておいて。

　安定した質を持っていて量が多く，広く流通した**明銭**を覚えておきます。

Q 勘合貿易の交易品として大量に輸入された代表的な**明銭**を3つあげなさい。

——<ruby>洪武通宝<rt>こうぶつうほう</rt></ruby>・<ruby>永楽通宝<rt>えいらく</rt></ruby>・<ruby>宣徳通宝<rt>せんとく</rt></ruby>

　洪武，永楽，宣徳です。特に**永楽通宝**は，商業や流通を重視した**織田<ruby>信長<rt>いくさ</rt></ruby>**が戦に行くときの旗印にしたので有名です。

　また，<ruby>**貫高制**<rt>かんだかせい</rt></ruby>という土地制度下における<ruby>**永高**<rt>えいだか</rt></ruby>という名称は，銭何貫の「貫」が，永楽通宝を基準通貨として<ruby>量<rt>はか</rt></ruby>られたことから付いたもの——**永楽通宝の「永」**であることも，覚えておきましょう。

❖ 室町以降の金融業者

▶土倉・酒屋

時代が変わると，同じようなものでも名前が変わってきてちょっと厄介ですが，**室町以降**になると，**金融業者を表す借上**という言葉は消滅し，代わりには<u>土倉</u>，<u>酒屋</u>などと呼ばれるようになりました。

土倉は，その字のとおり，もともと倉庫業者であり，**酒屋**も，もともとは酒を売る商人なんですが，いずれも，資本を蓄えて**金融業者**になっていく。

▶寺院の金融

それから，なんと，お寺が有力な金融業者として，活動し始めます。<u>禅宗の寺院</u>が中心ですが，崇敬者や信徒から，先祖供養のための法会の費用や寄付などが大量にお寺に献上されるので，これをストックしておき，資本として，金融業を始めるんです。

Q 室町時代，<u>寺院金融の資金</u>として用いられた，寺院に寄進された銭のことを何といったか？　　　　　　　　　　——<u>祠堂銭</u>

もともと，祠堂の修復などを名目として集められた銭のことなんですが，**寺院の金融活動**やその**資本**を表す言葉として**祠堂銭**が使われるようになったものです。

土民たちが中心となった<u>徳政一揆</u>のときに，**寺院が襲われた**のは，寺院のこのような活動に対してだったのです。

❖ 年貢の銭納化

さて，貨幣経済の発達によって大きく経済機構そのものが変わり，租税が次第にお金によって支払われるようになってきます。<u>年貢の銭納</u>が盛んになっていき，<u>貫高制</u>が普及していくということを，覚えておく。

貫高制というのは，さっきもちょっと触れましたが，その土地から徴

155

収できる年貢の量を，米の量で表す石高制に対して，銭の量で表す制度
でしたね。

❖ 土一揆と徳政令

一方，当時の庶民はどんな状況だったかといえば，武家階層も含め，
経済的困窮化が著しく，苦しい状況に追い込まれていました。

そこで，土一揆がしばしば徳政を要求し，室町幕府はこれに対して，
ついに徳政令を発布する——ここらが，一揆の歴史のメインテーマです
から，しっかり見直しておいてください。

こうして，幕府が徳政を頻発するようになると，**条件付きで徳政の適
用を受けることを認める**という徳政令が出てくるようになります。

Q 借金の一部を幕府に納入すれば，残りの借金は返済不要になるという
条件付きの徳政を定めた法令は？　　　　　　　　——分一徳政令

もうちょっと説明すると，債務者が借金の10分の1ないし5分の1
を幕府に納めれば残りの借金がチャラになり，同様に，債権者が借金の
10分の1ないし5分の1を幕府に納めれば残りの債権の保護が認めら
れるというもので，この10分の1や5分の1のいわば手数料を分一銭
といったのです。

幕府が新たな財源として導入した制度で，ちょっと細かい知識ですが，
覚えておいてください。

❖ 貨幣量の不足

経済は発展する一方なのに，お金は相変わらず中国からの輸入銭に頼
るほかなく，**貨幣量の不足**という状態は克服できないままでいます。

そんな状況で，つぶれたり擦り減ったりして，相手が受け取ってくれ
ないような銭を集めて，もう1回溶かし，永楽通宝をつくり直す——簡

単にいえば，**偽金づくり**が横行します。

このような偽金のことを<ruby>私<rt>し</rt></ruby><ruby>鋳<rt>ちゅう</rt></ruby><ruby>銭<rt>せん</rt></ruby>といいます。公的なものではなく，個人個人が勝手に行った鋳銭事業ということになります。

それから，欠けた銭とか薄くなった銭は2枚で1枚として扱おうとか，<ruby>欠陥<rt>けっかん</rt></ruby>のある通貨も，比率を決めながら普通の通貨として利用していくようなことも行われた。

しかしそうなると，また困った事態が生まれてきます。

Q 相手が支払いのために示した銭の中から良い銭だけを選んで受け取ろうとする行為を何と呼んだか？　　　　　　　　──<ruby>撰銭<rt>えりぜに</rt></ruby>

もちろん完全な私鋳銭はだれも認めないわけですが，そんな厄介な現象が盛んに起こるようになりました。

撰銭が横行すると，商取引が<ruby>滞<rt>とどこお</rt></ruby>ってしまうので，**銭を選ぶのを制限**したり**良銭と悪銭の混入比率を指定**したりする，<ruby>撰銭令<rt>えりぜにれい</rt></ruby>と総称されるような通貨に対する法律が，室町幕府や戦国大名から出されることが多くなっていきます。

貨幣・金融史（近世）

近世	織豊期
	江戸時代
		天正大判（豊臣秀吉）…**後藤徳乗**に命じ鋳造
		三貨
		  ┌ **金貨**：**金座**（後藤庄三郎）
		  ├ **銀貨**：**銀座**（大黒常是）
		  │ 〈注〉**南鐐二朱銀**（田沼期）
		  │ **明和五匁銀**…江戸時代最初の計数銀貨
		  └ **銭貨**：**銭座**…**寛永通宝**
		三貨の交換
		  ┌ 金１両＝４分＝16朱
		  └ 金１両＝銀50〜60匁＝銭４貫文（4000文）
		         〈注〉実際は相場変動
		藩札
		「江戸の**金**遣い・大坂（上方）の**銀**遣い」
		両替商の発達
		  ┌ **本両替**
		  │ 江戸…**三井家**
		  │ 大坂（上方）…**鴻池屋・平野屋・天王寺屋**（十人両替）
		  └ **銭両替**
		貨幣改鋳・**出目**
		  慶長→元禄→宝永→正徳→享保→元文→文政…→万延

　戦国時代は「金銀の時代」でもありました。甲斐の武田氏は金山開発を進め，**甲州金**と呼ばれる金貨を発行しています。佐渡の相川金山が発見されたのは1601年ごろ。一方で，銀山はそれより早く1542年だそうです。

　豊臣秀吉が天下統一を進めるとともに金山・銀山を支配。**天正大判**という，世界でも最大クラスの金貨を発行したことは有名でしょう。さらに，徳川幕府による鉱山の直轄，開発が進み，ついに**三貨**，**金・銀・銭**の三種の貨幣による通貨体制が構築されました。

1 戦国時代の貨幣史

❖ 戦国時代の貨幣

さて，近世の貨幣制度，金融について。まず，**戦国時代，室町後期**に金鉱山や銀鉱山の開発が進み，**金銀の時代**がやってくるんです。

金山が開発された地域の中には，**金貨**を発行する戦国大名が出てきます。有名なのは，

Q 戦国時代，<ruby>甲斐<rt>かい</rt></ruby>国武田氏が鋳造し，甲斐1国に限って通用した金貨の名は？ ──<ruby>甲州金<rt>こうしゅうきん</rt></ruby>

さらに，天下統一に成功する豊臣秀吉政権の下で，実際の取引では使われなかったものの，世界でも類を見ないような大型の金貨が登場します。

Q **豊臣秀吉**が<ruby>鋳造<rt>ちゅうぞう</rt></ruby>させた，<ruby>贈答<rt>ぞうとう</rt></ruby>用だったろうといわれている巨大な金貨は？ ──<ruby>天正大判<rt>てんしょうおおばん</rt></ruby>

残っているものはわずかで，通貨としての通用は疑問視されているものです。秀吉は他にもいくつかの金貨を発行しています。入試で覚える必要はありませんが，<ruby>黄金太閤<rt>おうごんたいこう</rt></ruby>という呼び名があるように，秀吉と金の関わりを示すものとして，天正大判は覚えておきましょう。

Q この天正大判の鋳造を，秀吉はだれに請け負わせたか？ ──<ruby>後藤徳乗<rt>ごとうとくじょう</rt></ruby>

後藤家は，室町幕府と結びついていて，代々，金の<ruby>細工師<rt>さいくし</rt></ruby>として有名な家でした。

2 江戸時代の貨幣史

❖ 江戸時代の貨幣——三貨の鋳造

江戸時代になって，ようやく**輸入銭の時代は終わり**を告げます。

江戸幕府によって，**金貨・銀貨・銭貨**の三貨という形で**通貨の統一**が達成され，それらの通貨を独占的に発行する役割を果たす一種の家として，**金座**，**銀座**，**銭座**の**三座**が成立します。

こうして，前の時代までのような，様々な銭が混用されていた状態がクリアになり，すっきりしました。**三貨**の中の**銭貨**は，**銅貨**で**寛永通宝**がほとんどです。

金貨は大きく大判と小判の2つに分かれ，一般的なのがいわゆる**小判**で，単位が**1両**というものです。では，

> **Q** 幕府の下，**金座**を主宰し，以後，その役を代々世襲することになったのは？　　　　　　　　　　　　　　　　　　　　　——**後藤庄三郎**

後藤庄三郎は，先ほど出てきた**後藤徳乗**の門人で，後藤姓を許された人物で，**金座**を管轄します。

銀貨を鋳造するのは**銀座**。

> **Q** **銀座**を管理し，銀貨の鋳造にあたったのはだれか？　　——**大黒常是**

銀座は，代々，大黒常是を名乗る**大黒屋**がこれを管轄します。

❖ 秤量貨幣と計数貨幣

銀貨には，**丁銀**と**豆板銀**というのがあり，読み方がちょっと特殊ですが，**秤量貨幣**として使われます。

秤量貨幣というのは読んで字のごとしで，**はかりで量って使う通貨**という意味。要するに，**重量で使う**んです。今風にいえば，「これいくら」っ

てものの値段を尋ねるときに、「銀5グラムです」というように、重さで取引をするんです。

「これは銀6グラムですよ」、「1グラム高いね」みたいな使い方をする、今ではちょっと想像がつかないような通貨です。このような**重さを単位にして使う金属貨幣**のことを秤量貨幣といいます。

一方、金貨の**小判**のほうは、枚数で、1枚が1両とか、3枚で3両というふうに、数えて使える貨幣です。銭も、1枚が1文、1000文で1貫という単位のある計数貨幣です。秤量貨幣と対比して、

Ｑ 小判のように、目方でなく枚数で通用する貨幣を何と呼ぶか？

——**計数貨幣**

枚数で価値を表示でき、数えられますから、**計数貨幣**と呼んで、秤量貨幣と区別します。

❖ 計数貨幣の南鐐二朱銀

というわけで、大きく、**金貨は計数貨幣**、**銀貨は秤量貨幣**というわけですが、厄介なのは、**銀貨の中に、一部、計数貨幣が入ってくる**ことなんです。

Ｑ 田沼期に鋳造された、銀貨でありながら計数貨幣の機能を持った通貨の名称は？

——**南鐐二朱銀**

繰り返しますが、**金貨のほうは計数貨幣**、枚数で使いますから、今と一緒です。1円玉10枚で10円。10円玉10枚で100円。

一方、**銀貨は秤量貨幣**が大部分で**丁銀**、**豆板銀**は純度が保証されていて、大体、一定の重さに造ってありますが、重さで取引されます。

それに対して、**銀貨でありながら計数貨幣の機能を果たしたのが南鐐二朱銀**ということです。

事実，その銀貨には，

　　「**南鐐二朱銀を8枚持ってきたら金貨1枚（小判1両）と交換します**」
と保証する文章が刻まれています。

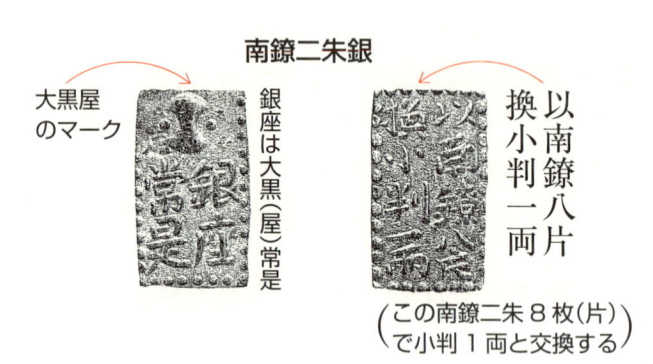

南鐐二朱銀

大黒屋
のマーク

銀座は大黒（屋）常是

以南鐐八片
換小判一両

$$\left(\begin{array}{c}\text{この南鐐二朱8枚（片）}\\ \text{で小判1両と交換する}\end{array}\right)$$

▶南鐐二朱銀と金貨

　金貨の小判**1両**は**4分**，1分は**4朱**，したがって，1両は**16朱**。**四進法**です。

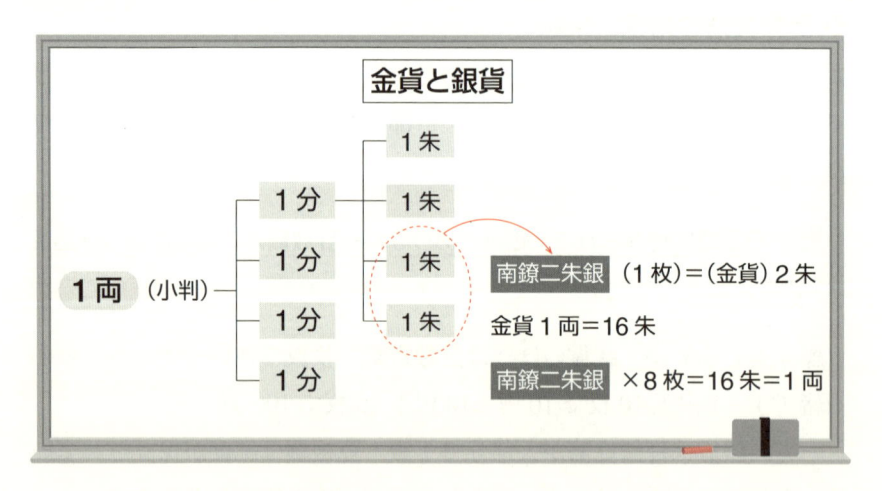

金貨と銀貨

1両 （小判）

1分 ── 1朱

1分 ── 1朱

1分 ── 1朱

1分 ── 1朱

南鐐二朱銀（1枚）＝（金貨）2朱

金貨1両＝16朱

南鐐二朱銀 ×8枚＝16朱＝1両

そこで，試験では，次のことが問われます。

Q 南鐐二朱銀は，何枚で金貨の小判1両と交換できたか？

小判1両は朱に直すと，4×4＝16朱ということになるので，南鐐二朱銀は2朱ですから，

16÷2＝**8**（枚）……（答）

これは入試で一番よく出る質問。**答え8枚**というのは絶対に落としてはいけません。難関大では差が出るのはここだけだから，しっかり覚えておくこと。

さらに，万が一に備えて，「**南鐐**」とはどういう意味か？と聞かれたら，「**上質の銀**」というのが答え。併せて「南鐐」の漢字の書き取りも，必ず確認。何回か書いておくこと。

南鐐二朱銀×8枚＝1両

という式でも表しておくこと。これが絶対必要です。

さて，実は，この**南鐐二朱銀**の前に，同様の機能を持たせた**銀貨の計数貨幣**が発行されているんです。

Q 南鐐二朱銀の7年前に鋳造された，江戸時代最初の計数銀貨は？
──**明和五匁銀**

あとから発行された**南鐐二朱銀**のほうは多く流通したのですが，**重さも形も一定の銀貨として，五匁銀12枚で金1両とされた明和五匁銀**は評判が悪く，ほとんど流通しませんでした。

ただ，田沼時代の政治の商業重視政策の1つの象徴として，**明和五匁銀が発行されたこと**。そして**南鐐二朱銀は計数貨幣の銀貨として，かなり流通したこと**を覚えておいてください。

❖ 藩札の発行

　以上お話しした**金属貨幣**に加えて，紙幣も発行されます。最も古いものは 17 世紀後半に入ってすぐ。

> **Q** 諸藩などで発行された紙幣のうち，最古のもの(1661 年)はどこの藩か？
> ―― (越前国)福井藩

　福井藩の**藩札**が有名。藩札というのは，紙に金や銀の単位を，手書きや木版で印刷した紙幣です。

　18 世紀の半ば過ぎになると，金・銀鉱山産出量がだんだん減ってきます。特に金の産出量が減ってきて，経済発展に対応するだけの通貨の発行が物理的に不可能になってきたため，これに代わって**紙幣が登場**するようになってきたのだ，という大きな流れをつかんでおくことです。

❖ 三貨の交換

　さて，金・銀・銭の交換レートはどうなっていたか？

　幕府は最初，1609 年に，「金貨・銀貨・銭貨は，おのおの，この程度で交換するのが一般的だよ」という**交換の基準**を示しています。あくまでも基準であり，「交換せよ」という強制ではありませんよ。

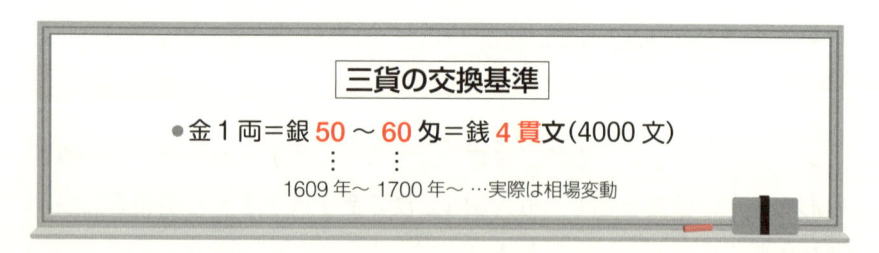

三貨の交換基準

●金 1 両＝銀 50 ～ 60 匁＝銭 4 貫文(4000 文)

1609 年～ 1700 年～ …実際は相場変動

　当初 **1609 年**段階で，**金 1 両を銀**に換算すると，重さで銀は **50 匁**。そして，金 1 両または銀 50 匁をさらに銭に換算すると，計数貨幣である**寛永通宝**で **4000 文**(＝枚)，というのを目安としました。

銭は 1000 文で 1 貫と単位が変わるので，**銭 4 貫文**。寛永通宝のような 1 枚 1 枚の単位でいうと 4000 文で，ほぼ金 1 両と同じ価値で交換できるよ，ということです。

▶銀の交換比率の変更

その後，金の産出量がガクンと減ってしまいます。銀も減りはしますが，こちらはそれほど大きくは減少しないので，毎年，銀のほうがよりたくさん市場に供給されていくことになります。

市場にたくさんのものを流入させると，その価値は下がってきます。世の中というのはシンプルで，**たくさんあるものは価値が低くなり，少ないものは高くなる**わけですから，銀が安くなっていく。

こうした実態に合わせて，**1700 年**には，金 1 両と銀との交換比率を**銀 60 匁**と基準を変え，銀を安くしました。そこで 1700 年以降，幕府の示す基準は，**金 1 両銀 60 匁，銭 4 貫**文ということになります。

このとき，**金と銭 4 貫文の関係は変わっていないこと**を，しっかり認識しておいてください。

❖ 江戸の金遣い・大坂の銀遣い

ここで，江戸と大坂とでは，金と銀のお金の使われ方に顕著な違いがあったことに注意しておいてください。

江戸で取引をしたときの支払い手段は**金貨を中心**に行われる。ところが上方，大坂中心の西日本では，最終的なお金の支払い，決済などでは**銀貨を基準**にした。これを**江戸の金遣い・大坂の銀遣い**といいます。

このことの理由ですが，前代からの実態を反映したんでしょう。

東日本では，**佐渡金山**に代表されるように，**金鉱山**が割と盛んに発見されていったこと。一方，**西日本**では，**石見銀山**に代表されるように，**銀鉱山**の開発が進んだことや，**南蛮貿易**で銀が輸出品になったことも影響していたと思われます。

このように，**日本が大きく決済手段の相違によって二分されている**というところが，**近世の通貨の未発達な状況**を反映しているのだと，理解しておきましょう。

❖ 両替商の発達

このような**三貨体制**は**両替商の発達**を促します。両替商は**お金の交換などの実務を担う金融業者**のことです。

もともと**伊勢**の**松阪**で**木綿商**として成功を収めていた**三井家**が，資本の一部を持って江戸に進出し，日本橋で**越後屋呉服店**というのを開業します。これが大ヒットすると，金がたまり過ぎたんでしょう，やがて三井家は**両替商**として出店，すなわち**銀行**を開設します。

もともと，このような大型商人になると，常に**金貨と銀貨を交換する必要**が生じます。江戸中心，大坂中心の商人同士の間などで取引をし，お金の支払いが生じれば，江戸では金で払うし，大坂では銀で払う。常時，金と銀を交換しなきゃ，全国経済が成り立ちません。

そこで，基本的に，日常的に，両替商が常に必要であるという状況がベースにあり，それに乗じて金融業に乗り出した代表的存在が，伊勢松阪出身の三井であったということになります。

三井家は，当然，京都にも店を出しますが，三井のほか，

Q 上方で，**両替商**として繁栄した豪商を3店あげなさい。
—— **鴻池屋・平野屋・天王寺屋**

❖ "十人両替"大坂に成立

このような貨幣制度がちゃんと機能するためには，偽金が出回らないように監視する，貨幣の質が均一になっているかチェックする，などの業務が常に必要になります。

江戸幕府がそんな厄介なことができるわけもないし，やる気もないの

で，大坂，上方の有力な金融業者たちに**独占的な団体**を組ませて，こうした業務にあたらせます。

Q 両替屋仲間や金銀相場の統制，幕府公金の出納（すいとう）などに携（たずさ）わる金融業者となった **10人の大両替屋**の名称は？ ——**十人両替**（じゅうにんりょうがえ）

当時，武士は身分的に，幕府のお金なんか扱えませんからね。武士にとって，金を扱うなんて，とてもほめられた仕事じゃないという感覚があるので，**幕府公金を全部両替商に委託**（いたく）するんです。そのグループが**十人両替**と呼ばれるもので，先ほど出てきた**鴻池屋・平野屋・天王寺屋**は，その代表です。

このように，幕府指定の金融業者の団体，**十人両替は江戸でなく大坂に成立する**ことをしっかり押さえておいてください。このことの背景としては，**経済は上方，政治は江戸が中心**であるという大きな役割分担があったんだということです。

3 江戸時代の貨幣改鋳

❖ 貨幣改鋳の政策

次のテーマは，**貨幣の改鋳**。貨幣の改鋳に伴い，貨幣の価値が変わっていくという話です。

改鋳の際には，金貨の場合，同じ重さなのに，入っている金の量が少なくなっていく。金貨といえども**純金部分が100％ではなく**，金と銀，あるいは金と銅の合金なんです。

もともと金だけでは，フニョフニョと柔（やわ）らかくて，お金としては使い物にならないので，銀も入っているし，銅も入っている。ほとんどが**金の合金**（ごうきん）ということなんです。

そこで，財政難に苦しむ幕府は思いついたんですね。1両小判に入っ

ている金の量を減らし，その分，他の金属を代わりに入れて，見た目と形は一緒にする。

光り方がちょっと鈍い？——でも，まあいいや。同じ1両という表記を漆を入れた墨で書きこみ，**金の量を減らした小判**を発行することによって，その**差額のお金（出目）**を事実上幕府の手元に残しておこうというわけです。

そこで，

Q 徳川綱吉の治世下，それまでの慶長小判を改鋳し，元禄小判を発行することとなった，幕府勘定吟味役は？　　　　　——荻原重秀

頭のいい経済官僚が，慶長以来の古い小判，**慶長小判**を新たな1両小判，**元禄小判**に全部変えていく。簡単にいえば，財政難克服のための手段として，1両小判に入っている金の量を減らし，出目を稼いで，幕府の収入に繰り込んでいこうという政策を取ったんです。

ところが，これ，幕府に金がないからやっているわけで，その改鋳小判だって，造って使っちゃうわけですから，市場に出回る通貨の額面は増えます。

例えば100万両の1両小判が市場に流通していたとする。これを，改鋳によって，例えば120万両に増やすわけですから，1両小判の実質的価値は下がってしまうことになります。

金が少なくなったのは質が悪くなっているということですから，一種の**悪貨と呼べる元禄小判**は，**出目を稼ぐ目的**で出されたものであるということを，まず理解しておくこと。

❖ 貨幣改鋳の流れ

江戸時代，貨幣は何度も改鋳が行われています。次の「**金貨成分比の推移**」のグラフを見てください。

金貨成分比の推移

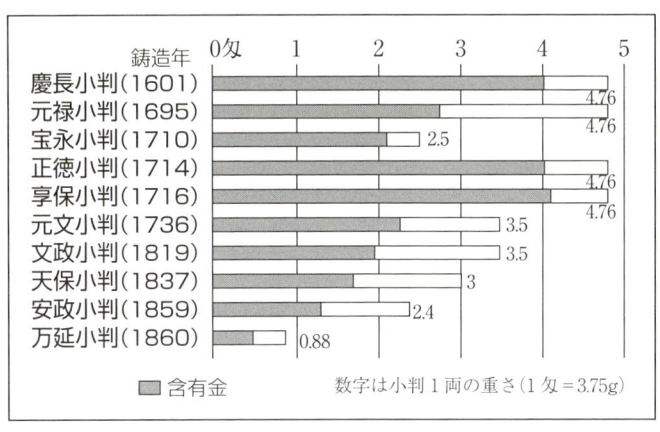

▶慶長小判

棒グラフの一番上が1601年。これ1600年という解釈もあるんですが，江戸時代のまさに初期に，もう慶長小判が発行された。

▶元禄小判

ところが，上から2段目ね。元禄小判が発行された。これが勘定吟味役荻原重秀のアイディアで行われた**最初の大規模な貨幣改鋳**で，灰色に塗りつぶしてあるところが**純金部分の重さ**を示しています。

慶長小判と比べると，元禄小判で灰色の部分がガタッと減っているでしょ？　その差額が幕府の手元に残った出目ということになります。鉛筆やボールペンで，そこを囲んでおきましょう。

2つの小判の横棒の長さは変わってないんだから，**重さは一緒**で，**金の含有量が減っている**んです。いいですね。

だから，見た目ではさほどわからないけど，光り方は鈍くなっています。これは金の指輪の場合でもそうです。20金だとピカッと光っているんだけど，18金だと光りは鈍くなる。

金の含有量をもっと下げれば光はもっと鈍くなりますから，見た目だ

けで**将軍の権威が下がったことがわかってしまうんだけど**，**背に腹は代えられない**というのが元禄小判です。

▶宝永小判

で，次の宝永小判（ほうえい）なんですが，試験にはあまり出ないけど，小判そのものがずいぶん**小型化**しちゃってるんです。ここでもまた，**出目**を稼いでいます。

▶正徳小判

次は正徳小判（しょうとく）。**宝永小判**みたいに小さくして，将軍様の権威の衰えが見た目ですぐにわかっちゃうのはけしからんという意味があり，あるいは**復古的な政策**（ふっこてき）をとった**新井白石**（あらいはくせき）の考えもあって，**正徳の治**（しょうとく）（ち）のときの**正徳小判**で，元の慶長小判の状態に戻すんですよ。

しかし，今度は逆に市場に出回っている金貨の額面（がくめん）が下がりますから，超デフレになっちゃって，景気が後退してしまうんです。**将軍の権威は上がったが，経済は逆にデフレになってしまう**という悪影響が出てしまった。

出目を稼いで景気よく使っていれば，経済そのものは発展が続くわけですが，**良貨**にしたせいで，今度はデフレ傾向を招き，経済の発展を阻（そ）害（がい）する結果となってしまったということです。

そのあとの享保小判（きょうほう）は試験に出ないから飛ばします。

▶元文小判

次の元文小判（げんぶん）は**徳川吉宗**（よしむね）の**享保の改革**のときの改鋳ですね。これはちょっと特殊で，享保の改革は，**新田開発**とか**年貢増徴**（ぞうちょう）に一応成功します。そうした政策によって，幕府は**税収アップ**に成功するわけですよ。

ところが，基本的な税金は農民から取る米です。米による税収は増えるんですが，日常生活は**貨幣経済**のもとで行っている状況で，結局は**米をお金に変えてものを買うわけ**です。

結局何が起こったかというと，**米価**（べいか）**が安くなっちゃう**んですよ。そう

すると，せっかく増えた税収によって財政を運営しようと思ったのに，米価が下がってしまうので，実際には，税収増の効果がなくなってしまう。それが，享保の改革の一番の悩みでした。

そこで，これは**米価を上げるしかない**と考えた。もう**強制的にインフレ**に持っていくために，**金の含有量を思いっきり減らした**んです。**物価調整策**というのが**元文小判への改鋳の意味**です。

結果は，この思い切った政策が効果を発揮して，**米価は上昇**します。**元文小判の改鋳は単なる出目稼ぎではなかった**ということを覚えておいてください。ちょっと難しい話ですが，大事なところです。

そんな具合で，享保の改革は，表面的にはある程度成功しますが，**根本的な財政難の構造は変わらない**ので，**抜本的な財政改革には至らなかった**。**通貨政策**についても同様のことがいえるでしょう。

▶**文政小判・天保小判・安政小判**

次の**文政小判**と**天保小判**，さらに**安政小判**も，結局，また**出目稼ぎ**。

ただし，このあたりはマイナスイメージだけでは駄目で，**プラス面**がありますよ。

江戸後期にかけて社会は一層の発展を遂げ，成熟していきました。**化政文化の爛熟期を支えた経済繁栄**が達成されたのは，**通貨政策**の面からも後押しした結果である，と理解しておきましょう。

❖ **開国貿易と万延小判**

さて，幕末に，**開国貿易**という大きな変化が訪れ，これが**通貨事情に多大な影響を与える**ことになります。開国及び貿易において，金・銀をめぐる世界と日本とのずれが生じていることが明らかになったんです。

アメリカなどとの条約では，アメリカの**ドル金貨**などと日本の**小判**は，見た目も表記も異なってはいるが，**金として同じ純度で同じ重さだった場合は交換できることにしましょう**ということになっていました。これ

を「同種同量交換」といいます。要は，ドル金貨も小判も，金1グラムと金1グラムというところが一致していれば，ドルと円を等価交換しましょうということです。これは不平等でもなんでもない，当たり前といえば当たり前の話です。

▶金銀比価が3倍

ところが，金と銀との交換比率というのが問題になってくるんです。世界においては，メキシコあたりで大規模銀山の発掘が進んでいて，世界的には銀の価格がどんどん安くなっているという事情があった。日本は，このことを知りませんでした。

世界経済に大きな影響を与えるくらい，市場に銀がどんどん大量に出回るようになり，銀安が進んでいる段階で，日本は開国をしたことになります。

日本のほうは，それまで，いわゆる鎖国体制で，外国とは，日本の経済の成熟度に見合った程度の規模の貿易をしていただけで，大型の貿易はやっていませんでした。

日本国内の金と銀の価格の状況は，当時の金銀鉱山からの産出量の減少をそのまま引きずっています。国内的には，これ，特に問題はなく，そうした状況に沿って，大体，金1に対して銀5で取引が行われていたんです。

ところが，修好通商条約に基づく，同種同量交換という外国との通貨交換の原則が実際の貿易で適用されると，とたんに大変なことが起こりました。

外国人が金を1もって日本に来るとします。その金1グラムなら1グラムが日本では日本の金貨の1グラムに代わる。これは1キログラムの場合でも一緒ですよ。それは問題ないんです。平等ですから。

ところが日本に金貨を1持ってきて，日本国内で銀貨に変えようとすると，先ほどの話のとおり，金1に対して銀5で交換されるので，金

が1グラムだったら銀は5グラムにしかならないですよね。

しかし，例えば香港に持って行って，**国際金融市場**で金1を銀に変えると，**銀15**になる。

そこで，今度は逆に，外国人がドル銀貨を15持って日本国内にやって来て，それを金に換えると，比率は1対5ですから，3対15となり，なんと，そもそも 1だった金が3になっちゃう。

外国で銀を15持っている人は，外国では金1と等価なんですが，日本に持ってくると，日本の相場で金3になっちゃうということ。つまり，1億円分の銀貨を持ってくれば，日本では3億円になるということです。

▶銀の流入＆金の流出

幕末開港貿易が始まると，そういう情報はあっという間に広がりますから，みんな銀をもって日本に来る。そして金に換えてすぐに外国へ持ち帰るから，**銀が流入し，金が流出する**。

これ，絶対覚えましょう。この流入と流出をひっくり返したら，まったく逆な話になる。その正誤に気づかないと，ただちにアウトになりますから，ここはもう是が非でも，正しく覚えておきましょう。

要するに，**金・銀の比価**が，**日本と外国との間で3倍の開き**があったんだということですね。ここが，**前近代の貨幣史における最大のポイント**であることを，しっかり頭に入れておいてください。

▶万延小判

幕府もこの事情がすぐわかったので，急遽対策を施します。

Q 金銀比価を国際水準の1対15に近づけ，金の海外流出を防ぐために改鋳した小判は？　　　　　　　　　　　——**万延小判**

169ページの棒グラフの，**万延小判**のところをもう一度見てください。こんなふうに金の量を徹底的に減らして，同じ1両とする。これは**出目稼ぎの改鋳ではなく，金の流出を食い止める**ための策でした。

そして，結果的には，日本は一挙にインフレになっていくのです。庶民は，この物価高に苦しみ，反幕府的になっていくのです。

論述対策

> **Q** 幕末の開港に伴う開放経済への移行は，価格革命ともいわれる大規模な物価の変動をもたらしたが，価格の基礎となる金銀貨幣の価値を国際的基準に調整する過程で多額の金が海外に流出し，最終的には激しいインフレが引き起こされた。なぜ，激しいインフレが起こったのか。以下の用語をすべて用いて50字以内で説明せよ。（早稲田大）
>
> 　　　金含有量　　　国際金銀比価　　　貨幣価値
>
> **A** 金貨流出を防ぐため，国際金銀比価に近づける改鋳で金含有量を減じたため貨幣価値が大幅に下落したから。（49字）
>
> > 「1：5と1：15」という金銀比価の相違，あるいは万延金銀の改鋳といったところまで書こうとすると，指定語句を使う余裕がなくなります。思い切って簡略化することが最大のポイントです。
> > 「国際金銀比価に対応する金含有量を減じた改鋳が貨幣価値の大幅な下落をまねきインフレとなった」など表現は様々ですが，指定語句が論旨に従って使用されていればOKです。

第11回 貨幣・金融史/近現代

貨幣・金融史(明治)

明治	1868	**太政官札**発行(**由利公正**が建議)…不換紙幣
	1869	**民部省札**発行…不換紙幣
	1871	**新貨条例**制定
		貨幣単位…円・銭・厘の十進法
		金本位制採用
	1872	**国立銀行条例**制定
	1876	**国立銀行条例改正**
		兌換義務撤廃…国立銀行券が不換紙幣に
	1881	**松方正義**大蔵卿に就任(**松方財政**)
	1882	**日本銀行**設立…中央銀行として設立
	1883	国立銀行条例再改正…国立銀行券発行停止→普通銀行に
	1885	日本銀行から銀兌換の日本銀行券発行…**銀本位制**確立
	1887	**横浜正金銀行**条例制定…貿易金融のための特殊銀行となる
	1897	**貨幣法**制定(第2次松方内閣)
		金本位制確立…1円=金0.75グラム，1ドル≒2円

　明治維新。江戸時代の三貨・藩札という通貨体制は一変します。1871年の**新貨条例**によって，通貨はすべて**円・銭・厘**の**十進法**，さらに欧米などの**金本位制**が採用されました。円・銭・厘という単位は現在もそのままですが，金本位制の方は現在では放棄されています。紙幣の100円が，100円金貨あるいは100円銀貨と交換されることが保障されているという制度で，**兌換制度**と呼びます。金貨と交換できるのが金本位制，銀貨なら銀本位制です。

　日本は1882年に中央銀行として**日本銀行**を設立し，1885年から**銀本位制**に，1897年に**金本位制**に移行します。

　その間の政治・外交，経済状況とどのように貨幣制度に反映されているのかをしっかり理解していくことがポイントです。

　しっかりがんばっていきましょう。

大正〜昭和（前期）	1917	金輸出禁止…金本位制停止
	1927	金融恐慌…震災手形処理問題
	1929	世界恐慌
	1930	金輸出解禁
		昭和恐慌
	1931	金輸出再禁止
		管理通貨制度に移行
昭和（戦後）	1946	金融緊急措置令公布…預金封鎖・新円切換
	1949	ドッジ＝ライン…1ドル＝360円の単一為替レート
	1952	IMF（国際通貨基金）に加盟
	1964	IMF8条国に移行
		OECD（経済協力開発機構）に加盟
	1971	ドル＝ショック（ニクソン米大統領）…金とドルの交換停止
		スミソニアン協定…1ドル＝308円に切り上げ
	1973	円の変動相場制移行…ブレトン＝ウッズ体制崩壊
	1985	プラザ合意（G5の通貨調整）…円高進行

　第1次世界大戦にともなってヨーロッパの交戦国，さらにアメリカが金輸出を禁止し，日本も追随して金輸出を禁止。そして大戦後，アメリカなどが金輸出を解禁していくなかで，日本だけは取り残されてしまう。日本経済は戦後恐慌から震災恐慌，金融恐慌。反復する恐慌のなかで日本は解禁に踏み切るタイミングを失ってしまった。そして，**1930年**，思い切って**金輸出を解禁**したら世界恐慌の波が日本を襲うという最悪の事態になってしまい，**昭和恐慌**です。**1931年**，すぐに**金輸出再禁止**，管理通貨制度に移行します。

　アジア・太平洋戦争が終結し，占領行政のもとで破局的なインフレが進行。これを克服したのが**1ドル＝360円の単一為替レート**，米ドルにリンクした**固定相場制**です。そして，高度経済成長を遂げた結果，**1973年**には**変動相場制**に移行するのです。

1 明治時代の貨幣・金融制度

❖ 新しい通貨制度の発足

　では，いよいよ近現代，**明治時代の貨幣・金融制度**について見ていきます。**明治維新**を迎え，まったく**新しい通貨制度**が始まります。

　当初は**戊辰戦争**の最中ですから，**太政官札**といって，太政官から紙幣を発行するという急場しのぎをやっています。

Q 明治政府発行の最初の紙幣である**太政官札**を建議したのはだれか？

——**由利公正**

　五箇条の誓文の原案を起草した人ですよ。戊辰戦争の財政，お金の工面を担当した，越前出身の**由利公正**が，太政官札発行の中心的な役割を果たしました。

　越前の**福井藩**というのは，お金に縁のある藩ですね。最古の藩札を発行したのも福井藩，由利公正も越前出身，**由利財政**なんていいます。

　小額の通貨も足りませんので，太政官札発行の翌年，

Q 1869年，太政官札を補助する目的で発行された小額紙幣の名称は？

——**民部省札**

　太政官札も民部省札も，**不換紙幣**といわれる紙幣です。不換紙幣の反対が**兌換紙幣**で，兌換紙幣は，例えば1両という紙幣が発行されると，いつでも安定して**1両の小判**と交換できるというもの。引換券みたいなやつです。

　ところが**不換紙幣**というのはその保証がない。ですから大量に発行するには都合がいいんですが，1両と書かれた紙幣でも，金に換えようとすると，下手したら金2分なんてことになりかねません。

❖ 新貨条例による通貨単位の統一

戊辰戦争は，このような不換紙幣で急場しのぎをして，取りあえず乗り切っていきますが，廃藩置県の年，**近代的な貨幣制度を一挙に確立**させます。

Q 1871年，統一的貨幣制度，金本位制の確立をめざして制定された条例は？
——**新貨条例**

明治4年ですね。それまでの，銀貨は重さで使われる**秤量貨幣である**とか，金貨は何両何分何朱の四進法で使われる**計数貨幣である**といった，ややこしい性質が一新され，これでいよいよ**通貨単位の統一が実現**しました。

具体的には，お金はすべて，**円，銭，厘**という単位で呼ぶこと。四進法などはやめて，全部**十進法**でいく。そこで**円銭厘十進法**という，スッキリしたものになりました。この**通貨単位**は，現在もそうですよね。

そして，紙幣の価値を安定させるために，**金本位制**を採用します。

Q このときの金本位制では，1円紙幣は金何グラムと交換できるとされたか？
——**金1.5グラム**

100円ならば150グラムということに決められました。要するに，**兌換制度を金本位制**で採用したということですが，1円という紙幣が銀何グラムと交換できるという制度なら，**銀本位制**となります。

このように金属貨幣のほうを基準に，それが金の場合は金本位制，銀の場合は銀本位制というわけです。

❖ 確立しなかった兌換制度

一応，金本位制と決めたものの，維新政府には，それほどお金がありません。むしろ借金状態に陥っているような有様ですから，金との兌

換がダメなときには銀貨との兌換でもいいよ，ということにします。

　実は，当時，**アジアにおける貿易**では，最終の支払いは**銀**で行われていましたから，アジア貿易ではそのほうがスムーズだったんです。

　一方，世界的に見れば，銀が安くなっているので，先進国はみんな，それまで銀本位制だった国も，おおむね**金本位制**に移行中でした。そんな中で，厄介な，中途半端な**金銀複本位制**をとったので，近代的な貨幣制度がひととおり整ったものの，**兌換制度は確立しなかった**という結果になりました。

❖ 国立銀行条例

　金銀複本位制では**金銀比価**が動いてしまうと厄介なことになるという欠点があったので，新貨条例の翌年，明治5年（1872年）に，**民間から兌換紙幣を発行させよう**という案が浮上します。

　政府には金がないが，民間には豪商とか金持ちがたくさんいるから，民間から兌換紙幣を発行させるという通貨制度を取り入れた。これが**国立銀行 条例**です。

> **Q** **アメリカ**の金融制度をまねたこの制度を建議した人物は？
> ——**伊藤博文**

　アメリカに出張して視察し，民間銀行の存在を知った伊藤が，アメリカのまねをすりゃいいんだよ，と意見を出してできた条例でした。

　厄介なのは，「国立」という名前が付いているものですから，つい「国営の銀行？」と考えてしまいますが，これは，「**国法に基づく銀行**」の意で，国営ではありません。国立銀行という名の**民間銀行についての条例**なんです。ネーミングで混乱しないように，注意。

　こうして，**民間の資本を基に兌換紙幣を発行させよう**とします。そうすれば，政府の財政状態とは関係なく，日本が欧米並みの**金本位制**の国

になれるだろうと考えた。

そこで国立銀行は，義務として一定の資金をもち，許可を得て，**兌換銀行券を発券する**という制度が始まりました。

Q 伊藤博文のアイディアをもとに，国立銀行条例を実現するため，その起草を担当するなど尽力したのは？

——渋沢栄一

▶第一国立銀行

大蔵省の役人だった**渋沢栄一**が条例を実現していくわけですが，やがて渋沢は役人を辞めて民間に下り，**最初の国立銀行を設立**します。

これが，国の認可を受けて兌換紙幣発行権を得た最初の銀行なので，ナンバーを振って，**第一国立銀行**です。出資者は**三井・小野組**という，いずれも経済力のある江戸時代以来の豪商たちでした。

小野組というのは，ちょっとなじみがないでしょうが，三井が単独ではちょっと危険だというので，小野組を誘い，この両者が出資して設立したものです。

❖ 国立銀行条例の改正

国立銀行条例に基づいて認可を受け，兌換銀行券を発行し出した銀行は，先駆けとなった**第一国立銀行**を含め，**4行**ありました。というか，4つしか開業できなかったといったほうがいいでしょう。

この4行だけでは，日本全体を回していくような通貨を発行できる規模にはほど遠いし，かといってお金がないままではどうにもならないというので，明治9年(1876年)に，**国立銀行条例を改正**し，中身をまったく変えてしまいます。

▶兌換義務の撤廃

この条例改正で，**兌換義務を撤廃**します。でもお金は発行していいよということで，1876年以降，国立銀行は貨幣をさらに発行し続けますが，

これは**不換紙幣**になってしまいました。

　この兌換停止に伴い，国立銀行が全国各地に**雨後の竹の子のように設立**されていきます。

Q 国立銀行条例改正ののち，一挙に増えた国立銀行の数はいくつになったか？　　　　　　　　　　　　　　　　　　　　**──153行**

　何とこれ，数字覚えてね。第一国立銀行，第二国立銀行，第三国立銀行……，といって，**第百五十三国立銀行**までいっちゃったんです。今でもこの名残で，ナンバーのついた銀行が，地方銀行として結構残ってますよね。

　さて，なぜそうなったかですが，当時，**秩禄処分**などで，武士が特権を失った保障として**金禄公債証書**などを与えられていました。こんなの，貰ったはいいが当面使い道のない，一種の政府の借金証文などを資本金として，銀行をつくることが可能になったんです。

　しかし，その結果，**不換紙幣が濫発**されることになり，ものすごいインフレが起こってしまいます。これを抑えなきゃいけないと，153行までで**開業の認可は打ち切り**にされます。

　そのインフレの原因として，特に**西南戦争**のとき，政府側の財政難から軍資金が欠乏し，公家，華族に，**金禄公債を資本として第十五国立銀行をつくらせた**ことがあります。

　そこからお金を借り入れるという形で西南戦争の戦費を賄ったりしたんですが，その結果，不換紙幣の増発が極端に進んでしまいました。

2 松方財政

❖ インフレによる財政危機

国立銀行条例の改正と，西南戦争に伴うインフレの状況の中で，金納となった地租の構造から，どんどん米価が上昇していくという厄介な事態が起こってきました。

歳入の主要部分を定率の地租が占めているので，インフレになると貨幣価値が下がり，財政の危機が深まっていくんです。

なんとかインフレを終息させなければいけない，財政を健全化しないといけない，ということになる。

Q ダブついた紙幣を整理する，中央銀行制度を採り入れるなど，財政・金融制度を整備した大蔵卿は？　　　　　　　　——松方正義

大蔵卿大隈重信が，明治十四年の政変により政府の財政責任者である地位を放棄して下野したあとをうけて，大蔵卿になったのが松方正義です。

❖ 松方財政

彼が1880年代前半に実施した財政政策を松方財政と呼びます。松方は，中央銀行制度の導入と紙幣整理から始めます。

▶日本銀行の設立

中央銀行制度はヨーロッパの制度をまねたものですが，中央銀行というのは唯一紙幣を発行する権利を持った銀行で，他の金融機関からは紙幣を一切発行させない——つまり，市中に出回る紙幣はすべて中央銀行から発行されるものだけにするという制度です。

日本では，この中央銀行として，文字どおり日本銀行という名前が選ばれます。1882年，日本銀行の設立ということになります。

▶銀本位制の兌換銀行券発行

　翌 1883 年に，**国立銀行条例の再改正**をやって，**国立銀行の紙幣発行権を停止**します。その後，国立銀行は，現在あるような普通の銀行に転換していきます。

　そして 1885 年から，いよいよ**日本銀行から兌換紙幣**が発行されることになりました。

　ただし，日本銀行の資本はほとんど**銀**しかありません。金は不足していて，一挙に欧米並みの金本位までいく力がないので，とりあえずは，保有量が足りている**銀兌換**でいこうと，1885 年，日本銀行から**銀本位制に基づく兌換銀行券が発行**されました。

　これによって兌換制度は確立されたが，**欧米並みの金本位には到達できなかった**ということを覚えておく。そこで，これを**金本位制に変える**というのが，欧米に追いつくために必要な事業となるわけです。

▶特殊銀行の発足

　さて，**貿易**が活発化してきて，海外との取引が増えるようになりますが，貿易というのは，船の遭難（そうなん）とか，いろいろトラブルも起こったりして，危険が伴ううえ，多額の資金が必要となります。そこで，

Ⓠ **貿易金融**のための特殊な任務を行うために設置された銀行は？
——**横浜正金銀行**（よこはましょうきん）

いわゆる**特殊銀行**と呼ばれる銀行の１つとして発足しています。

　特殊銀行とは，この**横浜正金銀行**のように，農業や工業の近代化，産業や大企業の育成など，特定の政策を実現するために，金融機関として巨額（きょがく）の資金貸し付けを行う銀行です。では，

Ⓠ **農工業**を発展させるため，長期の貸し付けを行う特殊銀行として設立されたのは？
——**日本勧業銀行**（かんぎょう）

3 金本位制の確立

❖ 金本位制への移行

さて，**松方財政**の一番重要な仕事として，**金本位制への移行**がありましたが，これがようやく**1897年**に成立します。1897年は**資本主義確立への最初の大きな節目**ですから，金本位制に関係する事項は，年表ですべて記憶してください。

▶貨幣法の制定

金本位制の法的基礎となったのが，1897年の**貨幣法**で，これによって，金本位制が確立しました。

では，それまでやりたくてもできなかった，**兌換のための金貨**をどうやって確保したのか？ これは**日清戦争に勝って得た巨額の賠償金**でした。

清国だってそんなに金をもっているわけではないので，賠償金は**銀貨**で，分割払いで支払われたんですが，日本はこれを国際金融市場で**金貨**に替え，それを**兌換のための資本**とすることによって，ようやく**金本位制が実現**しました。

▶円と金の交換比率

そこで，確立した金本位制について，また数字を覚えます。

最初，**新貨条例**のときには，**1円紙幣は金何グラムに換えることができた**んでしたっけ？

そう，金**1.5グラムの1円金貨**と換えることができた。これはもののたとえで，まあ，1円金貨なんて実際にはないんですが，レートとしてね。100円だったら150グラムの金貨と換えられた。では，

Q 1897年の貨幣法による金本位制においては，1円紙幣は金何グラムと兌換できたか？　　　　　　　　　　　——**金0.75グラム**

184

これ，**100円**だと**75グラム**になりますね。

　新貨条例のときの交換比率は大きく変更されました。1円・1.5グラムだったのを1円・0.75グラムにしたということは，交換で得られる金の重さを半分にしたということですから，**円の価値はちょうど半分に**なった。ドルのほうからすれば，**円に対して2倍の価値**に高まったことになる。

▶円とドルの金平価

　金本位制の下で，各国の通貨を同じ重さの金で，比較して得られる**通貨の交換比率**を**金平価**といいます。円とドルの場合でいえば，

$$1 \text{ ドル} ≒ 2 \text{ 円}$$
$$(50 \text{ ドル} = 100 \text{ 円})$$

という交換の数値が決定され，固定されました。これによって**日本は欧米並みの金本位制に移行した**ことになります。

　以上お話ししたように，**金本位制確立への道程**は，条約改正が治外法権撤廃と関税自主権回復の**2段階**で実現されたのと似ていて，2段階を経て欧米に追いついた。つまり，**銀本位制**でまず1ランクアップしたのち，**日清戦争賠償金**を基に，**貨幣法**で金本位制に移行して欧米並みになったということ。

　金本位制が実現すると，為替レートのルールで**欧米と同じ土俵に立てる**ので，貿易は楽になるんです。これが，以後の**貿易拡大などに有効な条件**となったことを確認しておきましょう。

4 金輸出禁止

❖ 世界的な金本位制の一時停止

では続いて，**大正〜昭和前期**の金融制度を振り返っていきましょう。

ようやく実現した金本位制でしたが，これが，国際的に**一時ストップ**してしまいます。

第1次世界大戦の勃発によって，**1917年**，参戦したアメリカがドル金貨を国外に持ち出すことを禁止します。すなわち金輸出の禁止です。これにならって日本も金輸出を禁止しました。世界的に金本位制が停止され，日本も追随(ついずい)することになる。

第1次世界大戦という人類が初めて経験する，主要先進国がこぞって参加する大戦争が始まった。戦争のときは，どんな国も**財政は赤字**になります。黒字になる戦争ってのはありませんからね。

戦時には，むしろ**貿易は拡大**します。戦争のための必要な物資を輸入するし，武器の輸出入もありますからね。それで交戦国は軒並み(のきなみ)巨額の貿易赤字に陥るわけです。

国際金本位制の下では，**紙幣の発行高と金貨の保有高は1：1でない**といけません。また，その**金が，国境を越えて出入りするのが自由**でないといけない。

だけど，こうした体制で戦争を続けていると，貿易の代金である**金が相手国にどんどん流出**し，国内には金が無くなっちゃうという状況に陥ります。

放っておくと国は破産してしまうので，それまで**金輸出を認めていた国々**が，次々に**金輸出を禁止**し，金の海外流出を食い止めようとするんです。

▶先進国の金輸出解禁と金融恐慌

このときの金輸出禁止は，**戦争中の臨時の措置(そち)**で，戦争が終わると，

アメリカを先頭に，欧米先進国は，元の金輸出解禁状態，元通り金を自由に海外に送ることを制限しないという体制に戻っていきます。

国際金本位制が復活しますが，**戦後恐慌**，**震災恐慌**と，恐慌が続く中で，日本だけが金輸出を禁止したままで，国際貿易の制限を続けてしまったんです。そうして，1927 年，

> Q　震災手形の処理をめぐる片岡直温（かたおかなおはる）蔵相の失言に端（たん）を発した取付け騒ぎから，金融機関の倒産が続発した事件は？　　　　——金融恐慌

▶五大銀行の金融支配

この金融恐慌の結果，**中小銀行は危なそうだ**というので，財閥（ざいばつ）系の三（みつ）井，三菱（みつびし），住友（すみとも），安田（やすだ），そして**第一銀行**という五大銀行に，中小銀行の預金（よきん）が移っていったんです。

要するに，預（あず）けていた中小銀行の自分の預金を引き出して，政府がつぶすわけがないだろうというので，この預金を巨大銀行に回してしまったわけね。

こうして，金融恐慌の結果，「**ビッグ5**」と呼ばれる五大銀行の金融支配が一挙に進んでしまうという予期せぬ結果が生まれました。

◣ 5　金輸出解禁

❖ 世界恐慌の勃発

金融恐慌の結果，**日本の通貨体制は世界の潮流（ちょうりゅう）に乗り遅れた**状況を，その後も続けざるを得ないことになってしまいました。

そこで，これをクリアするために，欧米にならい，思い切って金解禁をしなきゃいけない。

Q 1930年，浜口雄幸内閣の蔵相として財政を担当し，金輸出解禁を断行したのは？

——井上準之助

ついに金解禁に踏み切った。しかも予告解禁という形で，1930年1月を期して金輸出解禁を断行したんですが，なんとも間の悪い，皮肉なことに，最悪のパターンになっちゃった。何もせず，金輸出禁止をむしろ継続しておけばよかったような状況が現れたんです。

何かというと，いわゆる世界恐慌が勃発したんですよ。アメリカから始まった恐慌が，史上初めてヨーロッパ，さらに世界へ拡大していった。

日本では，緊縮財政，デフレ策を取っているときに，世界中でものの値段が下がる世界恐慌の波が襲ってきて，一層激しいデフレが起こりました。

これが，日本でファシズムが生まれる大きな契機となった，金輸出解禁に伴う金の流出という状況です。

▶昭和恐慌から満州事変へ

日本のこの恐慌は，世界恐慌の一環ですが，特に昭和恐慌と呼ばれます。1930年の正月に端を発する恐慌が，30年から33年まで拡大していった。

そして，30年の翌年の1931年に，柳条湖事件から満州事変が始まってしまいます。始めのうちはまだいいんですが，日本の国家財政は，どんどん，軍事費を賄うことに汲々とするようになっていきます。

◢ **6** 金輸出再禁止

❖ 犬養内閣の金本位制停止

1930年，金輸出解禁。翌1931年に起こった満州事変が長期化する中で，政党政治の慣習における政権交代で代わった立憲政友会の犬養毅内閣

は，ただちに**金輸出再禁止**を決定します。

Q 1931 年，犬養内閣の下で**金輸出再禁止**を担当した蔵相は？

——**高橋是清**

加えて，日本銀行にすべてを任せる通貨制度をある意味，封殺して，

Q 通貨の発行量を政府が統制し，政府が直接お金を管理する制度を何というか？

——**管理通貨制度**

はい，管理通貨制度に移行してしまいます。

▶円安による輸出の伸長

こうした施策の結果，やや実力以上の高いレートという意味を持っていた**金解禁政策の反動が表れて，円は急落**——実際の市場の実態を一挙に超える下落を招きました。金解禁時の反動として，**円安**が急激に進んだのです。

円がめちゃめちゃ安くなります。そうなると，当面，**景気がぐんぐん良くなる**。要するに，1 ドル 2 円，1 ドル 4 円というふうに，円が急激に安くなると，ドルは高くなるわけですから，同じ 1 ドルで大量の日本のものが買えることになります。

別のいい方をすれば，円の価値が半分に下がると，以前の 2 分の 1 のドルで日本のものが買えることになりますから，それはまさに**急激な輸出の伸び，輸出伸張**の結果を生みます。

▶ソーシャル・ダンピング

これが，満州事変後の好景気につながっていくんですが，表面化したのは，そのようなプラス面だけではなかった。日本がやっていることは，要は，国ぐるみで世界に仕掛けている**ダンピング**じゃないか，と非難を浴びたんです。

ダンピングというのは，外国市場を確保するため，**不当に安い価格で**

商品を外国へ投げ売りすることです。

ソーシャル・ダンピングという言葉を覚えましょう。

満州事変が勃発する，そして金輸出を再禁止する，すると，円が急激に下落して景気は回復，好景気になった。日本は，通貨政策を180度，ガラッと変えて，**無理やり円安に持って行ったんだ**と取られたわけです。

満州事変後の好景気は，一時的にはプラスのように思われますが，**ソーシャル・ダンピングだと世界の先進国の非難を浴びる**ことになった。

▶ブロック経済と日本の孤立化

それがイギリスなどの反発を招き，「じゃあ，いいよ。イギリスは**イギリスとその友好国や植民地との間でしか貿易はやらないよ**。日本製品はボイコットするぞ」ということになる。イギリスの**ポンド**（スターリング・ポンド）によって結ばれた排他的経済圏のことを，当時，スターリング・ブロックといいました。こうなると，**国際的な貿易の規模が縮小**していきます。

今の日本もそうですが，貿易ができなければ成り立たない日本の国家にとって，保護貿易——貿易を制限する国が増えたり，ブロックで日本の商品を排除しようとする動きは脅威です。このような**排他的経済圏**をブロック経済といいます。

これに逆ギレした日本は，円ブロックでいくぞ，日本と満州と中国が1つの経済圏となって，円でいくんだと反発します。中国は別に，そのことに同意したわけではありませんよ。

そのときの逃げ道として，唯一あった選択肢は，満州を無理やり国として認めてしまい，**日・満・支**——**日本**，**満州**（やがて満州帝国）と**中国**が一体化して，外国の経済が入ってこないようにする円ブロック構想，すなわち大東亜共栄圏の建設へという流れになっていってしまいました。

結果として，国際的な自由貿易体制は大きく後退し，**日本は国際社会**

から孤立化していきます。ご存じのとおり，あとは戦争になって日本は負けるわけです。

7 戦後の金融制度

❖ 金融緊急措置令

そして，**戦後**を迎えました。日本は国家主権を一時停止させられて，**GHQ**——**連合国軍最高司令官総司令部**のもと，**アメリカの占領行政下**に入ります。

基本的に国民は**食糧難**です。物資はすべて足りない状況です。その中で，ともかくお札を刷ってなんとかするという方法しかなかったものですから，お札を刷って刷って刷りまくったんですね。

国内経済はインフレに見舞われている状況でした。

Q 1946年2月，**幣原喜重郎**内閣が，インフレを収束させるため，通貨量の縮減を図った法律は？ ——**金融緊急措置令**

とにかくこれ以上インフレが進んではいけないということで制定した法律です。

まあ，日常生活の資金はいいとして，巨額の資金を銀行から引き出してはいけないと，とりあえず**預金を封鎖**して，銀行から市場にお金が流れないようにする。

そして**新円を発行**して，新しいお札に代えていくなどの施策をとり，インフレを一時ストップさせようとします。でも，残念ながら，効果はありません。絶対的な物不足で，物の値段は下がらないんです。

戦後の通貨発行高と物価指数

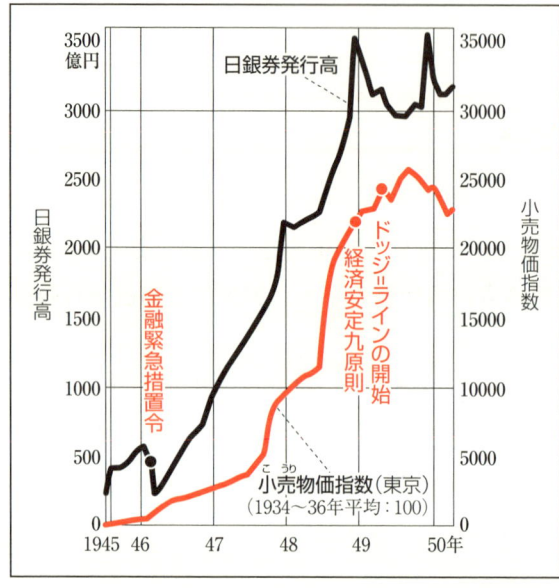

（『本邦経済統計』より）

戦後の破局的インフレから，いきなりドッジ＝デフレ。
そして，この表の続きは？
朝鮮戦争にともなう特需景気となっていきます。

❖ パックスアメリカーナ

さて，通貨の変動，為替レートの変動が激しいと，どういうことになるか。通貨安になった国のものがどっと世界中に売れて，相手国は次々と不況になり，その国だけがもうかる。そうなると今度は逆に閉鎖的な統制経済でこれに対抗する。そうすると輸出に頼っていた国の方は食べていけなくなって，最終的には戦争という手段に訴える。

どんな国の政府だって，国民が食うや食わずになるような場合は，もう選択肢がなくなって，戦争に踏み切りますよ。世論からしても。

そこで為替の変動を放っておけば，第3次世界大戦になりかねないことが分かったということですから，世界経済のリーダーが，それまでの**イギリス**から，戦後世界の盟主となった**アメリカ**に変わります。パック

スブリタニカから**パックスアメリカーナへ**，という変化です。

　第2次世界大戦後，進んできたアメリカ中心の世界経済の中で，日本は事実上，**アメリカの単独占領**を受ける事態となったので，**アメリカが日本の戦後経済復興を担う**ようになります。

❖ ドッジ゠ライン

　中華人民共和国ほか**社会主義国**の誕生を受けて，西側を引っ張っていくアメリカの立場からして，**日本の一刻も早い経済復興，経済自立**を目指すように，占領行政が大転換します。

　そこで，日本に派遣されたデトロイト銀行頭取（とうどり）**ドッジ**のアイディアで，**ドッジ゠ライン**と呼ばれる，**為替レートの固定**などの施策が決定されます。

❖ ブレトン゠ウッズ体制

　これは広くいえば，**ブレトン゠ウッズ体制**という**国際通貨体制**に基づくものでした。

　世界中で米ドル紙幣はいつでもアメリカの金貨に換えられるというように，**アメリカ1国だけがドルと金の兌換制度**を世界的に守っていく。そして，**米ドルと各国通貨の交換比率を固定**する――これを**固定相場制**（こていそうばせい）と呼び，ブレトン゠ウッズ体制の基本でした。

> **Q** 1949年，**固定相場制**に基づき，円とドルの交換比率は，1ドル何円と定められたか？　　　　　　　　　　―― **（1ドル＝）360円**

　1ドルを**常に360円と固定して交換**する。単一の交換平価を決めちゃう。これが**単一為替レート**で，このような制度を**固定相場制**というわけです。

　アメリカのドル金本位制にぶら下がって，二次的ですが，アメリカの

ドル金本位制を基に，**事実上，日本の円も金本位制になった**ということです。360 円は常に 1 ドルに換えられる。常に 1 ドルの金貨と換わるわけで，間接的に日本は金本位制になるってことですから，日本の円は安定することになります。

　こうして，**1949 年のドッジ＝ライン**が実施されると，日本は通貨の面で国際社会の一員として自立した体制が取れることになりました。

❖ 国際通貨基金（IMF）へ加入

　1951 年，日本は**サンフランシスコ平和（講和）条約**で**独立を達成**したので，世界的な機構に加入できるようになりました。

Q 1952 年，日本が加盟を果たした経済機構を何というか？

——<ruby>国際通貨基金<rt>こくさいつうかききん</rt></ruby>（IMF）

　IMF（International Monetary Fund）は，参加国が**基金**を持ち寄って，急激な為替相場の変動が襲って下がってしまった国の通貨を，買ってあげることによって安定させようという，**為替安定を世界的に保障**するための機構です。

　IMF への加盟によって，円あるいは日本経済が大きく変動したときに資金援助を受けられることになりました。

▶ IMF8 条国移行

　その後，日本は急激な経済成長を果たすと，あっという間に先進国の仲間入りをしてしまいます。IMF 協定の 8 条に規定された国というのは，**国際収支の悪化を理由に，為替制限を行ってはならない**と定められた国のことです。

　わかりやすくいえば，例えば円高で輸出が困難になったからといって，円高を抑制するために，外国が円を買わないよう操作する行為を行ってはいけない国になったということ。

かつての日本もそうだったように，まだ経済が弱い国は，一部為替管理をやってもいいと認められていたんです。いまや，先進国の1つとなった日本は，国家が自由貿易を統制することをしてはいけない義務を負うIMF 8条国という立場に移行します。

　保護される側から，保護する立場の側の加盟国になったということで，これが1964年の**IMF8条国移行**です。

❖ 経済協力開発機構(OECD)へ加盟

　さらに同年，**発展途上国の経済近代化**を，普通の銀行では不可能な，国家レベルの大型の融資によって促進しようとする**経済協力開発機構(OECD)**にも加盟します。

　これは後進国の近代化のために，先進国として基金を拠出（きょしゅつ）するわけで，これに加盟するということは，日本は**先進国に戻ったことを実証**するものでした。

❖ ドル＝ショック(1971年)

　日本はそうやって経済成長が急激に進んでいきますが，**アメリカが巨額の財政赤字**になっちゃいます。例えば**ベトナム戦争**の長期化とか，恒常的な**貿易赤字の累積**（るいせき）の結果です。

　アメリカ人の消費がどんどん盛んになっていき，激しい**輸入超過**になっていった一方，他の国々の経済成長は進み，アメリカの**輸出は減退**していくという状況でした。

　やがて，アメリカはついに**金兌換が不可能**なくらいに行き詰まってしまった。そこで**1971年**，いきなり**ドル＝ショック（ニクソン＝ショック）**と呼ばれるニクソン大統領の発表が行われました。

　以後，**アメリカドル紙幣は金貨と交換できない**。この発表によって，**国際金本位制が一瞬にして吹っ飛んだ。**

そんなことされたら大変だ。それまで1ドル360円で，うまくいっていた。これは，まあ，推計はいろいろありますが，日本の実際の実力からすると，実は，1ドルが360円では，**円が安すぎ**だったんです。1ドルが例えば200円ぐらいで妥当だったところでした。

とはいえ，固定相場制が廃止され，為替レート相場を自由に市場に任せる変動相場制にしちゃうと，1ドル360円が，仮に300円になったって大ショックですよ。エライことになっちゃいます。

急激な経済成長を遂げている，例えば**日本**や**西ドイツ**といった，アメリカ以外の国の経済は，日本の**円**や西ドイツの**マルク**を自由な為替相場に任せてしまうと，一挙に崩壊してしまう。

❖ スミソニアン協定

あわてた各国は，ニューヨークのスミソニアン博物館に集まり，ここの一室にあった外交を扱う部署で，ドル＝ショックによる被害を，できうるかぎり抑えるために協定を結びました。

> **Q** ドル＝ショック後に，ドルを切り下げ，各国通貨の平価調整と固定相場の復活を図った協定の名は？　　　　——スミソニアン協定

アメリカもこれに同意し，強すぎる西ドイツマルクと円を切り上げることになりました。では，

> **Q** スミソニアン協定によって，円とドルの交換比率は，1ドル何円と定められたか？　　　　　　　——（1ドル＝）308円

とりあえず**固定相場制はそのまま続行**され，ギリギリの交渉の末，決まった1ドル**308円**は**スミソニアンレート**と呼ばれました。これはもう必須の数値ですから，絶対に覚えてね。

❖ 円の変動相場制移行(1973年)

今から顧みれば，そのときは，急激な円高によって日本の貿易が減退し，日本が倒れてしまうんじゃないかという恐怖感があったので，頑張って308円で妥協したんですが，さっきもいったとおり，本当は200円とか250円ぐらいが適切でした。

つまり，この**スミソニアンレートは実際の経済を反映していなかった**んです。現実には，だれも1ドル308円の交換に応じなかったんです。もっと円が高かった。

スミソニアンレートは各国経済の実態，国際貿易の実態とは乖離しているものであったために，かえって取引がスムーズに行えないという結果になってしまったんです。

1973年，ついに日本政府は，今後はもう**変動相場制**でいきましょうと決意します。**円高になることを覚悟のうえで，変動相場制移行を表明**しました。

もちろん他国も同じような政策を取りますので，ここに，いわゆる**ブレトン゠ウッズ体制**と呼ばれた，**戦後アメリカの金本位制を基軸とする固定相場制のルール**が，消滅しました。

そして，ここから，**今日につながる国際市場の大きな原則が始まった**ことになります。

❖ 円高不況に陥るプラザ合意

変動相場制移行後も，日本の**貿易黒字**，特に**対米貿易黒字**がどんどん増えていき，1985年，日・米・英・独・仏の**G5**（5ヵ国財務相会議）の通貨調整会議が開かれ，有名な**プラザ合意**が生まれました。

強制的ではなかったんですが，皆で協力してアメリカの貿易赤字を減らそうと，各国が為替に介入して**ドル高・円安から円高の状態へ**向かわせる契機になったのが，1985年の**プラザ合意**でした。その結果，**円**

高不況に陥ります。

主要通貨対米ドル変動率

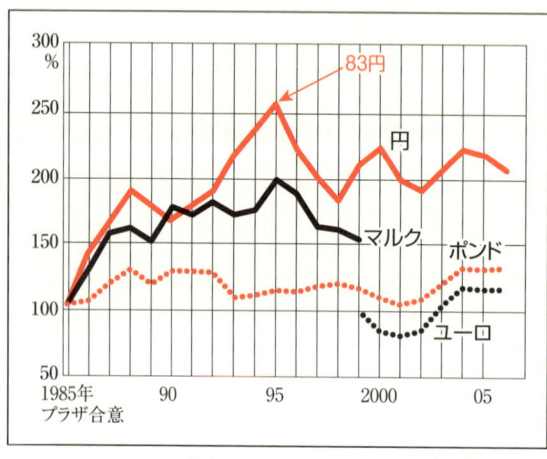

基本的な年次をしっかり
覚えておくこと。
1985年のプラザ合意から
の推移をしっかりグラフ
で確かめておこう。

（ユーロは1999年相場,『近現代日本経済史要覧』より）

　この**円高問題**のせいで，長期の経済成長が鈍化し，低経済成長時代に
陥って今日に至っており，アメリカの経済もそうですが，日本経済も大
きな岐路に立っているという状況です。

　以上，特に為替の変動と財政事情の変化とのからみが，近現代の金融
制度史のメインの流れということになります。

第12回 政治史/古代

古代（A.D.57 ～ 969）

A.D.57	倭奴国王，後漢に朝貢
239	**卑弥呼**，魏に遣使
478	**倭王武**，宋に朝貢，安東大将軍の称号を得る
527	筑紫国造磐井の乱
593	**厩戸王**，摂政
603	冠位十二階
604	憲法十七条
607	遣隋使・小野妹子
630	第1回遣唐使・犬上御田鍬
645	乙巳の変…**中大兄皇子・中臣鎌足**ら**蘇我蝦夷・入鹿**を滅ぼす
646	改新の詔
672	壬申の乱…大海人皇子が大友皇子を滅ぼす
729	長屋王の変
740	藤原広嗣の乱
757	橘奈良麻呂の変
764	恵美押勝の乱
770	称徳天皇没…道鏡左遷（下野薬師寺）・**藤原百川**らが光仁天皇擁立
785	藤原種継暗殺事件
810	平城太上天皇の変（薬子の変）・**藤原冬嗣**蔵人頭
842	承和の変
866	応天門の変
887 ～ 88	阿衡の紛議
901	昌泰の変
935 ～ 41	承平・天慶の乱（朱雀朝）
969	安和の変

　最後に，一挙に，政治史を復習。内容は『日本史Ｂ講義の実況中継〈第①～④巻〉』で詳しく学習済み。ここでは，基本をまとめましょう。不得意な時期があったら第①巻から第④巻の該当する部分を，もう一度，読んでください。

❖ 紀元前後〜3世紀

では，政治史，最初のパートは**ヤマト政権の成立**までということになります。といっても，最初のころは史料があまりありません。

『**漢書**』地理志に，紀元前後の日本（＝倭）には小さな 100 余りの国があったということが書かれています。

そしてやがて，約 30 か国の小国家連合を率いた**邪馬台国**の女王**卑弥呼**が現れた。これが 3 世紀です。

このあたり，年号では紀元 **57** 年の倭の奴国王の後漢への**遣使**。それから，卑弥呼が難升米を**帯方郡**に派遣したという，**239** 年の魏の皇帝への**遣使**が大きな出来事です。

ここは語呂合わせでいきましょう。

ゴロで
覚える！

57 年，奴国王，後漢に遣使…
　　　「『後（ご）漢書』に奴（な）国の遣使」
　　　　　　5　　　　　　　7

239 年，卑弥呼，魏に遣使…
　　　「卑弥呼に文（ふみ）来（く）る」
　　　　　　　　　　23　　9

卑弥呼の死後，しばらく混乱がありましたが，

Q 卑弥呼の後継者で，「倭の女王」だろうといわれている女王の名は？

―**壱与（台与）**

壱与も遣使を行っています。

❖ 4世紀——高句麗好太王碑文

続く4世紀は「謎の4世紀」と呼ばれ，史料がスコーンと抜けています。4世紀のしっかりした史料としては，ほぼ高句麗好太王碑文しかないということになる。

しかしこれは重要なもので，倭の軍隊が盛んに朝鮮半島で戦争を繰り返していたということがわかる貴重な史料です。

❖ 5世紀——倭の五王

5世紀になると，中国の正史からふたたび文字史料で日本の歴史がわかるようになります。『宋書』倭国伝に，いわゆる「倭の五王」が登場します。

倭の五王……讃・珍・済・興・武

ここは，すぐに系図が頭の中に浮かぶようにしてください。

倭の五王

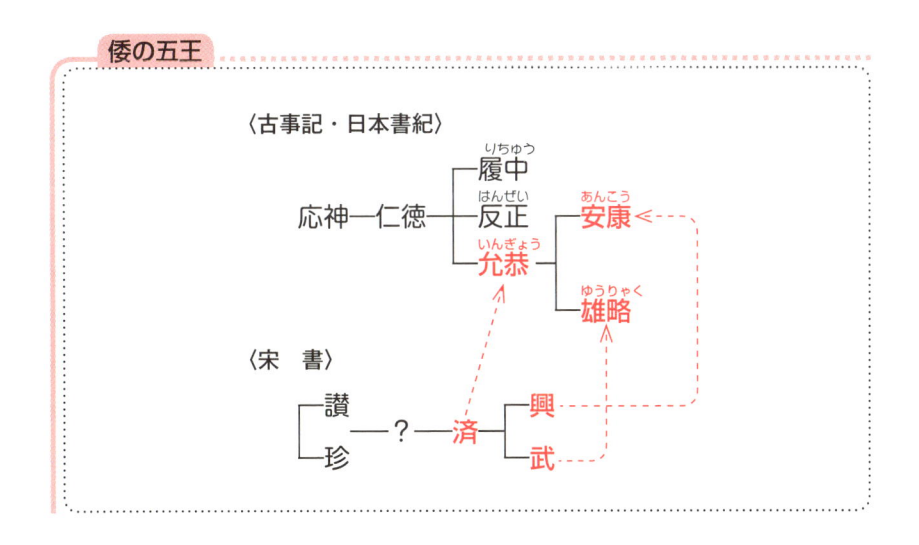

478年の「**倭王武の上 表 文**」——これが入試によく出るもので，倭王武が，宋の順帝に朝貢の使を遣わした際の手紙です。この中では，いかにヤマト政権の国家統一が大変であったかが述べられています。

　そして武は，「**使持節都督倭・百済・新羅・任那・加羅・秦韓・慕韓七国諸軍事・安東大 将 軍・倭国王**」と自称したことも忘れない。100回ぐらい繰り返していうとだいたい覚えられます。

論述対策

> **Q** 5世紀の倭王権は中国の王朝に次々と使者を派遣したが，その主要な目的は何か。50字以内で説明しなさい。(聖心女子大)
>
> **A** 朝貢して，朝鮮半島南部での軍事指揮権を含む称号を得，高句麗などに対抗し倭の王権の権益を確保するため。(50字)
>
> > 「主要」な「目的」と限定されていることに留意し，「50字」以内に収まるようにする。
> > ① 南朝に朝貢し，冊封体制のもとで，支配の正当性を確保する。
> > ② 朝鮮半島南部の軍事的，領域的な支配権を象徴する称号を授与される。
> > ③ (鉄資源や先進技術をもたらす)朝鮮半島南部の利権を確保する。
> > このあたりを簡潔な表現でまとめること。

❖ 6世紀——蘇我氏の台頭

　倭王武の時代，いわゆる**雄 略 朝**ということになりますが，この応神天皇に始まる大王，天皇の系譜は，後の武烈天皇で絶えてしまい，天皇の系統が大きく変わります。これが，**大 伴 金村**たちが擁立した**継体天皇**です。6世紀初頭のこと。

　金村は**任那四県割 譲**事件で失脚してしまい，やがて**欽明天皇**が即位します。大伴金村失脚後，**大伴から物部へと，大連**の系統が交代していく。

　欽明天皇といえば，これは文化史になりますが，いわゆる**仏教公伝**という日本史にとって大きな出来事がありました。

Q 仏教を受容した大臣の蘇我稲目に対抗して仏教排斥を主張した大連は？

——**物部尾輿**

やがて**蘇我馬子**によって**物部守屋**が滅ぼされ，馬子と**厩戸王（聖徳太子）**による**推古朝**が始まります。6世紀末，崇峻天皇が殺され，あわててみんなで豊御食炊屋姫，**推古天皇**を擁立した。

▶磐井の乱

あと，6世紀には日本史で最初の大きな事件が起こっています。**527年，筑紫国造磐井の乱**ですね。ヤマト政権軍が朝鮮半島に兵を進めようと思ったら，九州で逆に止められてしまった。新羅と手を結んだ国造磐井の反乱です。これは**物部麁鹿火**らによって鎮圧されました。

Q **石人・石馬**が並べられた前方後円墳で，磐井の墓とされる古墳の名は？

——**岩戸山古墳**

❖ 7世紀——乙巳の変

推古朝において，内政では，**603年**の**冠位十二階**や**604年**の**憲法十七条**により，ひとことでいえば**天皇を中心とする強い組織立った国家**を目指していきます。

▶遣隋使・遣唐使

一方，外交ですが，**589年**には**隋**が中国を統一しています。日本は600年に最初の**遣隋使**を派遣しますが，これは『隋書』にのみ記述があり，日本側の史書にはありません。

続く607年，遣隋使として派遣されたのが，有名な**小野妹子**です。このとき，妹子とともに中国に渡った留学生・学問僧たちに，**南淵請安**や**高向玄理**，**僧旻**などがいます。

その後，隋は618年に滅び，**唐**が興りました。では，

やがて，南淵請安や高向玄理，僧旻らが，隋や唐の発達した国家機構などを学んで帰ってきます。これが乙巳の変の背景，クーデターにつながっていくんです。

▶乙巳の変

厩戸王（聖徳太子）が亡くなったあと，蘇我氏が完全に権力を独占していて，厩戸王の長男であった山背大兄王を蘇我入鹿が殺害する事態にまで至っていました。

これに対して，中国の制度や軍事組織などの情報を留学生・学問僧から得て，王族中心の中央集権国家を目指していた中大兄皇子たちは，645年，乙巳の変と呼ばれるクーデターに踏み切り，蘇我蝦夷・入鹿を滅ぼします。

このあたりは次ページの系図で天皇の交代，それから推古天皇を中心とする人間関係をしっかり確認しておきましょう。

❖ 壬申の乱

「大化改新」というのは，孝徳天皇のときの政治をいいますが，やがて中大兄皇子，のちの天智天皇が亡くなると，今度は大きな政変が起こり，これが戦争になってしまいます。672年，壬申の乱です。

天智天皇の弟の大海人皇子が，天智の息子，大友皇子の軍隊を破り，翌年，飛鳥浄御原宮で即位して天武天皇になります。

天武天皇と，その皇后であった持統天皇の時代は，大きくいえば，日本が一挙に中央集権的な律令国家体制に転換していく時期であったといえます。

天皇と蘇我氏

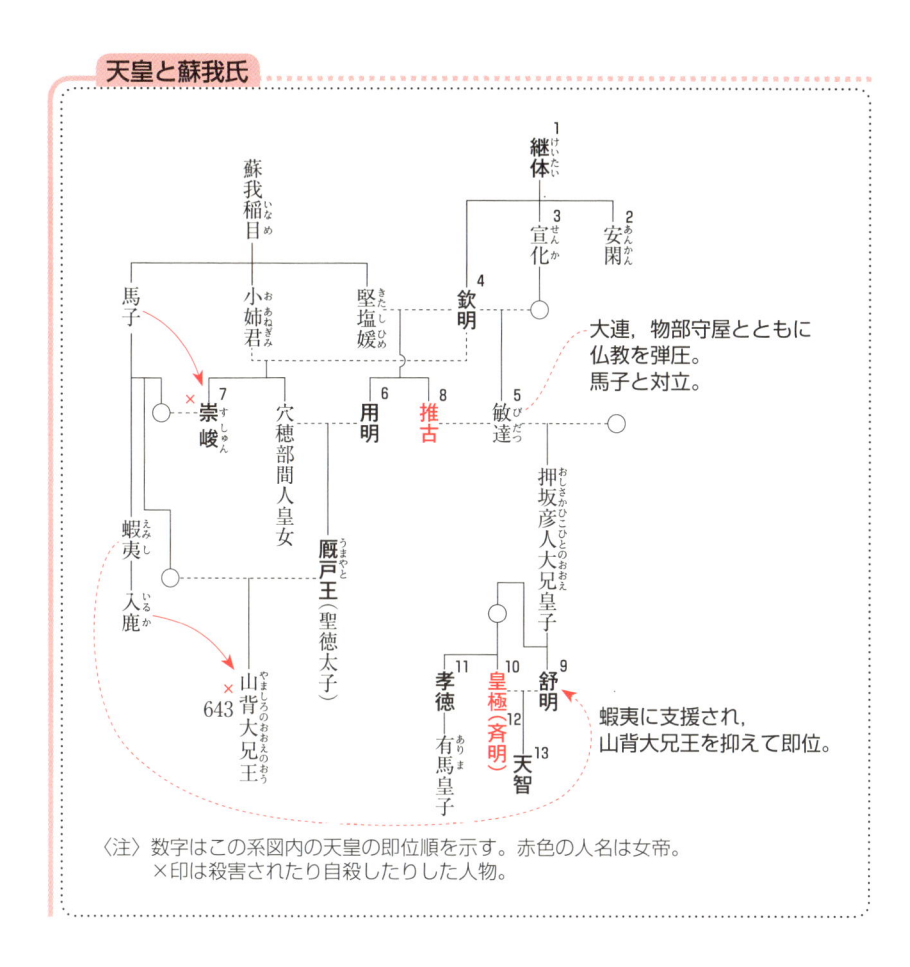

大連，物部守屋とともに
仏教を弾圧。
馬子と対立。

蝦夷に支援され，
山背大兄王を抑えて即位。

〈注〉数字はこの系図内の天皇の即位順を示す。赤色の人名は女帝。
　　　×印は殺害されたり自殺したりした人物。

2 奈良時代

❖ 8世紀──律令体制成立

8世紀初頭に**大宝律令**が完成し，**710年**には**平城京**が成立するといったように，8世紀の初めに，中身の充実とまではなかなかいかなかったでしょうが，形式的には中央集権的な律令国家が成立しました。

▶長屋王

その中で一番力を発揮したのが，藤原鎌足の子，**藤原不比等**でしたが，不比等が死ぬと，政局が動揺していきます。このとき，権勢を振るったのが，天武天皇の孫である**長屋王**でした。

長屋王に対して，藤原四子──**武智麻呂**，**房前**，**宇合**，**麻呂**は，兄妹の**光明子**を聖武天皇の皇后にしようという目的で長屋王の一族を滅ぼします。これが**729年**，**長屋王の変**でした。

▶橘諸兄

ところが，この武智麻呂ら四子たちは737年，おそらく**天然痘**だろうといわれている伝染病で，次々に死んでしまうんです。なんと，1年のうちに重要人物4人が次々に死んでしまった。

そのとき生き残ったトップの人物が，光明皇后の異父兄にあたる**橘諸兄**でした。これを**諸兄政権**といいます。

> **Q** 唐から帰国して橘諸兄政権に参画，活躍した2人の**留学生**をあげなさい。
> ──**玄昉・吉備真備**

これに焦った**藤原広嗣**が740年，九州で大反乱を起こしますが，鎮圧されます（**藤原広嗣の乱**）。動揺した**聖武天皇**は，このころから**恭仁京**，**難波宮**，**紫香楽宮**というように都を転々と移しました。結局，**745年**に**元の平城京に戻る**んですが，いよいよ**奈良時代最も動揺する時期**がやってきます。

▶藤原仲麻呂

やがて諸兄に代わって，武智麻呂の子，**藤原仲麻呂**が台頭してくる。仲麻呂を倒そうと諸兄の子の**橘奈良麻呂**が反乱を起こしますが（**橘奈良麻呂の変**），逆に滅ぼされ，**仲麻呂政権が確立**します。そして仲麻呂は，自分のいいなりになる天皇を立てます。

> **Q** **舎人親王**の子で，藤原仲麻呂によって擁立された天皇は？
> ——**淳仁天皇**

　藤原仲麻呂は，天皇から**恵美押勝**という名前を賜ったり，律令の官職名を唐風に改称させるなど，思い切ったというか，今から見ればかなり異常とも思える中国風，**儒教**風の政治を試みました。

　ところが後ろ盾であった，叔母にあたる**光明皇太后**が亡くなって以降，仲麻呂を支える権力が失われた結果，孤立し，やがて反乱者となって滅ぼされてしまいました。これが**恵美押勝の乱**，**764年**です。

　これで淳仁天皇は廃され，権力を確立した光明皇后の子，孝謙上皇が重祚して**称徳天皇**となり，**道鏡**政権が誕生することになります。

▶道鏡

　儒教に偏った仲麻呂に対して，道鏡を寵愛した称徳天皇は仏教に偏った政治を行い，やがて坊さんに支配を委ねるような政治になってしまいます。俗にいう**道鏡政権**です。

　道鏡は**太政大臣禅師**とか**法王**という称号を与えられてトップに立つことになったんですが，769年，「道鏡を天皇にせよ」という九州の宇佐八幡宮の神のお告げがあったという事件が起こります（**宇佐八幡宮神託事件・道鏡皇位事件**）。

　こうした策動は**和気清麻呂**たちの活躍によって阻止され，翌770年には称徳天皇も亡くなりました。僧侶であった道鏡は殺せないということで，追放されます。

Q 宇佐八幡宮神託事件で，道鏡はどこに追放されたか？

——下野薬師寺

ここで，ちょっと異常だった仏教政治は断ち切られました。

そして，これまで奈良時代の男の天皇は天武天皇の系統だったんですが，思い切って天智天皇の系統に変えようということになり，**藤原百川**たちが天智の孫の光仁天皇を擁立するわけです。これが事実上の**平安時代への転換点**となりました。

天智 — 光仁 — 桓武 ⇒ 平安時代以降の天皇

天武 — ○ — 文武 — 聖武

光仁天皇の子が桓武天皇で**平安遷都**ですね。以後，**平城天皇**，**嵯峨天皇**と，天皇はみんな桓武天皇の子孫です。ということは，聖武天皇の娘は孝謙（称徳）天皇となりますが，男性の天皇は現れません。**聖武系は断絶し，光仁・桓武系に皇位が伝わっていく**わけです。

3 平安時代

❖ 桓武天皇

光仁天皇の次の天皇は桓武天皇です。桓武の側近であった**藤原種継**が，**長岡京**の造宮を行っている最中に殺されるという事件が起こります。

桓武はこの事件を利用して，首謀者とされた，弟で皇太子の**早良親王**を廃太子にし，自分の息子の安殿親皇（後の**平城天皇**）を皇太子にします。

そして，長岡京はあきらめて，さらに北東へ，現在の京都へ，すなわち**平安京**に遷都。大規模な都城の建設に取りかかります。一方で，**蝦夷征討事業**も続けていきます。蝦夷征討と新京の建設を「**軍事と造作**」と呼びます。この二大事業に桓武は全力を注いだわけです。

平安初期天皇家系図

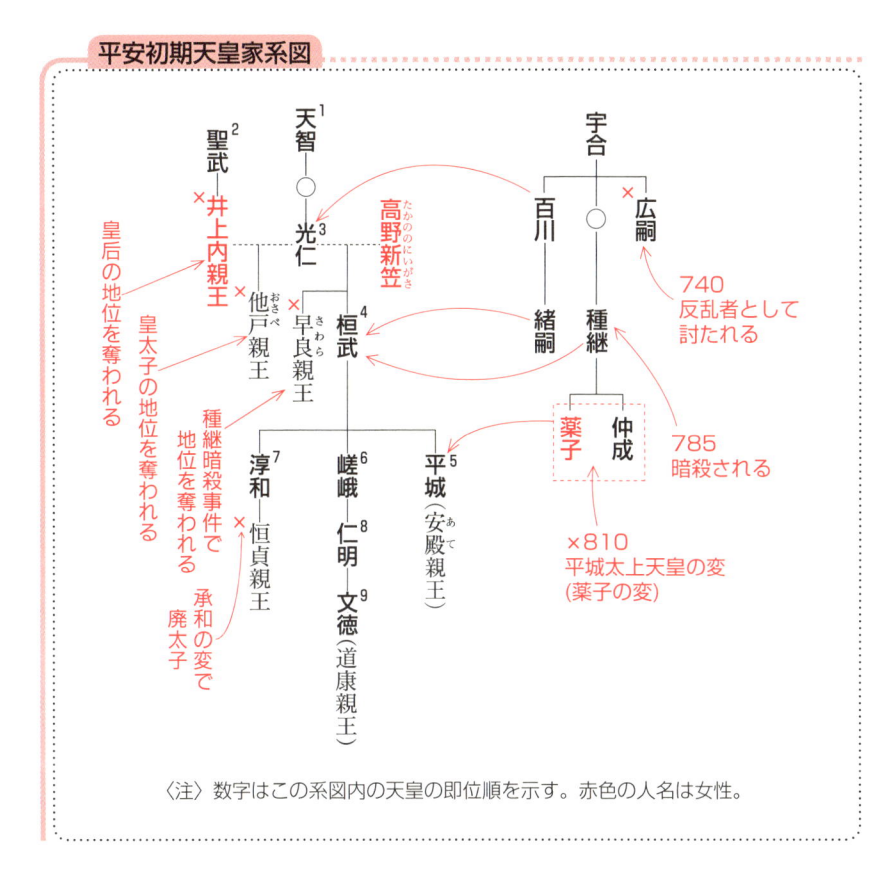

〈注〉数字はこの系図内の天皇の即位順を示す。赤色の人名は女性。

論述対策

Q 次の史料は『日本後紀』延暦24年（805年）12月7日条の一部である。この時期の「軍事と造作」の具体的内容について，100字以内で説明せよ。

（新潟大）

　　勅あり。藤原緒嗣と菅野真道と，天下の徳政を相論せしむ。時に緒嗣，議して云く，まさに今，天下の苦しむところは軍事と造作なり。この両事

を停むれば，百姓安んぜん。真道異議を確執し，あへて聴かず。帝，緒嗣の議を善しとし，すなわち停廃に従えり。

(注)確執とは，強情をはりあうこと。

Ａ 軍事とは，東北地方の鎮定と支配領域拡大を目指す「蝦夷征討」とよばれる軍事活動。造作とは，平安京造営のための大規模な土木事業。ともに民衆に過重な負担を強いたため，桓武は緒嗣の意見をいれ，これを停止した。

(100字)

> 私大の短答式ならば，「蝦夷征討事業と平安京造営事業」と答えさせるところ。その「内容」を100字以内でという指示なのでいろいろ書きたくなるところ。光仁朝以来の蝦夷の反乱，天智系の新王朝にふさわしい新しい都城の建設といった条件を指摘することも可能でしょう。ここでは，史料を提示されているので，桓武が藤原緒嗣の意見に従って事業の継続を断念したことを指摘することとしました。指示は明確ではないので，「蝦夷征討事業と平安京造営事業」が書かれていればＯＫです。

❖ 平城太上天皇の変（薬子の変）

平城天皇は即位したのち，急に病気になってしまい，短い期間で弟の**嵯峨天皇**に譲位せざるを得なくなります。ところが平城太上天皇（上皇），譲位してしばらくしたら，病気が治って元気になっちゃったんです。

この当時は天皇を２回やることは，なんら差し支えがないと考えられていましたので，**平城太上天皇**はもう一度天皇になろうと，すなわち**重祚**を狙うわけなんです。

平城上皇には，**藤原仲成**と**薬子**という側近がいて，上皇の重祚を実現しようと企てます。しかし，これは結局，失敗に終わりました。**平城太上天皇の変（薬子の変）**と呼ばれる事件でした。

このとき，嵯峨天皇を支え，その天皇の位を守ったのが，**蔵人頭**に登用された**藤原冬嗣**でした。やがてこの冬嗣の系統の**藤原北家**が摂関家に成長していき，政権をずっと長く維持することになっていくわけです。

藤原北家と天皇の関係(1)

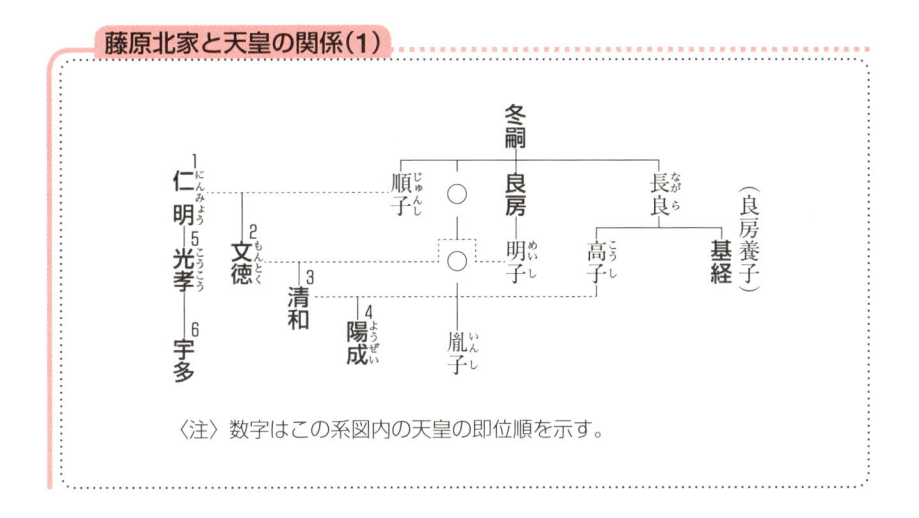

〈注〉数字はこの系図内の天皇の即位順を示す。

　ここからは摂関家の系図を中心に，藤原氏の系図をしっかり頭に叩き込んでおかないと，話がスムーズに展開しなくなります。ここはちょっと踏ん張りどころですよ。

❖「摂政」と「関白」

▶藤原良房(摂政)

　まず**藤原良房**。彼は**承和の変**という政変を仕組んで，ときの仁明天皇の皇太子である恒貞親王を廃太子にし，良房の妹順子の子，道康親王を立太子することに成功します。これが**文徳天皇**になるわけです。仁明天皇の皇太子は恒貞親王だった。その恒貞親王から皇太子の地位を奪い，道康立太子ですよ。

> **Q** 842年，良房の陰謀とされる<u>承和の変</u>で失脚させられた，恒貞親王派の人物を2人あげなさい。
> ——**伴健岑**・**橘逸勢**

　こうして850年に文徳天皇が即位し，良房は857年，**太政大臣**に就任します。皇族以外の一般の臣下で太政大臣，あるいはそれに相当する位

に就いたのは良房が最初だといわれています。

　続いて文徳天皇の子，**清和天皇**が即位しますが，清和天皇は日本で初めての子供の天皇，「**幼帝**」と呼ばれ，子供では天皇の仕事が務まらないので，事実上，良房がお祖父さんとして政権を掌握しました。

　これを「**事実上の摂政**」と表現しますが，やがて良房は 866 年の**応天門の変**を契機に，**伴善男**や**紀豊城**らを失脚に追い込み，このとき，「**正式に摂政**」となります。

858 年	清和天皇	➡	藤原良房…（事実上の）摂政
866 年	（応天門の変）	➡	〃 …（正式に）摂政
			「人臣摂政の始め」

▶藤原基経（関白）

　次の**陽成天皇**は清和天皇の子でしたが，コントロールがなかなか難しく，ちょっと厄介な天皇だったので，策謀を働かせて廃位に追い込み，**光孝天皇**を立てました。これをやったのが，良房の養子となってあとを継いだ**藤原基経**です。

　光孝天皇は子供ではなく，50 過ぎの成人です。成人の天皇から政治の運営を委託され，のちの「**関白**」に相当する権能を与えられたので，「**事実上の関白**」就任ということになります。

　続く，**宇多天皇**の**阿衡の紛議**で，基経はその権力をさらに強化します。

　宇多天皇即位に際して，天皇の政治を基経に委託するという**詔**の文章中の，「阿衡」という言葉の解釈をめぐって，基経が政務を投げ出したため，朝廷の機能がストップしてしまうという事件でした。

　結局，宇多天皇は基経と妥協せざるをえなくなり，基経はのちの摂関政治のような権力を確立したんです。

884 年	光孝天皇	➡	藤原基経…(事実上の)関白
887 〜 888 年	宇多天皇	➡	〃　…阿衡の紛議
			➡関白(確立)

❖ 菅原道真

さて，目の上のコブだった基経が死ぬと，宇多天皇は摂関にあたるような地位をだれにも与えず，学者として有能な菅原道真を蔵人頭に就任させて政治にあたります。

Q 宇多天皇による「親政」を理想視してつけられた呼称は？

――寛平の治

親政というのは，摂関を置かず，天皇自ら政治を行うことでしたね。

やがて 10 世紀に入ると，宇多天皇に続いて醍醐天皇になりますが，醍醐天皇のもとでも，菅原道真を筆頭とする有能な連中が天皇の周囲を固めていましたので，藤原氏にしてみれば，まず邪魔な菅原道真を排斥しなければいけない。

ときの左大臣藤原時平は，菅原道真を「大宰権帥」という名目で大宰府に追いやり，事実上の流罪にすることに成功します。これが昌泰の変と呼ばれる政変でした。

❖ 延喜・天暦の治と朱雀朝

醍醐天皇はしかし，藤原時平を摂関には起用せず，いわゆる「延喜の治」と呼ばれる天皇親政をそのまま続けていきました。

「寛平」（宇多）・「延喜」（醍醐）と親政が続きますが，次の朱雀天皇のときに，再び摂関が復活。このとき，承平・天慶の乱が起こっているんですよね。しかし，そのあとの村上天皇がまた摂関を置かず，「天暦

213

の治」と呼ばれる天皇親政を行いますので，朱雀朝の時期を除いて，「延喜・天暦の治」と呼ばれる**天皇親政の時代が 10 世紀前半にあったのだ**ということです。

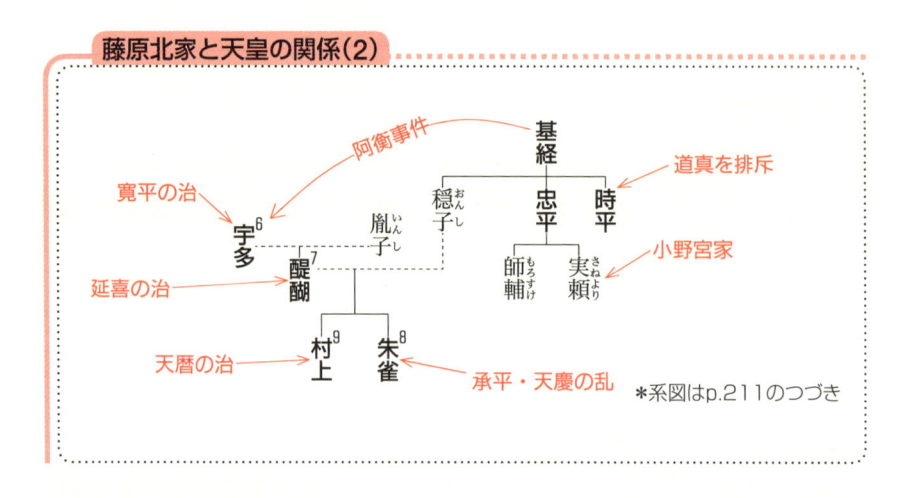

藤原北家と天皇の関係（2）

- 阿衡事件
- 寛平の治
- 延喜の治
- 天暦の治
- 道真を排斥
- 小野宮家
- 承平・天慶の乱

基経
穏子・忠平・時平
師輔・実頼
宇多⑥・胤子・醍醐⑦
村上⑨・朱雀⑧

*系図はp.211のつづき

❖ 摂関政治の確立

▶安和の変

じゃあ，摂関政治はいつ確立したかというと，**969 年**の**安和の変**のあとです。藤原氏は策謀をめぐらせて，醍醐天皇の息子で左大臣だった**源　高明**を失脚に追い込みます。

醍醐天皇の実の息子で，しかも有能で，摂関家とも仲良くやっていた源高明でも排斥されてしまうんだということで，もうだれも摂関家に対抗することが不可能だということがわかり，結果的に**以後，摂関が常に置かれる**ことになったわけです。

▶摂関家の内部対立

となると今度は，**藤原氏のだれが摂関になるのか**という摂関家の内紛が起こってきます。**兼通**対**兼家**の兄弟，**道長**対**伊周**の叔父・甥の対立。ここは道長と後継者の**頼通**を含む系図をしっかり見て，摂関家の中の争

いを正確に理解しましょう。

▶藤原道長

特に子供に恵まれ，幸運も重なって最高の地位を得たのが藤原道長でした。当時の天皇にはたくさんの夫人がいるわけですが，娘の彰子を一条天皇の中宮にすることに成功したうえ，道長の兄であった道隆の娘の定子が一条天皇の皇后ということになった。自分の身内の娘2人を天皇の皇后と中宮の両方につけたわけです。

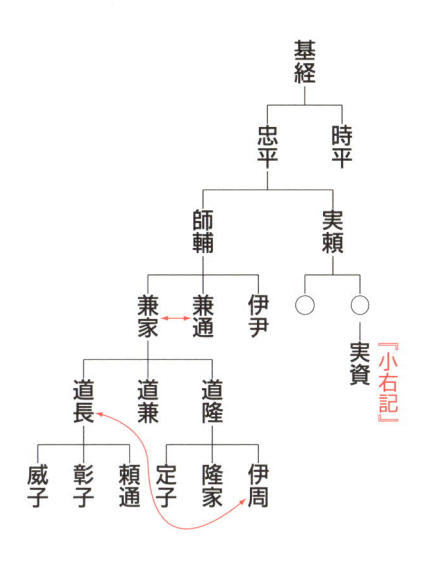

定子と彰子。ここはもう100パーセント，センターレベルですよ。おのおのに仕えた女房もちゃんと覚えてね。紫式部と清少納言。

Q 中宮彰子に仕えたのはどっち？　　　　——紫式部

Q 皇后定子に仕えたのはどっち？　　　　——清少納言

紫式部が書いた『源氏物語』や，清少納言の『枕草子』など，文化史にも配慮しておいてください。

そして，このあたりの焦点になる年号が，**1016年**です。後一条天皇が即位し，道長は摂政になりますが，翌年の1017年にはその地位を息子の頼通に譲ります。しかし「氏長者」として権力を握り続け，自らは太政大臣になった。道長は「御堂関

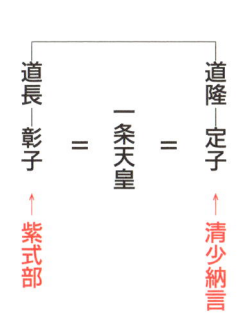

215

白」と呼ばれましたが、「関白」にはなっていません。摂政・太政大臣ですよ。

1018年、娘の威子が中宮となったときの祝宴で「望月の歌」を詠んだ。ところが、「望月の歌」を詠んで絶頂を誇った翌年、1019年には刀伊の入寇が起こっていることを忘れないように。

1016	道長・摂政（後一条天皇）
1017	頼通・摂政（後一条天皇）　道長・太政大臣
1018	（道長娘）威子立后　道長、「望月の歌」を詠む
1019	刀伊の入寇

このあたり、しっかり年表で確認しておくこと。

第13回 政治史/中世

武士の台頭

935〜41	平将門の乱　常陸・下野・上野の国府を制圧，「新皇」 藤原純友の乱　伊予掾，瀬戸内海沿岸諸国を制圧
1028〜31	平忠常の乱
1051〜62	前九年合戦　源頼義が安倍頼時・貞任を討つ
1083〜87	後三年合戦　源義家・藤原清衡が家衡らを討つ
1108	源義親の乱（出雲の乱）
1156	保元の乱
1159	平治の乱

　何度やっても清和源氏はややこしい。ともかく，繰り返し，声に出して覚えてしまうこと。

```
                                        平正盛    忠盛    清盛
                                         ↓
源経基    満仲    頼信    頼義    義家   ×義親    為義    義朝
  ↓       ↓      ↓      ↓      ↓
藤原純友  源高明  平忠常  安倍頼時  清原氏の内紛
```

　清和天皇の孫にあたる**源経基**は**藤原純友の乱**で活躍。清和源氏の祖となる人物です。以下，安和の変で摂関家に貢献した**満仲**，**頼信**は**平忠常の乱**を平定。**頼義**は**前九年合戦**で安倍頼時・貞任を討ち，**義家**が**後三年合戦**で清原氏の内紛に介入。ところが，**義親**は**出雲で反乱**を起こし平正盛に討たれる。そして，やっと**保元・平治の乱**ですよ。

　ともかく，「義」や「頼」が繰り返し出てくるので，最初の段階で，「経基－満仲」を，「ケイキ・マンチュウ」「ケイキ・マンチュウ」。続いて「頼」「頼」は「信」「義」で頼信，頼義。そして，頼義－義家の父子，と確実に覚えてしまう。そのあたりから暗記してしまうことです。

鎌倉幕府

1180〜85	**治承・寿永の乱**　以仁王・源頼政の挙兵〜平氏滅亡
1189	**奥州合戦**　奥州藤原氏滅亡
1200	**梶原景時の乱**
1203	**比企能員の乱**　北条時政が比企氏を排斥
1205	**畠山重忠の乱**・**平賀朝雅の乱**　北条時政失脚
1213	**和田義盛の乱**　北条義時侍所別当
1219	**源実朝暗殺**
1221	**承久の乱**　後鳥羽上皇は北条義時打倒に失敗
1247	**宝治合戦（三浦泰村の乱）**
1285	**霜月騒動**　安達泰盛一族滅亡
1293	**平頼綱の乱（平禅門の乱）**　北条貞時が内管領を討滅
1324	**正中の変**　後醍醐天皇の討幕計画失敗
1331	**元弘の変**　後醍醐天皇の挙兵，失敗
1333	**鎌倉幕府滅亡**→後醍醐「建武の新政」

　平清盛が後白河院を幽閉した**治承３年のクーデター**に対し，清盛打倒を呼びかけた**以仁王の令旨**に応じて各地の源氏が挙兵。**治承・寿永の乱**が勃発します。頼朝がこれに勝利し，さらに，奥州合戦で奥州藤原氏を討滅。征夷大将軍の称号を与えられ**鎌倉幕府が確立**しますが，三代実朝が暗殺されて源氏の将軍は絶えてしまいます。

　すると，摂関家から将軍を迎えて執権北条氏が実権を握り，後鳥羽院による北条氏の打倒を目指す挙兵，**承久の乱**に圧勝して「**執権政治**」が確立します。その後，**元寇**を経て，北条氏の本家にあたる得宗家の権力が確立し，「**得宗専制**」と呼ばれる体制が形成されます。

室町幕府

1335	中先代の乱　最後の得宗高時の子，北条時行の反乱
1336	建武式目，南北朝分立
1338	足利尊氏征夷大将軍
1350〜52	観応の擾乱　足利直義が高師直を討つ，尊氏が直義を殺す
1390	土岐康行の乱（美濃の乱）
1391	明徳の乱　山名氏清敗死
1392	南北朝合体
1399	応永の乱　大内義弘敗死
1416	上杉禅秀の乱　前関東管領の反乱
1438	永享の乱　鎌倉公方足利持氏，幕府軍に敗れる
1440	結城合戦　結城氏朝の反乱
1441	嘉吉の乱　赤松満祐が将軍義教を謀殺，幕府軍により滅亡
1454〜82	享徳の乱　古河公方と関東管領の争いが長期化
1467〜77	応仁・文明の乱（応仁の乱）

　天皇親政を目指す後醍醐天皇の専制的な「**建武の新政**」が短命に終わり，足利尊氏が擁立した持明院統の光明天皇と，吉野に拠点を移した大覚寺統の後醍醐天皇が併存する**南北朝時代**となります。２人の天皇が存在するという，日本史では，例外的な，特殊な時代です。軍事的には足利尊氏が圧倒的に優位とはいえ，悪党などの活躍もあって南朝の抵抗が続きました。これを克服したのが３代将軍**足利義満**ですが，将軍の統制力は４代以降，衰えていきます。

　鎌倉公方と**関東管領**の対立に京都の将軍がからんで幕府支配は弱体化し，有力守護大名が登場します。そして，東国では**享徳の乱**，畿内・西国は**応仁・文明の乱（応仁の乱）**という長い戦乱の時代となります。

1 武士の台頭

❖ 承平・天慶の乱

10世紀初頭，**901年**に**昌泰の変**が起こりました。これはいいですね。

都では**969年**の**安和の変**以降，**摂関常置**となりますが，この2つの事件の間には朱雀朝がありました。

朱雀朝の時代，**935年**，下総の猿島を根拠地としていた**平将門**が，伯父の平国香を殺して反乱を起こした。これが平将門の乱ですね。

ところが，東日本だけではなくて西日本でも，瀬戸内海一帯を中心に藤原純友の乱が起こりました。この承平・天慶の乱とも呼ばれる2つの乱が10世紀に起こっていることを，まず確認しなければいけません。

もちろん，そのおのおのに関係する人名は覚えてもらわないといけませんが，将門が「新皇」と称したのが939年。翌940年に将門は討たれます。一方，

Q 藤原純友の乱を鎮圧した2人の武将をあげなさい。

—— 小野好古・源 経基

❖ 平忠常の乱

続く**11世紀**は藤原道長の絶頂期で，道長の死後，**頼通**へとつながりますが，今度は房総半島一帯が反乱者によって占拠されてしまいました。これが**1028年**の平忠常の乱です。この乱を鎮圧したのが源頼信でした。

❖ 前九年合戦・後三年合戦

▶前九年合戦

1051 年，11 世紀後半に入って起こったのが前九年合戦。翌年は「末法第一年」だという年に起きた合戦で，陸奥の**安倍頼時**の反乱を，**源頼義・義家**父子が出羽の豪族，清原氏の援助を得て討伐しました。

陸奥で起こった反乱を出羽の清原氏の援助を得て討ったというところ，陸奥と出羽を絶対にひっくり返さないように。そして，頼義・義家父子が勝った。ここまでが第 1 段階です。

▶後三年合戦

その清原氏が前九年合戦の後，勢力が大きくなりすぎちゃって，やがて内紛を起こすんです。これに陸奥守として赴任した義家が介入して内紛を制圧しました。これが後三年合戦です。

> **Q** 後三年合戦に際して，源義家と互いに援助し合い，平泉に拠点を置く元清原氏の人物は？　　　　　　　　　　　——**藤原清衡**

義家は，父頼義とともに戦った前九年合戦と，自分が中心となって戦った後三年合戦を勝ち続けたわけで，これで東日本における**源氏の「武家の棟梁」の地位が確立**したといえます。

一方で，清原姓から実父の藤原姓を名乗った**藤原清衡を初代**とする奥州藤原氏の繁栄が訪れることになります。

❖ 源義親の乱

源氏の勢力がそのまま上昇していったかというと，ここで挫折が訪れます。**出雲の乱**とも呼ばれる，**1108 年**の源義親の乱です。義親は義家の子でした。

このとき都から出かけて行って，義親の首を取ったのが平正盛。清盛のお祖父ちゃんです。そこで，正盛から**忠盛**，忠盛から清盛へと伊勢平

氏が台頭してくることになります。ここから，事実上，中世的世界，**武士の世界が始まった**。

　源義親の乱は転換点になる重要な出来事なので，流れをつかむうえでしっかり覚えておきましょう。

❖ 保元の乱

　そして，『**愚管抄**』で**慈円**が述べているように，**保元の乱**が起こり武士の時代が始まります。**1156 年**ですよ。「いい語呂合わせは保元の乱」と覚える。

> **ゴロ**で
> **覚える！**　　1156 年，保元の乱…
> 　　　　　　　　　　「いい語呂合わせは保元の乱」
> 　　　　　　　　　　　1 1 5 6
> 　　　　　　　　1159 年，平治の乱…
> 　　　　　　　　　　「ひっくりかえると平治の乱」
> 　　　　　　　　　　　1 1 5 9

　保元の乱は，簡単にいえば，**鳥羽上皇**の死後の政権をめぐる**崇徳上皇**と**後白河天皇**の兄弟の争いでした。

　しかも厄介なことに，兄で関白だった**藤原忠通**と，性格がきつくて欠点もあるけど有能な人物だった弟で左大臣の**藤原頼長**の摂関家の継承争いもからんでくる。

　天皇家と摂関家，両方が深刻な対立を抱え，おのおのが武士を自分の味方にひきつけるので，最終的に武力で決着をつけるしかなくなってしまった。

　勝ったのは**後白河天皇**側です。摂関家は**藤原忠通**。武士では源為義の長男だった**源義朝**と**平清盛**。基本ですから，保元の乱の勝ち組と負け組は，黒板を見て何度も確認しておいてください。

```
┌─────────────────────────────────────────────────┐
│                    保元の乱                       │
│                                                   │
│            （勝ち）              （負け）          │
│ 〈天皇家〉 後白河天皇（弟）  × 崇徳上皇（兄）▲ → 讃岐 │
│                                                   │
│ 〈摂関家〉 (関白)藤原忠通（兄）× (氏長者)藤原頼長（弟） │
│                                                   │
│ 〈近 臣〉 藤原通憲(信西)                           │
│                                                   │
│ 〈武 士〉 源義朝・平清盛    × 源為義●・為朝▲(伊豆)・平忠正● │
│                          〈注〉●は死亡，▲は配流。 │
└─────────────────────────────────────────────────┘
```

❖ 平治の乱

　そうすると今度は，勝ち組の武士の中でナンバーワンはだれかということになる。**院の近臣**もナンバーワンはだれか。ナンバーツーになってしまうのは嫌だということで，まず院の近臣，**藤原通憲**（**藤原信西**，**信西入道**）が清盛と結んだ。

　これに対抗して義朝は，同じく院の近臣の**藤原信頼**を味方につけて挙兵し，通憲を自殺に追い込みますが，都を離れていた清盛がすぐに帰ってきて義朝や信頼を滅ぼします。これが平治の乱で，こうして**清盛が政権の中枢に躍り出る**ことになったわけです。

```
┌─────────────────────────────────────────────────┐
│                    平治の乱                       │
│                                                   │
│            （勝ち）              （負け）          │
│   〈近 臣〉 藤原通憲(信西)●  × 藤原信頼●           │
│                                                   │
│   〈武 士〉 平清盛          × 源義朝●             │
└─────────────────────────────────────────────────┘
```

❖ 平清盛

〈院　政〉	白河	鳥羽	後白河
〈伊勢平氏〉	平正盛	忠盛	清盛
	↓	北面の武士	太政大臣
	●源義親	瀬戸内海の海賊追捕	

　平清盛は 1167 年には**太政大臣**となり，娘徳子を高倉天皇の中宮とすることに成功します。また，**日宋貿易**を推進したほか，西国の武士を組織していき，知行国を次々と手に入れて経済基盤をかため，全盛時代を現出します。

　1177 年に鹿ヶ谷事件が起き，後白河院との対立が激化すると，1179（治承 3）年 11 月には後白河の院政を停止して独裁的な権力を確立しました。いわゆる「**治承 3 年のクーデター**」です。

　これに対して，後白河の子，**以仁王**が，**源頼政**とともに平氏打倒を呼びかけ挙兵しますが，失敗に終わります。しかし，**以仁王の令旨**をうけた**源頼朝**らが蜂起し，治承・寿永の争乱期に突入。清盛は，福原遷都，南都焼打ちなどで反乱に対処しますが効果はなく，1181 年，熱病で死んでしまいました。

2　鎌倉幕府

❖ 治承・寿永の乱

　1179 年，治承 3 年，後白河法皇を幽閉して院政を停止させた平清盛は，外孫にあたる**安徳天皇**を即位させますが，後白河の息子の以仁王が，「清盛を討て」という命令——いわゆる**以仁王の令旨**を出した。以仁王自身

は敗死してしまったのですが，令旨に応じた**源頼朝**や**木曽義仲**（き そ よしなか）らが挙兵し，こうして，治承4年，**1180年**，**治承・寿永の乱**が始まりました。

治承・寿永の乱・奥州合戦

*ここは，小野篁や後鳥羽上皇，後醍醐天皇が流された隠岐

佐渡島

〈1180年〉　「山木討ち」（伊豆）…頼朝の挙兵
　　　　　　①石橋山の戦い…頼朝敗北
　　　　　　②富士川の戦い…平家軍を破る
〈1183年〉　③砺波山（倶利伽羅峠）の戦い…源（木曽）義仲が平家軍を破る
〈1184年〉　④一の谷の戦い
〈1185年〉　⑤屋島の戦い…源義経が平家軍を破る
　　　　　　⑥壇の浦の戦い…平氏滅亡
〈1189年〉　⑦奥州藤原氏滅亡

　治承・寿永の乱の過程は地図とともにしっかり確認しておいてください
ね。

結局，**1185 年**の**壇の浦の戦い**で，安徳天皇とともに平氏は滅亡し，長きにわたる源平の争乱は終わりました。そして，北に存在した独立王国のような平泉の奥州藤原氏を打倒します。個人的にはここで鎌倉幕府が成立したと思います。もちろん，守護・地頭の設置や征夷大将軍に任ぜられた時点も成立の画期であることは間違いありません。

❖ 梶原景時の乱

　さて，治承・寿永の乱を経て，**源頼朝**の権力が確立していきますが，カリスマ的指導者だった頼朝が 1199 年に死ぬと，息子たちはなかなかその地位を継ぐことができず，有力御家人の反乱が相次いでしまいます。その最初。

> **Q** 侍所所司として御家人を厳しく取り締まった結果，恨みを買い，討たれた人物は？
> ——**梶原景時**

　1200 年，**梶原景時の乱**と呼ばれる，幕府内部における権力闘争の最初の事件でした。

❖ 比企能員の乱

　次に，鎌倉幕府 2 代目将軍**源頼家**の奥さんの父であった**比企能員**が滅ぼされた**比企能員の乱**。**1203 年**のこと。将軍家の外戚の地位を比企氏に奪われないように北条氏が仕掛けた事件でした。

　比企能員の乱は，**北条氏の権力確立にとって非常に大きな戦いであった**ということになります。

❖ 畠山重忠の乱

　つづいて **1205 年**，鎌倉武士団の代表的な大物，**畠山重忠**による乱です（**畠山重忠の乱**）。事実上だまし討ちのような形で，畠山重忠が北条

時政らによって討たれてしまいます。

❖ 平賀朝雅の乱（牧氏の乱）

ところが同じ **1205 年**，今度は，その**北条時政**が失脚します。

時政は後妻であった牧の方の勧めに従って，娘婿であった平賀朝雅を将軍に立てようとしますが，長男の**北条義時**と，娘で頼朝の妻である「尼御台所」，**北条政子**によって阻まれます。これが**平賀朝雅の乱**，**牧氏の乱**と呼ばれる事件です。

これで時政は引退に追い込まれ，義時と政子が政権を握りました。

❖ 和田義盛の乱

義時は，**大江広元**から時政に譲られていた**政所**の長官（**別当**）の職を引き継ぎますが，**侍所**の長官の地位も手に入れておかないと安心できない。いわゆる**執権**と呼ばれる地位を固めておくために侍所の長官の地位も必要だと考えたのでしょう。

Q このときの**侍所長官**はだれか？ ——**和田義盛**

そこで，義時は**和田義盛**とその一族を挑発し，無理やり怒らせて，一族を滅ぼすことに成功します。当時は惣領制のもとで，一族は全員が死ぬまで戦いますから，非常に大規模なことになっちゃう。これが「じゅうに（12），じゅうさん（13），和田の乱」——**和田義盛の乱**（**和田合戦**）です。

> **ゴロ**で覚える！ 1213 年，和田義盛の乱…
> （数字の並びから）「**じゅうに，じゅうさん和田の乱**」
> 　　　　　　　　　　12　　　　　13

こうして政所と侍所の別当を兼務することになって，**義時は名実とも**

に**執権**の地位を確立したことになります。

❖ 承久の乱

　一方，この状況を京都の政権から見れば，「頼朝が死んだあと，結局，武士団同士で殺し合いばかりやっているじゃないか」——関東の政権はもう崩壊したものと見なして，「これを討ってしまえ」ということになります。実際に「**北条義時を追討せよ**」という命令を**後鳥羽上皇**が出すんです。**承久の乱**の勃発です。

ゴロで覚える！　　1221年，承久の乱…
　　　　　　　　　　「2の**サンドイッチ**は承久の乱」
　　　　　　　　　　　　1221

　2の外側を1と1で囲んで，2のサンドイッチ，承久の乱ですね。
　後鳥羽上皇は頭もいいし，『**新古今和歌集**』を完成させるほど歌も上手で，有能な上皇ですが，結果論からいうと，大局を見誤ったということになるでしょう。後鳥羽側に軍隊はまったく集まらなかった。
　一方，北条政子の演説に奮い立った御家人たちは，一致協力して京都に攻め上り，圧勝して後鳥羽側をやっつけるんです。そして，そのまま京都を占拠します。

　Q 従来の**京都守護**に代わって京都に置いた鎌倉幕府の出先機関は？
　　　　　　　　　　　　　　　　　　　　　　——**六波羅探題**

　承久の乱に義時が派遣した長男**泰時**を叔父の**時房**が補佐するという形で，**六波羅探題**が発足しました。

後鳥羽上皇：**執権北条義時**追討の宣旨

幕府側：北条政子が中心，北条泰時・時房が京都を制圧➡**六波羅探題**

仲恭天皇廃位→後堀河天皇(後高倉法皇の院政)

〈三上皇の配流〉**後鳥羽**…隠岐　　**土御門**…土佐・阿波　　**順徳**…佐渡
　　　　　　　　↓　　　　　　　　　　　　　　　　　　　↓
　　　　　　新古今和歌集　　　　　　　　　　　　**禁秘抄**

　黒板にまとめましたが，具体的には，後鳥羽による義時追討の命令が乱の発端となったこと。そして，乱後の配流地^{はいるち}および，和歌集と故実書^{こじつしょ}も忘れないでください。

❖ 北条時房

　さて，北条氏の系図，頭に入っているでしょうか。もう一度ちょっと思い浮かべてください(→次ページ)。

　系図の**時政**の息子**義時**から始まり，高時までの，薄い赤がかかっているいわゆる**得宗家**^{とくそう}，北条氏の本家の面々を無条件で覚えてください。

　注意するのは**時房**です。時房は今いったように承久の乱で，京都に攻め上ったときに**泰時**を補佐した叔父さん。そのまま京都に残って，2人でともに初代の**六波羅探題**を務めました。また，泰時が執権になったときには，「**連署**」^{れんしょ}として支えますから，時房は絶対に忘れない。

　ついでに復習。時政が失脚して義時へという流れ。そして，泰時から弟の重時への消息(→『日本史B講義の実況中継〈第②巻〉』p.57 〜 58 参照)を確認しておくこと。

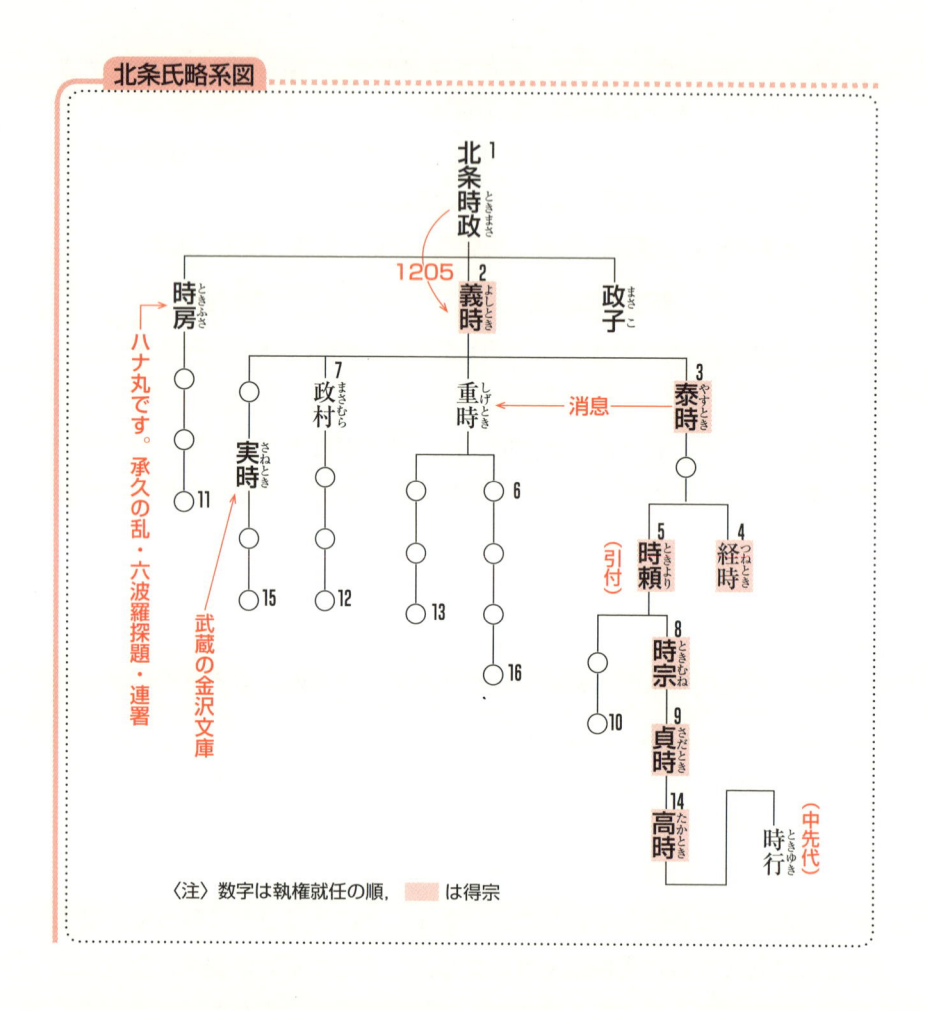

北条氏略系図

〈注〉数字は執権就任の順，■は得宗

❖ 鎌倉幕府の最盛期

　承久の乱の結果，**武家の力が公家を圧倒**するようになり，朝廷の力が強かった西日本にも勢力が及んでいきました。

　特に**3000余箇所**という上級没収地が**新恩給与**として御家人たちに与えられますので，御家人たちの経済状況もこのとき，最高潮に達します。このあたりの時期が**鎌倉幕府の最盛期**と評価されるわけです。

❖ 宝治合戦（三浦泰村の乱）

その後，**1247年**，時の執権**北条時頼**によって，**三浦泰村**一族が討伐されました。**宝治合戦**とか**三浦泰村の乱**と呼ばれる合戦です。

三浦一族は，神奈川の三浦半島一帯に勢力を広げていて，位置的に鎌倉を取り囲むというか，直結するところなので，北条氏としては，この地域を直接押さえたいという思惑があったのでしょう。そこで三浦一族を全滅させて対抗勢力をすべて排除し，**北条氏は権力を完全に確立**しました。

そこで，宝治合戦はいわゆる**得宗専制体制への移行**，転換上の大きな事件であったと考えられます。北条時頼のころに執権北条氏の地位は最高潮に達し，専制に移行していく始まりの時期だということです。

時頼と**時宗**は，しっかり区別して覚えておくことが大事。**日蓮**が『**立正安国論**』を提出したのも，**蘭溪道隆**を招いて鎌倉に**建長寺**を建立したのも，**時頼**ですよ。**時宗**は**無学祖元**を招いて**円覚寺**，そして**元寇**。

論述対策

Q 二度の合戦（1274年文永の役，1281年弘安の役）における日本軍の戦いかたには，モンゴル軍とくらべてどのような特徴があったか。日本の武家社会の特質と関連させて，下の語句をすべて使い，90字以内で述べよ。語句はどんな順で使ってもよい。（東京大）

　　　恩賞　　武士団　　集団戦　　一騎討ち

A モンゴル軍が国家軍による集団戦であったのに対し，日本軍は惣領のもとに一族が団結した武士団を単位とし，その戦法も，騎射による一騎討ちを基本に，戦功を競い，恩賞を得るために戦った。（88字）

> 【モンゴル軍】
> 　国家軍として，指揮命令に従って戦う集団戦。
> 【日本軍】
> 　① 惣領に率いられた武士団を単位とする，騎射による個人戦。

❖ 霜月騒動

　やがて得宗の地位が，時宗の子である北条貞時に移っていきます。この貞時が，執権北条氏，得宗家の中で一番出題頻度の高い人物です。

　自分の部下，得宗の家臣である御内人のトップである平頼綱がこれを支える。一方，北条貞時からすると外戚にあたる安達一族の長，安達泰盛が御家人（外様）のトップ。両者は対立し，結局は戦闘になってしまいます。

　これが1285年の霜月騒動でしたね。「内管領」と呼ばれた平頼綱が安達泰盛一族を討滅しました。ところが，平頼綱は1293年に，主人である北条貞時によって誅伐されてしまう。平頼綱（平禅門）の乱でしたね。

　あと，貞時のときの出来事として，鎮西探題の設置とか，永仁の徳政令なども一緒に確認しておいてください。

❖ 正中の変

　さて次が最後の得宗，北条高時。

　御家人たちはみんな経済的に困窮。執権は名前ばかりで，北条家の嫡流である得宗が専権を握っている。評定衆，引付衆も若年化が進み形骸化していて，ちゃんとした合議体制も崩れていく。そして，有力御家人の没落が続く。ここに登場したのが後醍醐天皇。どう見ても幕府はもう終わっている。というわけで，

Q 1324 年，後醍醐天皇の側近，日野資朝らの倒幕計画が露見し，鎮圧された事件は？ ——正中の変

後醍醐はこのとき，「わしは知らん」と無関係を主張し，逃れます。

❖ 元弘の変

しかし後醍醐は，あくまでも幕府打倒を目指します。1331 年，元弘の変です。山城の笠置山に籠って挙兵しますが，まもなく捕まり，翌年隠岐に流されてしまいました。今度は３のサンドイッチで覚えましょう。

> **ゴロ**で
> 覚える！　1331 年，元弘の変…
>　　　　　　　　「３の**サンドイッチ**は元弘の変」
>　　　　　　　　　　1331

❖ 鎌倉幕府の滅亡

ところが後醍醐は，河内の悪党，楠木正成たちが蜂起したことや，息子の護良親王などの挙兵に力を得て，なんと隠岐を脱出して京を目指します。

Q 脱出した後醍醐天皇を迎えた伯耆の豪族の名は？ ——名和長年

後醍醐は隠岐に流されたにも関わらず，再び京都を目指して進撃しようとしてきた。これを阻止しないと大変だというので，さすがに幕府は慌てて，長い間北条氏に協力していた源氏の名門足利氏に，後醍醐の入京を阻止するため京都に行ってくれと依頼した。

そこで足利高氏が軍隊を率いて京都にいきます。ところが高氏は幕府にそむいて，六波羅探題を攻めてしまう。鎌倉のほうも，同じ源氏の新田義貞に攻められて，高時は討たれてしまった。これが「一味散々北条氏，

1333 年」，**鎌倉幕府の滅亡**。そして京では後醍醐天皇の親政，「**建武の**<ruby>建武<rt>けん む</rt></ruby>**新政**」が始まります。

3　室町幕府

❖ 中先代の乱

　さて，**建武の新政**。後醍醐天皇の独裁政治ですが，従来の<ruby>慣例<rt>かんれい</rt></ruby>を破ったり，<ruby>依怙贔屓<rt>え こ ひ い き</rt></ruby>が激しかったりと，あっという間に評判が悪くなってしまいます。

　鎌倉幕府にそむき，天皇方についた，足利高氏改め**足利尊氏**<ruby>尊氏<rt>たかうじ</rt></ruby>も，幕府を倒した効果が何ら出てこないと不満を募らせた。結局，建武の新政は，**尊氏**と弟の**直義**<ruby>直義<rt>ただよし</rt></ruby>が建武政権に反旗を<ruby>翻<rt>ひるがえ</rt></ruby>したことで終わってしまいます。

　このような流れの中，最後の得宗だった**北条高時**の息子，**北条時行**<ruby>時行<rt>ときゆき</rt></ruby>が<ruby>信濃<rt>しな の</rt></ruby>で挙兵し，鎌倉を目指すんです。

　Q 1335 年，**北条時行**が鎌倉幕府の再興を図って起こした争乱の名は？
　　　　　　　　　　　　　　　　　　　──**中先代の乱**<ruby>中先代の乱<rt>なかせんだい</rt></ruby>

　当時，時行のことを「中先代」と呼んだので，**中先代の乱**と名付けられました。

　注意するのは，彼は**鎌倉**を目指したこと。京都ではありません。当時，鎌倉には<ruby>成良<rt>なりよし</rt></ruby>親王を奉じて，尊氏の弟，直義がいました。ここをめがけて，時行の軍が迫ってくる。

　直義は，お勉強はできるんですが，戦いは強くない。鎌倉を守れず，

脱出してしまいます。京都にいた兄の尊氏は心配でしょうがないので，北条時行を討つために，後醍醐天皇に**征夷大将軍**の職を要求しますが，なかなかくれません。

尊氏は直義の危機を救うために鎌倉へ下向し，中先代の乱を平定して，そのまま建武政権に反逆。建武政権は崩壊し，ここから**南北朝の対立が始まっていく**わけです。

❖ 南北朝の対立

1336年，京都を押さえた尊氏は，**光明天皇**を立てて，新政権の基本方針を示した「**建武式目**」を示しました。

一方，後醍醐天皇はというと，光明天皇を認めません。「本物の三種の神器は俺が持ってるんだ」といって，奈良の山奥，**吉野**に逃げ，「尊氏を討て」という命令を繰り返します。吉野の「**南朝**」と京都の「**北朝**」——**南北朝の対立**です。

京都周辺の基本的な平野部はほとんど軍事的には尊氏側が押さえているんですが，吉野の山に入ってしまった南朝を完全にやっつけることはなかなか難しかった。そこで，天皇が2人いるという状況になってしまいます。

論述対策

> 🅀 建武式目について，50字以内で説明せよ。（法政大）
>
> 🅰 足利尊氏が幕府開設に備え，その所在地等の課題を諮問し，部下がこれに答える形で政治方針を示したもの。（49字）
>
> > 建武式目はやがて幕府を開くことになる足利尊氏が，新しい足利政権という武家政治のあり方について，部下に諮問する。部下に課題を問いかけ，部下がこれに答えるという，まさにQ＆Aをそのまま明文化したものです。「式目」という名称は「御成敗式目」に倣ったものですが，内容は違います。内容的には最初の部分だけ覚えておけばOKです（→『日本史B講義の実況中継〈第②巻〉』p.138参照）

❖ 観応の擾乱

そのような状況下で，足利政権内でゴタゴタが起こります。尊氏を支える一番の部下，執事の高師直と尊氏の弟直義の2人の対立が表面化してきます。

簡単にいうと高師直は，従来の秩序を破っても，武士を擁護し，より純粋な武家政権を目指していこうという急進派。

直義は，鎌倉幕府の執権政治を理想とし，いわゆる合議体制，従来からの秩序を維持して鎌倉幕府のような安定した政治を目指そうとします。そこでこの対立が内部紛争となって表面化しました。

その結果，1351年，まず，尊氏派の高師直が直義に殺害されます。

> **Q** 1352年，直義が尊氏によって毒殺されることで収束を見た，一連の争いは何と呼ばれるか？　　　　　　　　　　——観応の擾乱

兄弟の対立が深まって，最終的には兄の尊氏によって直義は殺されてしまったという事件でした。

❖ 半済令

観応の擾乱では，武士たちが直義側についたり，尊氏側についたりと，散々戦争を繰り返しましたが，ようやく尊氏が勝利をおさめました。そこで尊氏は，自分についてくれた武士たちに対する一種のお礼として，軍事費を補填してやります。

これが「半済令」という法令で，その最初が，観応の擾乱が終わった直後，1352年に出された「観応の半済令」です。

「観応の半済令」は，近江，美濃，尾張，3か国の本所領の年貢の半分を1年に限って守護が徴収し，これを武士たちに分配せよというものです。これがやがて恒久化し，下地の半分を守護が直接支配するようになっていきます。この辺りのことは『日本史B講義の実況中継〈第②巻〉』の

141〜143ページで，もう一度確認しておいてください。

❖ 足利義満

1338年，足利尊氏は北朝の**光明天皇**から**征夷大将軍**に任命されました。征夷大将軍の地位を継ぐという形だから，尊氏による政治は鎌倉幕府同様，**将軍による政治**です。

その将軍の権力を，有力な守護大名が担いでくれているおかげで，なんとか頑張れているという段階から，有力守護を完全に支配下におき，**将軍としての権力を確立させた**のが，**3代将軍**足利義満です。

❖ 有力守護の討伐

義満は有力な守護大名家の当主が死に，若い，あるいはあまり有能ではない当主が現れると，色々な仕掛けを使って，その守護を潰していきます。

▶土岐康行の乱

まず，美濃・尾張・伊勢の守護を兼ねていた土岐康行が，1390年に討伐されます（**土岐康行の乱**）。

▶明徳の乱

そして最大の有力守護弾圧事件が，**1391年**の明徳の乱。日本は66の国によって成り立っていて，そのうちの11か国の守護を一族みんなで持っているという，極めつきの有力大名がいました。

Q 義満に挑発されて起こした明徳の乱で敗死した，「**六分一衆（六分一殿）**」と呼ばれた大名は？
——**山名氏清**

この乱によって**義満は完全に権力を確立**し，翌**1392年**には，ついに南朝の説得に成功します。「いざ国は1つ，南北朝の合体」ですよ。南朝の**後亀山天皇**が吉野山を下りて，**三種の神器**が北朝の**後小松天皇**に移っ

た。いわゆる**南北朝の対立が解消**されました。

▶応永の乱

　義満は，1394 年に将軍職を子の義持に譲り，従一位**太政大臣**に就任。「**北山殿**」と呼ばれ権力を握り続けます。

　そして，**1399 年**には，泉州，和泉の堺での合戦によって有力守護，**大内義弘**を討ちます。**応永の乱**ですね。

　未見史料問題で，「**泉州**」で合戦なんて出てきたら，他にありませんから，**応永の乱**ですよ。その後，1408 年に義満が死に義持の時代となり，義持もまた有力守護を抑える強硬策を続けます。

❖ 永享の乱

　室町幕府では，将軍が鎌倉公方の補佐役にあたる**関東管領**と組んで**鎌倉府**の長官である**鎌倉公方**を抑えるという構図がときどき出てきます。鎌倉を中心とする，**関八州**プラス，**伊豆・甲斐**の 2 か国，計 10 か国を支配した鎌倉府は，まさにもう 1 つの幕府のような存在で，ときに幕府中央のいうことを聞かない傾向が現れてきます。

鎌倉府が統括する国

　鎌倉公方**足利持氏**は，関東管領上杉憲実と対立し，京都の将軍にも公然と反抗するような動きを取りました。将軍**足利義教**は，**1438 年**，関

東管領**上杉憲実**と組んで足利持氏を自殺に追い込みました。これが，**<ruby>永<rt>えい</rt></ruby><ruby>享<rt>きょう</rt></ruby> の乱**です。

❖ 結城合戦

　永享の乱の余波として，<ruby>下総<rt>しもうさ</rt></ruby>の<ruby>結城氏朝<rt>ゆうきうじとも</rt></ruby>が足利持氏の<ruby>遺児<rt>いじ</rt></ruby>をかついで，上杉憲実と戦いますが，敗北。**1440 年**に起こったこの**<ruby>結城合戦<rt>ゆうき</rt></ruby>**も幕府方の勝利に終わり，**関東での上杉憲実の勢力が確立**しました。ちなみに，

> **Q** 関東管領**上杉憲実**によって再建された高等教育機関は？
>
> ——**足利学校**

❖ 嘉吉の乱

　結城合戦も幕府側の勝利に終わった。お祝いの宴会をしましょうという名目で，<ruby>播磨<rt>はりま</rt></ruby>の守護**<ruby>赤松満祐<rt>あかまつみつすけ</rt></ruby>**が，**京都の自邸に将軍義教をおびき出し**ておいて，**いきなり殺してしまう**という事件が起きます。

　これが「**将軍かくのごとく犬死**」と，<ruby>公卿<rt>くぎょう</rt></ruby> の日記に評された，**1441年の<ruby>嘉吉の乱<rt>かきつ</rt></ruby>**です。これで**足利将軍の権威は**<ruby>失墜<rt>しっつい</rt></ruby>してしまいます。4 のサンドイッチは**嘉吉の乱**ですよ。

> **ゴロ**で
> **覚える！**　　1441 年，嘉吉の乱…
> 　　　　　　　　「**4 の<u>サンドイッチ</u>は嘉吉の乱**」
> 　　　　　　　　　　1441

❖ 享徳の乱

次に始まったのが**享徳の乱**, **応仁・文明の乱**（応仁の乱）という２つの長い戦いです。

関東では，永享の乱で自害した持氏の子，**足利成氏**が 1447 年，鎌倉公方の地位を回復，鎌倉府を再建しますが安定した支配は不可能でした。関東管領**上杉憲忠**と対立，**享徳の乱**が起こります。

1454 年，鎌倉公方足利成氏は関東管領上杉憲忠を謀殺。幕府軍が鎌倉に迫ってくると翌年には鎌倉を脱出して下総の**古河**に拠点を移します。以後，1482 年の和睦まで，幕府・上杉軍と「古河公方」足利成氏軍の戦争が続いたのです。

この間，幕府は鎌倉公方として将軍義教の異母兄弟にあたる**足利政知**を鎌倉に送り込もうとしますが，鎌倉には入れず，その手前の伊豆の**堀越**を拠点としました。そこで，鎌倉公方は「**古河公方**」と「**堀越公方**」が並立することとなったわけです。堀越公方の茶々丸が**北条早雲**（**伊勢宗瑞**）に滅ぼされたのは 1493 年。以後，関東は，いわゆる**戦国時代に突入**するわけです。

古河公方と堀越公方

〈下総〉**古河**公方　1455　足利**成氏**→享徳の乱　　　　1582 断絶

〈伊豆〉**堀越**公方　1458　足利**政知**　　　1493 茶々丸●←北条早雲

❖ 応仁・文明の乱（応仁の乱）

さて，1454 年から 1482 年までの**享徳の乱**はいいですか。この間に京では**応仁・文明の乱**（**応仁の乱**）が起こっています。

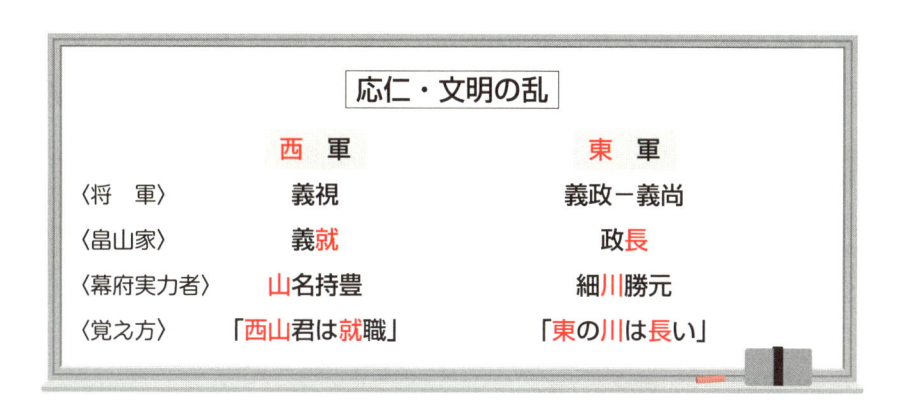

応仁・文明の乱の直前の対立関係と始まったあとの対立関係はとても複雑な経過をたどっています。足利将軍の継嗣争い。畠山氏の家督争い。そして幕府実力者の対立。

黒板の内容を頭に叩き込むことはもちろん，このあたりは，『日本史B講義の実況中継〈第②巻〉』の第26回を確認しておいてください。

織田信長

1560(永禄3)	桶狭間の戦い
1567(〃 10)	美濃の**斎藤竜興**を滅ぼし，岐阜入城
1568(〃 11)	**足利義昭** 15代将軍となる
1570(元亀1)	姉川の戦い
	石山合戦開始(〜80)
1571(元亀2)	延暦寺焼打ち
1573(天正1)	室町幕府滅亡
1575(〃 3)	長篠合戦
1576(〃 4)	安土城
1580(〃 8)	石山本願寺と和睦
1582(〃 10)	本能寺の変

　さて，この回では，織田信長，豊臣秀吉による天下統一への過程を中心に見ていきます。**1560年**の**桶狭間の戦い**から**1590年**の**天下統一**までだから，ちょうど**30年**です。区切りがいいですね。

　信長は1560年の桶狭間の戦いで今川義元を破って，尾張の支配を確立した。1590年，豊臣秀吉による天下統一まで30年で，その中間点，**1575年**が**長篠合戦**です。

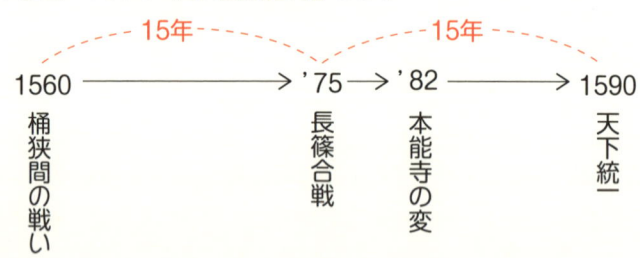

　この間，1568年には足利義昭が織田信長に担がれて，京で征夷大将軍となりますが，やがて信長によって追放され，最後の室町将軍ということになってしまいます。

豊臣秀吉

1582（天正 10）	山崎の戦い
1583（〃 11）	賤ヶ岳の戦い
	大坂城
1584（〃 12）	小牧・長久手の戦い
1585（〃 13）	四国平定
1586（〃 14）	太政大臣，「豊臣」の姓
1587（〃 15）	九州平定
	バテレン追放令
1588（〃 16）	刀狩
	聚楽第
1590（〃 18）	小田原攻め
	伊達政宗服属…奥州平定
1592（文禄 1）	文禄の役
1597（慶長 2）	慶長の役
1598（〃 3）	秀吉没

　本能寺の変で織田信長が没し，その後継者の地位を勝ち取ったのは豊臣秀吉。その「**天下統一**」の過程と，その後の**朝鮮出兵**について学習します。

　ここは「過程」を正確に覚えなければならないので，年号もしっかり暗記しましょう。『日本史 B 講義の実況中継〈第②巻〉』のゴロ合わせを確認しておきましょう。

　1582 年。「イチ（1）ゴ（5）パン（8）ツ（2）」で**本能寺（の変）**。そして山崎の戦いで秀吉が明智光秀を討って入京。翌年には織田家の重臣柴田勝家を賤ヶ岳の戦いで敗り，信長の後継者の地位を獲得。**1590 年**には**全国支配を達成**するのですが，さらなる権力拡大のため中国・朝鮮支配を目指し，海外派兵に踏み切ります。**文禄・慶長の役**ですね。しかし，朝鮮戦線が膠着状態に陥ってしまうなか，没してしまう。

1　織田信長の統一過程

❖ 桶狭間の戦い

尾張の守護代だった織田氏。**信長の家はその庶流**でしたが，信長の父，**織田信秀**の時代に尾張南部を実力で支配するようになりました。

信長は，**1560 年の桶狭間の戦い**で，駿河・遠江・三河を支配していた**今川義元**を破りました。これによって，織田や今川の支配下に入っていた三河国の戦国大名，**徳川家康**は三河の支配を実現します。

❖ 美濃攻め

それから 7 年経った 1567 年，信長は隣国，**美濃の斎藤竜興**を滅ぼして，併合します。**美濃攻め**です。そして，竜興の居城であった稲葉山城を奪って**岐阜城**と改称し，領土を拡大。このころから印判に「**天下布武**」という文を用いるようになります。「日本を武力によって完全に統一した」，あるいは「京都を支配下に置いて全国の大名の上に立つ」といった意味でしょう。

❖ 信長入京

実際，信長は京都を目指しました。

一方，足利将軍家の出身で，仏門に入っていた**足利義昭**が，僧侶をやめて俗人に戻る，「還俗」して，将軍の地位を目指して信長を頼ってやってきます。「私を京都に連れていって」と頼みに来た。信長は「いいよ」といって京都に一緒に入り，**義昭は室町幕府 15 代将軍に就任**します。

❖ 姉川の戦い

いちおう京都に入りましたが，まだ敵はいます。まず美濃と京都の間に立ちふさがっていた**浅井長政・朝倉義景**の連合軍を破った。ちょうど

桶狭間の戦いから10年後の1570年、(近江 姉川の戦いです。

同じ1570年、今度は大坂です。大坂には浄土真宗の一派、石山本願寺が控えていました。秀吉の大坂城と同じ場所です。

立ち退きを求めた信長に抵抗し、石山合戦と呼ばれる戦いを続けた本願寺の法主は?
—顕如

❖ 石山合戦

石山合戦は1580年まで続く長い戦いになりました。

1560年の桶狭間の戦いで、10年単位で、70年から80年の間は大坂での戦争が続いているということを認識しておきましょう。

❖ 延暦寺焼打ち

1571年、浅井・朝倉に呼応して信長に対抗していた比叡山延暦寺の焼打ちです。信長軍に火をかけられて、比叡山は丸焼け。これが延暦寺焼打ちです。

これはあまり声高にいうことじゃありませんが、この焼打ちで、仏に・貞観文化以降のお寺の建物や仏像がみんな焼けちゃったので、文化史の暗記の題材が全部、燃えてしまった。

❖ 室町幕府滅亡

さて、将軍足利義昭ですが、信長のいいなりになるのが嫌になってきて、全国の大名たちに「みんな京都へおいで」と声をかけ、将軍の権力強化を目指すんです。信長に頼っているだけでは単なるロボットになってしまう。

そうして反信長の勢力を結集させ信長包囲網を完成させていきました。が、1573年、信長は義昭を京から追放。その後、将軍の地位につくも

245

のもいなくなってしまい，**室町幕府滅亡**ということになりました。

実はこの1573年，天正元年に，信長の最大の敵の1人であった甲斐の**武田信玄**が死んでいるんですね。これで信長にとっての脅威がかなり薄れました。

❖ 伊勢長島の一向一揆

ただし，一向一揆はそのような流れとは関係なく抵抗を続けています。石山本願寺と各地の一向一揆は抵抗を続けており，**伊勢長島の一向一揆**が滅んだのがようやく**1574年**です。

❖ 長篠合戦

そこへ今度は，父武田信玄のあとを継いだ，**武田勝頼**が騎馬軍団を率いて攻めてきます。このとき，信長は**足軽鉄砲隊**を組織して武田軍をやっつけることに成功しました。これが**長篠合戦**です。

鉄砲が伝来してから，長篠合戦におけるその大量使用まであまり時間がかかっていないことに注目してください。念のため，

Q **種子島**に鉄砲を持ったポルトガル人が漂着（鉄砲伝来）したのは何年だった？　　　　　　　　　　　　　　　　**──1543年**

「いーご予算鉄砲2丁」──1543年でしたね。

　1543 年に**種子島**に伝来した鉄砲が，**1575 年**の長篠合戦で大量使用されるまでの **32 年間**で，**一挙に国産化が進んだ**という大きな意味があります。

　すなわちこの戦い以降，「弓矢」を主たる武器とした騎馬戦に代わって，「鉄砲」メインの足軽鉄砲隊を備えられるかどうかが，勝敗の帰趨(きすう)に大きく関わることになったんです。

　長篠合戦後，**越前の一向一揆**も鎮圧した信長は，翌 1576 年に，琵琶湖畔(こはん)(びわ)に**安土城**(あづち)を築城しました。

❖ 毛利氏征討と右大臣就任

　今度は西日本を平定しようと，**柴田勝家**(しばたかついえ)・**豊臣秀吉**(とよとみひでよし)などの部下を各地に派遣します。そのうち秀吉は，1577 年，**毛利氏**(もうり)征討を命ぜられ，中国地方に出兵していきました。

　また，織田信長はこの年，**右大臣**に就任しています。

❖ 本願寺との講和

　一方，1570 年から石山合戦はずっと続いていて，なかなか武力で打ち破ることができないでいました。そこで信長は，天皇の権威を利用してこれを解決します。

Q 信長と石山本願寺の停戦を仲介した天皇は？　　──**正親町天皇**(おおぎまち)

　「おおぎまち」天皇，読みに注意してください。

　顕如がこれを受け入れて石山本願寺城を退去したのです。大坂から撤

退。**1580 年**，石山本願寺との講和です。

　これで信長の勢力は大坂まで延び，中国・四国地方に直接，及ぶことになりました。

❖ 焦点の「1582 年」

　それから 2 年後の **1582 年**。長篠合戦で大敗していた**武田勝頼**は，**天目山の戦い**で織田軍により最終的に滅ぼされています。そして，「イチゴパンツで本能寺」の**本能寺の変**。なんと，家臣の**明智光秀**によって信長が討たれてしまった。

> **ゴロ**で
> **覚える！**　　1582 年，本能寺の変…
> 　　　　　　　　**「イチゴパンツで本能寺」**
> 　　　　　　　　　　１　５　８　２

ついでにあともう 1 つ，この年に起きたこと。

Q 1582 年，宣教師**ヴァリニャーニ**の勧めにより，キリシタン大名たちが派遣した少年使節は何と呼ばれますか？　　　──**天正遣欧使節**

これもちょっと注意しておきましょう。

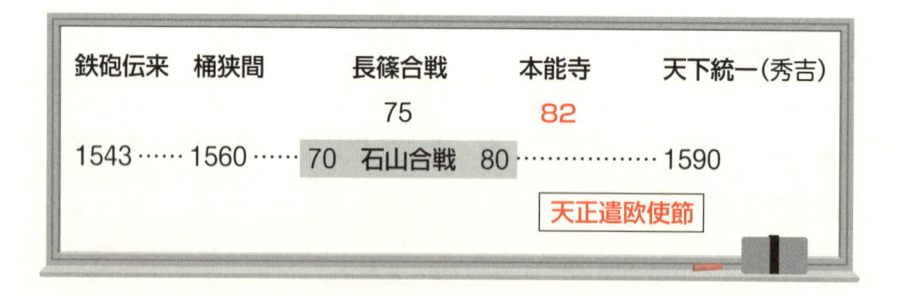

鉄砲伝来	桶狭間		長篠合戦		本能寺	天下統一（秀吉）
			75		82	
1543 ……	1560 ……	70	石山合戦	80 ………………		1590
					天正遣欧使節	

　天正遣欧使節は，本能寺の変から秀吉の天下統一まで，1582 〜 90 年ですよ。

2 豊臣秀吉の統一過程

❖ 山崎の戦い

　織田信長が本能寺で最期を遂げたころ，信長の部下はみんな各地で戦っている最中でした。そこで京都は**明智光秀**が完全に掌握し，信長に代わって権力を確立したかというとそうはいかなかった。「備中大返し」——備中の高松城を攻めていた**豊臣秀吉**が素早く京都に戻ってきちゃうんです。

　光秀はこれを阻止するために，摂津国と山城国の境にある山崎に軍を進め，秀吉と衝突します。これが**山崎の戦い**で，秀吉は圧勝して京都を支配することに成功しました。そのあと，秀吉はすぐに山城国から**太閤検地**を開始しています。このあたりは，皆さんよく知っているところでしょう。太閤検地については，『日本史B講義の実況中継〈第②巻〉』の272～281ページで詳しく学習したので，ここでは論述問題にチャレンジしておきましょう。

論述対策

Q 太閤検地は幕藩体制の基礎となる画期的な意味をもったとされるが，年貢徴収体系の観点から見たとき，太閤検地の画期性とはどのようなものであったか。60字以内で説明しなさい。（慶應義塾大）

A 荘園制のもとでの重層的な職を単位とする徴収体系を解消し，検地帳に登録された農民に直接課税し，村単位での徴収法を確立した。（60字）

> 太閤検地の，「年貢徴収体系の観点」からその「画期性」について述べよという問題です。前代に比べてどのような点が「画期」的であったか。そこでまず基本的な中世の税の徴収方法を考えればよいわけです。いわゆる職の重層性に伴って，現地（下地）からの生産物である「上分」を，職という名目で，荘園領主から荘官までが収得するという方法でした。ところが太閤検地は一地一作人の原則で，直接農民を把握することが可能になったわけですから，当然その「画期性」とは，職の重層性が解消され，検地帳に登録された農民が直接把握され，課税されていった。要するに，領主が農民一人一人を直接掌握できる体制となったことが指摘してあればよいということで

❖ 賤ヶ岳の戦い

　主君を倒した光秀を討った秀吉が，その功績を背景に，織田の家臣団の中で台頭してきます。すると，新参者の秀吉の権力を嫌った保守派というか，伝統的な織田家の重鎮，柴田勝家らが，信長の息子，三男の織田信孝を担いで秀吉にチャレンジしていきます。

　これが賤ヶ岳の戦いと呼ばれる，琵琶湖の北にある賤ヶ岳で行われた合戦です。柴田勝家は破れ，**信長の後継者としての秀吉の地位が確立**しました。

　秀吉は，もともと石山本願寺の本堂だったところを天守閣とする大坂城を築城します。

❖ 小牧・長久手の戦い

　話変わって，本能寺の変のとき，自治都市堺でショッピングをしていた，信長の同盟者であった徳川家康は，事件への対応が遅れて本国に逃げ帰るのがやっとでした。しかし家康は当然，秀吉が天下一の実力者，権威者になることを快く思いません。そこで戦いを挑む。

> **Q** 家康が秀吉に戦いを挑むにあたって担いだ，織田信長の次男の名は？
> ——織田信雄

　織田信雄・徳川家康対豊臣秀吉という構図，戦いが尾張での小牧・長久手の戦いです。もっとも，小牧・長久手の戦いでは，大きな戦闘がまったく起こらなかった。両軍がにらみ合ったままで，小競り合いが若干あっただけ。この理由についてはいろいろな説があるので，覚える必要はな

いですが，このとき，秀吉と家康が全面的に雌雄を決するとすれば，お互いに勝ったとしても大打撃を被る。

　その結果，喜ぶのは他の有力な戦国大名であり，それに乗じていろんな大名がこぞって京都を目指し，やってくるかもしれない。なんとここで，事実上の和平協定を結んでしまうんです。総じていえば，**家康が秀吉に協力するという立場**です。

　これがたぶん真相なんでしょう。小牧・長久手の戦いは面白い戦いですね。**本格的に戦わなかったことに意義がある**というんだから。そんなわけで秀吉は，実は，戦国の世を生き延びて戦争によって天下を取ったのではないわけです。戦争を止めることによって権力を手にすることになった。

❖ 秀吉の天下統一への過程

　では，秀吉はどのようなプロセスで全国支配を確立していったのかを見ていきましょう。

▶関白就任・四国平定・惣無事令

　秀吉は天皇を積極的に利用していきます。その一歩として，1585 年に秀吉は「関白」の地位を得ます。

　そして同時に**長宗我部元親**を倒して**四国を平定**し，まずは九州に向かって「惣無事令」を出します。「領土争い，国の境目の争いはすぐにやめて，わしのところにいってこい。土地の分配は全部わしが決めるから，戦いをすぐにやめるように」——「惣無事」を簡単にいうとこんな感じです。

　「豊臣平和令」ともいい，**戦争による解決という手段を禁止し，話し合い路線の中で最終決定を秀吉が下す**という画期的な施策であったと，高く評価する学者も多いです。

▶太政大臣就任，「豊臣」姓賜る

関白就任の翌年，秀吉は**太政大臣**に任命され，「**豊臣**」の姓を与えられました。これで「豊臣秀吉」ということになります。

関白になるときは名義上，摂関家の養子になって「藤原」と名乗っていたんですが，やっぱり嫌だったんでしょうね。「豊臣」という新しい姓を天皇から賜るという形を取りました。

▶九州平定・バテレン追放令・惣無事令

1587 年には九州に進撃し，島津義久がギブアップして**九州平定**。その帰り道，

Q 秀吉が博多で突如，発令した，宣教師の国外退去を命じた法令は？

—— 「バテレン追放令」

貿易は従来どおり奨励されたので，**キリスト教の取締りは不徹底であった**ということを，復習しておいてください。

さらに，東日本——関東・奥州にも「**惣無事令**」を出します。戦争によって土地紛争を自分で解決することは禁止する。秀吉の裁定を仰げ。

さっきいったように「惣無事令」は最初九州に出しましたが，それでも土地争いが収まらない。惣無事令に違反して，あくまでも武力を使って土地を確保しようとする大名がいる。

島津義久もその 1 人だったんです。秀吉は「これは許せん」「お前は国家の反逆者だ」と屈服させた。

▶刀狩・聚楽第

秀吉は，**1588 年**から「**刀狩**」を始めました。

さらに京都に城郭風の大邸宅，「**聚楽第**」を築き，後陽成天皇を招きます。要するに，天皇が秀吉の造った聚楽第に招かれてやってくるという形式をとることで，天皇の権威と自分の権威を一体化させる政策をとっていく。

▶小田原攻め・奥州平定

　そうやって京都における権威を確立したうえで，**1590年**に小田原の北条氏政（ほうじょううじまさ）を攻めました。北条氏は籠城（ろうじょう）作戦で抵抗しますが，秀吉軍は小田原城を取り囲んだまま直接攻めず，屈服するまでじっと待ちます。氏政は，結局，最後はギブアップ。これが**小田原攻め**です。

　これはヤバいと気がついた東北最大の大名**伊達政宗**（だてまさむね）も，秀吉のもとに降伏するような形でやってきて服属を誓います。こうして，めぼしい戦闘がないまま**奥州平定**を果たし，**1590年**，**天下統一が完了**ということになりました。

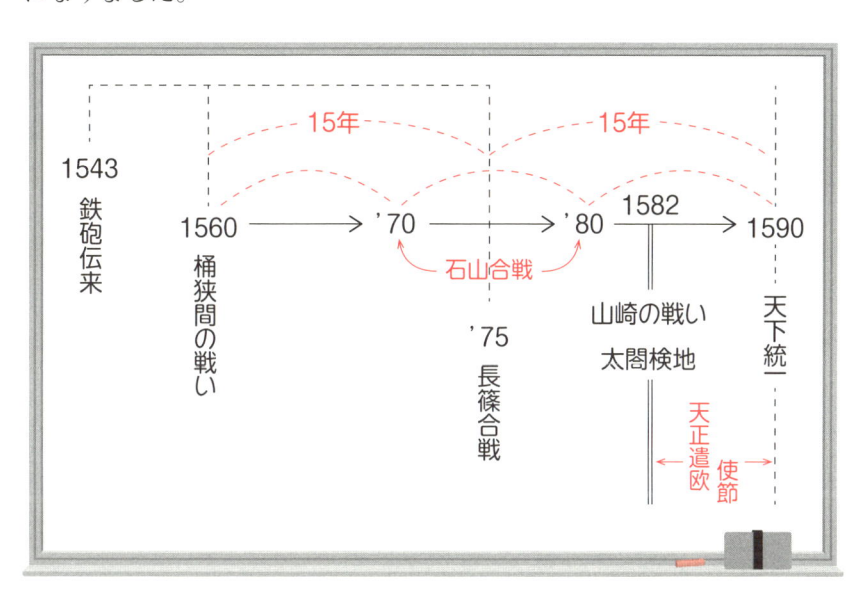

❖ 人掃令

　そのあとの秀吉の関心は，朝鮮を支配下におき，中国大陸をも支配することになっていきます。

　これは本気で考えたんでしょう。「まずは朝鮮半島だ」っていう話になりますが，実際に行くとなると，大量の食糧や多くの人員が海を渡っ

て移動しなければいけません。

　そんなことになったら，たくさんの船頭が必要になりますよね。そこで，徴発を恐れた船頭が転業しちゃうなんてことがないようにしなければならない。

Q 1591 年に出された，武家奉公人が百姓・町人になったり，百姓が転業したりすることを禁じた法令は？　　　　　── 「人掃令」

　簡単にいえば，お百姓さんは農業をやりなさい，商人は商売を，武士は武士をやるんだぞということ。朝鮮まで行って戦うのは嫌だから，武士をやめて百姓になろうとか，そういうことは許さない。

　翌年に秀吉は，養子に迎えた甥の豊臣秀次に関白職を譲りますが，その秀次も人掃令を再び発し，職業別の戸数や人数を調査・確定する**戸口調査**を命じました。これらの施策を「**身分統制令**」と呼ぶこともあります。

❖ 検地帳と国絵図

　さらに秀吉は全国の大名に対し，天皇に提出すると称して，支配地の土地情報を帳簿の形で提出させました。この帳簿を「**検地帳（御前帳）**」といいます。本格的ないわゆる太閤検地のような検地をするわけではありませんが，大名に検地帳の作成を命じて提出させた。

　それからおのおのの支配地の地図も作らせ，提出させました。これは全国を掌握するための手段で，その地図を「**国絵図**」といいます。

❖ 文禄の役

　そして 1592 年。いよいよ朝鮮に攻め込みます。これが**文禄の役**です。

Q 「**文禄の役**」の朝鮮側からの呼び名は？　　　　　──**壬辰倭乱**

❖ 秀頼誕生

　文禄の役の翌年，秀吉に待望の男の子，**秀頼**が生まれます。これで秀吉は嬉しくなっちゃって，なんと甥の関白秀次を無理やり自殺に追い込みます。このへんは，自分の欲望にものすごく素直というか，自分がこうしたいと思ったら止められないという秀吉の性格があったんでしょうね。

❖ 26 聖人殉教

　1596 年には，サン＝フェリペ号事件に伴う，「**26 聖人殉教事件**」と呼ばれるキリスト教フランシスコ会・イエズス会宣教師やキリシタンに対する弾圧も行っています。

❖ 慶長の役

　文禄の役は講和という形をとって，いったん停戦します。明側の**沈惟敬**と**小西行長**が現地で停戦合意するのですが，おのおのが講和条件を偽って明政府と秀吉を納得させようとしたものでした。

　そして 1596 年，明の使節が来日。その内容は秀吉を属国の支配者「日本国王」に冊封するもので，秀吉の要求をまったく無視したものだった。これに激怒した秀吉は **1597 年**に戦闘を再開，**慶長の役**が起こります。

> **Q** 「慶長の役」の朝鮮側からの呼び名は？　　　　——**丁酉倭乱**

ゴロで覚える！　1592 年，文禄の役 ➡ 1597 年，慶長の役
　　　　　　　　壬辰倭乱　　　　　　　　丁酉倭乱
　　　…「以後（いご）国（くに）は苦難（くなん）の道へ」
　　　　　　15　　92　　　　　　　97

　合わせて，**壬辰・丁酉の倭乱**です。壬辰の「辰」を「申」としてはいけま

せんよ。

　さて，慶長の役に乗り出しちゃったものの，明による朝鮮への援助も
あって戦局は厳しい。戦いつづけてもたぶん勝てないだろうという状況
でした。ところが翌年，1598年，**秀吉が病気で死んでしまう**。五大老
の筆頭，**徳川家康は停戦，撤兵を命じ，朝鮮侵略は終結**しました。

❖ 五大老と五奉行

　最後に**秀吉の政権運営**について。これは，はっきりした組織のよう
なものはなく，俗にいう<ruby>五大老<rt>ごたいろう</rt></ruby>・<ruby>五奉行<rt>ごぶぎょう</rt></ruby>と呼ばれる有力大名たちが政
権中枢を支えていました。

　五大老…徳川家康・前田<ruby>利家<rt>としいえ</rt></ruby>・<ruby>宇喜多秀家<rt>うきたひでいえ</rt></ruby>・<ruby>毛利輝元<rt>もうりてるもと</rt></ruby>・<ruby>上杉景勝<rt>うえすぎかげかつ</rt></ruby>・
　　小早川隆景（死後，五大老と呼ばれる）
　五奉行…前田<ruby>玄以<rt>げんい</rt></ruby>・浅野<ruby>長政<rt>ながまさ</rt></ruby>・<ruby>増田長盛<rt>ましたながもり</rt></ruby>・<ruby>石田三成<rt>いしだみつなり</rt></ruby>・<ruby>長束正家<rt>なつかまさいえ</rt></ruby>

　五大老の一番上が徳川家康。なにしろ秀吉の同盟者ですから。それか
ら秀吉と<ruby>幼馴染<rt>おさななじみ</rt></ruby>だった**前田利家**。あとは，**宇喜多秀家，毛利輝元，上
杉景勝，小早川隆景**。小早川隆景が死んだあと，残った5人が五大老と
呼ばれるようになりました。

　五奉行はほとんど出ませんが，浅野長政は**関東平定後の奥州検地の総
責任者**として出題されることがあります（→『日本史B講義の実況中継
〈第②巻〉』p.273参照）。覚えておいたほうがいいでしょう。

　石田三成は，1600年，関ケ原の戦いの**西軍**の事実上の中心です。石
田三成を五大老と勘違いしないように。五奉行は秀吉の側近中の側近で
す。

　以上お話ししたあたりを外さなければ，秀吉の天下統一過程をめぐる
たいていの問題は答えが出るようになっています。

第15回 政治史／近世(2)

徳川幕府（1600～43年）

家康		武断政治
	1600	関ヶ原の戦い
	1603	家康，征夷大将軍
秀忠	1612	直轄領に禁教令
	1613	全国に禁教令
	1614	(大坂)冬の陣
	1615	(大坂)夏の陣
		武家諸法度（元和令）・禁中並公家諸法度
	1616	ヨーロッパ船の来航を平戸・長崎に限定
家光	1624	スペイン(イスパニア)船来航禁止
	1627～29	紫衣事件
	1633	奉書船以外海外渡航禁止
	1635	日本人の海外渡航・帰国禁止
		武家諸法度（寛永令）
	1637～38	島原の乱
	1639	ポルトガル船来航禁止
	1643	田畑永代売買禁止令

「天下分け目」の関ヶ原の戦いに勝った徳川家康は征夷大将軍として幕府政治を展開していきます。将軍職を早々と秀忠に譲り，大御所となった後も権力を手放さず，支配体制を強化していきます。そして，3代家光のときには，いわゆる「鎖国」体制が完成し，江戸時代の基本的な体制が出来上がります。

　江戸時代を大きく区分する場合，この最初の家康・秀忠・家光の三代，約50年間の時期を「武断政治」と呼びます。改易などの弾圧によって，大名たちを押さえつけ，全国支配を確立，強化していった段階です。

徳川幕府（1651 〜 1732 年）

将軍	年	事項
家綱		**文治政治**
	1651	慶安事件（由井正雪の乱・慶安の変）
		末期養子の禁の緩和
	1657	明暦の大火
	1673	分地制限令
綱吉	1683	武家諸法度（天和令）
	1685	生類憐みの令（以後，頻繁に発令）
	1695	元禄金銀
家宣		**正徳の治**
	1711	朝鮮使節の待遇簡素化
家継	1714	正徳金銀
	1715	海舶互市新例
吉宗		**享保の改革**
	1719	相対済し令
	1721	目安箱設置
	1722	質流し禁令
	1722 〜 30	上米の制
	1722	小石川養生所設置
	1723	足高の制
	1730	堂島米市場の公認
	1732	享保の飢饉

1651 年，17 世紀後半に入った年から，将軍でいえば 4 代**徳川家綱**から 7 代**家継**までの幕政を「**文治政治**」と呼びます。改易，転封などを繰り返し，見せしめにして，大名たちを威嚇（いかく）するという乱暴な姿勢を緩めるのです。

その後，8 代**徳川吉宗**が登場すると，**享保の改革**が始まります。幕政史の最初のヤマ場です。

1 武断政治

さて，最初に江戸時代の将軍と基本的な政治の展開を眺めておきましょう。大きな区分を確認していきます。

❖ 徳川家康

では，第1段階，武断政治。最初の三代将軍の時期ですよ。まず，家康から。

▶関ヶ原の戦い

徳川家康の支配権を獲得した最初の戦争は**1600年**の**関ヶ原の戦い**。あまりにも有名ですが，関連する情報についてはほとんど覚えていない人も多い。

基本の確認です。

徳川家康が率いた**東軍**と石田三成が率いる**西軍**が美濃の関ヶ原で戦った「天下分け目の戦い」とも呼ばれた重要な戦いです。関ヶ原は美濃国ですよ。尾張や近江，三河ではありませんよ。家康は五大老の筆頭。

Q 関ヶ原の戦いの**西軍の盟主**は？　──**毛利輝元**

石田三成は西軍の中心。毛利輝元を盟主に仰ぐ形で，家康が上杉景勝を攻撃するため下野の小山に在陣しているタイミングで挙兵した。軍を返した家康は，**福島正則・浅野幸長・黒田長政**らを先発として西に向かい，美濃の関ヶ原で開戦。西軍にいた小早川秀秋が東軍に寝返った結果，東軍が優位となり勝利しました。

西軍の石田三成，**小西行長**らは捕えられ，10月1日に京都で処刑されました。東軍方の大名が「**譜代大名**」，許されて存続した西軍の大名は「**外様大名**」……といったところはいいですか。

家康の子，**徳川秀忠**は東山道から西に向かいましたが信濃の上田城で

真田氏に阻まれて戦いに遅参してしまった。その秀忠は 1605 年には父から将軍の地位を譲られていますが，**1616 年に大御所家康が没する**まで，全国支配は家康が握り続けたんですね。家康が死去するまでは駿府・江戸の二元的な支配体制だった。

秀忠は幕府の基礎固めに力を発揮し，1623 年，**家光**に将軍職を譲りますが，その後も大御所として実権を握っていました。

では具体的に幕府支配の確立過程をみておきましょう。これも基本ですよ。

❖ 徳川秀忠

1614 年の**大坂冬の陣**と翌年の**夏の陣**によって豊臣氏を滅ぼした結果，**徳川幕府の権力が確立**しました。**冬→夏**という順番に注意ですよ。

内政面で大事なのは，大名たちを統制するために「**武家諸法度**」が発せられたことです。武家諸法度は原則として将軍の代替わりごとに大名に対して出されることになるものですが，

> **Q** 秀忠の名で発布された最初の武家諸法度（**元和令**）を起草したのはだれか？
> ──**金地院崇伝（以心崇伝）**

以心崇伝は南禅寺の金地院の僧侶。家康のブレーンです。

家康は 1605 年には将軍職を**秀忠**に譲り「**大御所**」となっていますので，「**元和令**」を作らせたのは家康ですが，**将軍秀忠の名で大名たちに布令されている**ことを確認しておいてください。

❖ 徳川家光

▶紫衣事件

続いて 3 代**家光**のとき，**紫衣事件**が起こりました。
「**紫**」は「**禁色**」といって，天皇だけに許された最も尊い色だという観

念が昔からあったんですが，現実には，天皇から紫色の衣を着ることを許された坊さんが，たくさんいました。紫衣着用を許可すると，坊さんから朝廷にお礼として献金が来るからです。天皇は献金欲しさにどんどん紫衣を勅許していたんですよ。

　幕府は，1615年に朝廷を統制するために制定した「**禁中 並 公家諸法度**」で，みだりに紫衣を許可してはいけないと釘をさしておいたのに，実際にはどんどん勅許してるじゃないかと，**後水尾天皇**の紫衣勅許にクレームをつけた。

> **Q** 紫衣勅許を無効とした幕府の決定に抗議して流罪とされた**大徳寺**の僧は？
> ──**沢庵**

　これに怒った後水尾天皇は退位し，**明正天皇**に譲位してしまった。これが**紫衣事件**です。

　明正天皇は後水尾天皇と2代将軍徳川秀忠の娘和子との間に生まれた娘で，**奈良時代の称徳天皇以来859年ぶりの女帝，女性の天皇**です。実際には後水尾上皇の院政となるのですが，摂家や武家伝奏による朝廷統制が機能せず，幕府としては皇位をコントロールできなかったことになります。なんといっても，天皇から征夷大将軍に任命してもらわないと幕府政治は始まらないわけですから，これはショックだったでしょう。幕府は朝廷統制を強化しなければならなかったのです。

```
                      徳川秀忠
                         │
後水尾天皇 ══ (中宮)和子
        │
     明正天皇
```

▶武家諸法度（寛永令）

家光が出した**武家諸法度**が「**寛永令**」です。起草したのは家康に登用された**朱子学者**の**林羅山**です。文化史では頻出の人物。いわゆる**林家**の祖となる学者。

「寛永令」では，大名に対し，主に次の2点が定められます。

> ① （大名は）500 石以上の大船を造ってはいけない
> ② 「**参勤交代**」を義務とする

大名が海軍力を持たないように，海外貿易を行うことができないようにした。また，慣行として江戸に藩邸を設けていつでも江戸城に行けるようにし，国元から江戸にやって来る参勤交代を義務化したわけです。

▶島原の乱

家光のときには，江戸時代に入って最大の武力的な抵抗，**島原の乱**が起こっています。

Q 島原領主松倉氏や天草領主寺沢氏の圧政に反抗した**キリシタンを含む農民の反乱軍**を率いたリーダーは？　——**益田（天草四郎）時貞**

反乱は 1637 年に起こりましたが，幕府軍は3万人余りの一揆勢に手こずります。板倉重昌を現地に派遣し，九州の諸大名の軍隊を指揮下において鎮圧しようとしますが，一揆勢に勝てず，翌年，**老中松平信綱**が派遣され，ようやく鎮圧しました。

徳川三代の武断政治については，このあたりを覚えておけばいいでしょう。

2　文治政治

❖ 徳川家綱

▶慶安事件（由井正雪の乱）

　17世紀後半になると幕府の支配もかなり安定してきて，いわゆる「**鎖国**」体制といわれる対外関係も確立していました。

　とはいえ，武家諸法度などに違反して**改易**させられたり，「**無嗣**」による改易によって，職のない武士たち——「**牢人**」が巷にあふれていました。無嗣の「嗣」は跡継ぎの男子のことです。跡継ぎがいないと，大名は改易。家臣も失業してしまう。

　そうした牢人の不満が事件となって現れます。**17世紀後半に入った年**，**1651年**，**慶安事件（由井正雪の乱・慶安の変）**と呼ばれる幕府転覆計画が発覚しました。未遂に終わったとはいえ，幕府にはショックを与えたでしょう。

▶「末期養子の禁」の緩和

　慶安事件後，時の将軍4代**家綱**を補佐した，家光の弟で家綱の叔父にあたる会津藩主**保科正之**は，牢人の増加防止策を考えます。

　厳しく引き締めるだけでは，かえって牢人たちのクーデターを誘発しかねない。だいたい，なぜ牢人が増えているのかといえば，当時，「**末期養子の禁**」という制度があり，これが大名改易のきわめて大きな原因だったんです。

　これは，当主の死に際（末期）になって，「跡継ぎがいない」と家老などがあわてて養子を願い出ても，許可されない。「**無嗣改易**」を緩めなきゃいけないと考えました。

そこで，次の空所を埋めてください。

Q 跡継ぎのいない当主が _____ 歳未満であれば，死に際に相続人を願い出ることを認めた。 ——**50 歳未満**

これが「**末期養子の禁**」の**緩和**で，この施策により無嗣改易は激減しました。要するに**改易や転封による大名の統制や威嚇を和らげた**ということです。

▶殉死の禁止

もう１つ，**文治政治への転換**を示す象徴的な施策として「**殉死の禁止**」があります。

主人が死ぬと，家臣が次々とあとを追って腹を切るという，中世以来の武家社会で行われた「殉死」の慣習もまだ残っていました。しかし，もう戦国の世じゃないし，そういう野蛮な行為はやめたほうがいいということで禁止にしました。家臣として，新しい主君，主家に忠義を尽くすべきだとしたのです。

❖ 徳川綱吉

続いて５代**綱吉**。学問，文学が大好きという将軍です。初期のころは**大老堀田正俊**の補佐を受けていますが，やがて実力を発揮するようになります。

▶武家諸法度（天和令）

文治政治を象徴するものの１つに，綱吉のときの**武家諸法度，天和令**があります。これまでは，大名が心がける最大の義務は「**文武弓馬**」でしたが，「弓馬」を改めて「**文武忠孝**」とした。

忠義，孝行を第１の義務とします。主人に対する忠義，親に対する孝行が第１の義務である。すなわち**儒教道徳を重視**する姿勢です。まさに文治政治を象徴するんだということです。

▶生類憐みの令

綱吉は，また，仏教的な思想を背景に，「あらゆる生き物を大事にせよ」という 生類憐みの令 を出します。特に犬が極端に保護され，やがてさまざまな生物が加わって，人々の日常生活にも支障をきたす悪法となり，「犬公方」と称されるようになった。

▶元禄金銀

補佐を務めていた大老堀田正俊が1684年に江戸城中で殺害されると，綱吉は，側用人 柳沢吉保 を重用し，やがて政治を任せるようになっていきました。

綱吉のころには，将軍家の贅沢な生活による出費が増え続け，お金が足りなくなっている。しかも，4代家綱のときに江戸は大きな災害に見舞われていました。

Q 1657年に江戸で発生した大火は何と呼ばれるか？ ——明暦の大火

「振袖火事」などと呼ばれた，10万人以上の死者が出た大火で，江戸城本丸まで炎上してしまいました。この火災後，幕府は江戸再建のために，蓄えた財力をすり減らしたといわれています。

このような財政難に対して綱吉は，**小判に入っている金の量を減らそ**うという政策をとります。**勘定吟味役**の荻原重秀の建議に従って，慶長金銀を改鋳して金の含有量を減らし，1695年から貨幣改鋳，いわゆる元禄金銀を発行していきました。金貨に入っている金の量そのものは減らしますが，同じ1両として通用させようという政策です。流通する通貨の額面は増加しますから，一種の**インフレ策**。良くいえば景気が良くなる政策です。しかし金貨の光りかたが鈍くなったことが見え見えですから，将軍の権威も見た目で落ちてしまった。

3 正徳の治

❖ 徳川家宣・家継

綱吉を継いだ6代**家宣**は在職3年あまりで死去。次の7代**家継**は3歳で跡を継ぎますが，早死にしてしまいます。

政治の基調は文治政治のまま，将軍家の家庭教師のような役割を果たしていた学者が影響を与えた時期です。

学者**新井白石**をブレーンに側用人**間部詮房**が幕政を担います。内容は「**正徳の治**」と呼ばれるまじめな学者政治でした。

❖ 正徳の治

まず，**生類憐みの令が廃止**されます。

そして，天皇家との結びつきを強めようと，天皇家の分家である**宮家の創設**を認めます。

Q 伏見・桂・有栖川の三家に加えられた新宮家は何と呼ばれたか？

——**閑院宮家**

▶朝鮮使節への待遇

外交では朝鮮外交を修正します。それまで，朝鮮からの使節に対しては，すごいご馳走を食べさせたり，立派なところに宿泊させたり，手厚く待遇していました。

ところが白石の建議で，**朝鮮使節への待遇が簡素化**されるのです。将軍家が朝鮮使節をあまり手厚く扱うと，かえって将軍の権威が下がってしまう。もうちょっと軽く扱ったほうが逆に**将軍家の権威は上がる**んだという意味です。

「待遇を簡素化すると，なんで将軍の権威が上がるのか」ということをよく理解しておいてください。白石による将軍家の権威の確保・上昇を

狙った政策としてよく出題される話ですから。相手を手厚くもてなすことで，自分の地位が相対的に低下してしまうことを理解しておくこと。

さらに，朝鮮国王から将軍に対する国書の宛先である「将軍」は，従来，「**日本国大君**」とすることになっていたのですが，それを，「**日本国王**」に改めさせます。

このように白石は，ひたすら将軍の権威の上昇に努めました。

▶正徳金銀

将軍の権威上昇の象徴的な政策として，**正徳金銀**の発行もあげられます。元禄小判以降の**金の含有量が少ない小判**によって，将軍の権威が失われているとの考えから，良質の**慶長小判**と同じ水準に戻しました。もちろん，経済は混乱し，デフレになってしまいます。

▶金銀流出防止策

長崎貿易における統制策も打ち出されます。

> **Q** 国外への金銀流出を制限するため，1715 年に出された貿易統制策を何というか？　　　——**海舶互市新例**（かいはくごししんれい）（**長崎新令・正徳新令**）

具体的には，長崎貿易において，貿易にかかわる中国船・オランダ船の数や，支払う銀の量に上限を定めたのです。このあたり史料もしっかりと確認しておくこと（→『日本史 B 講義の実況中継〈第③巻〉』p.11 参照）。

4 享保の改革

❖ 徳川吉宗

7 代家継が幼くして亡くなると，ついに家康以来の本家が途切れてしまいました。そこで初めて養子の将軍が誕生します。紀伊の徳川家から将軍職を継いだ**徳川吉宗**（よしむね）8 代将軍です。

紀州藩主だった吉宗は，養子で継いだという事情もあったんでしょう，幕府の強固な権威を確立するために強力な政治を行います。**享保の改革**です。目標は「**財政難の克服**」でした。

❖ 享保の改革

▶相対済し令

まず，1719 年に「**相対済し令**」を出します。これは，旗本・御家人などの武士と札差など商人との**金銭貸借**，お金の貸し借りについての裁判は，今後幕府は受け付けないから，当事者同士で解決しなさいというものです。札差から借りたお金を返せない旗本が続出し，札差から訴えられる裁判が増加していたのです。

そのような金銭貸借についての訴訟は受け付けないことにした。「相対」，すなわち旗本と札差の当事者の直接交渉で解決せよということです。

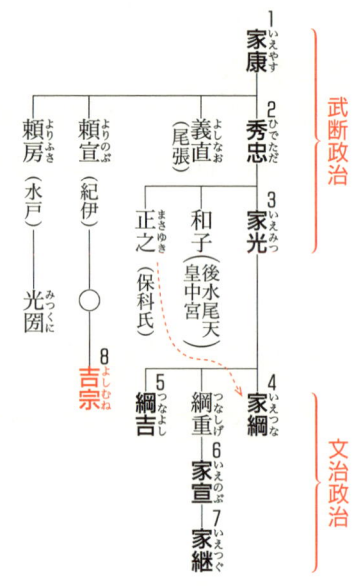

〈注〉数字は将軍就任の順。

▶上米の制

享保の改革の政策で一番よく出るのが**上米の制**です。幕府にとっては屈辱的なことですが，幕府財政を補うために，大名に米を寄付してくださいとお願いしたんです。

> **Q** 上米の制により大名から上納させた米の量は，年貢1万石につき何石だったか？　　　　　　　　　　　　　　　**──100石**

1万石につき100石，これは数字まで覚えておきましょう。その代

わり，**参勤交代での在府（江戸滞在）を 1 年から半年に半減**させました。

▶新田開発

商人など，だれでもいい，民間による**新田開発**をどんどん認めるからやりなさいと，江戸日本橋のたもとに，新田開発奨励の高札（こうさつ）を出させたりします。もちろん耕地を拡大し年貢収納量の増加を目指した政策です。それまでは結構，抑制（よくせい）されていたんです。

▶定免法

財政再建で必須なのは年貢収納量を増やす，増徴が不可欠です。そこで，年貢の収納方法に手をつけます。

収穫量に応じてその年の年貢率を決めていた，従来の**検見法（けみほう）**を改めて，

> **Q** 豊作・凶作にかかわらず，一定期間，一定の年貢率を**固定**して収納する方法を何と呼ぶか？　　　　　　　　　　　　——**定免法（じょうめんほう）**

こういう方法を新たに採用しました。これは覚えておかなきゃいけません。**年貢率は徐々に上がって，一定の効果があった**と考えられています。

▶漢訳洋書輸入禁止の緩和

役に立つ学問はヨーロッパの学問であっても導入します。キリスト教の思想が入っているものはダメですが，経済的に効用があるものや科学系の書物などは，漢文に訳された洋書が中国から入ってきます。

もともと漢文訳された洋書の輸入は全面禁止だったのを緩和した。キリスト教にかかわるものは禁止ですが，関係がないものはＯＫということになった。そこで，以後，**実学（じつがく）と呼ばれる学問が発達**していきます。

▶目安箱

直接庶民の意見を聞こうということで，評定所（ひょうじょうしょ）の門前に投書を受け付ける**目安箱（めやすばこ）**も設置しました。実際に，町医者の意見によって**小石川養生所（こいしかわようじょうしょ）**が設立されたり，下町の町人地を対象とする**町火消（まちびけし）**の創設などが

実現しました。

▶質流し禁令

田畑の永代売買は禁止されていましたが，実際には，田畑を担保にお金を借りるという形での売買は行なわれていました。借金を期限内に返せなくなって担保とした土地が貸し手のものになってしまうというわけです。売買はしていない，土地を担保に借金をしたというわけ。この結果，本百姓が没落し，富農層，地主はますます富裕化する。こうした質流れを禁止したのが質流し禁令です。

▶足高の制

財政難のなかでも有能な人材は登用したい。そこで，足高の制を導入します。例えば1000石の旗本を1500石相当の高い役職につける場合，その役職に在職中のみプラスアルファの不足高，1500 − 1000 = 500（石）だったら，500石を支給する，そしてその役職を離れたら，元の1000石の旗本に戻るということです。

▶堂島米市場の公認

さらに，これまで基本的には禁止する方向だった同業者の団体である株仲間を公認します。特に，日本の物価を左右するといわれていた堂島米市場を公認したことで，幕府が市場に介入することが可能になりました。

▶公事方御定書

画期的な仕事と評価されるものとして，裁判の安定を図るため，幕府でこれまで出された法律を全部集めて法典を作りました。これが「公事方御定書」と呼ばれるものです。

▶その他のポイント

以上のように，かなり思い切った政策をとって進めたのが吉宗の政治です。享保の改革は寛政の改革や天保の改革に比べると圧倒的に覚える量が多いですが，ここでもうひと踏ん張り。

他に重要なポイントとして，人材登用の面では，町奉行に大岡忠相を抜擢したことがあげられます。

あるいは荻生徂徠が『政談』を書いて吉宗に政治的意見を提出したとか，オランダ語，蘭学の研究を野呂元丈・青木昆陽たちに命じたこと。民政に関する著作，『民間省要』を書いた田中丘隅という民間人を幕臣に登用したこと。このへんもなかなか大事なところです。

論述対策

Q 享保の改革では，幕府の役職に人材を登用するために足高の制が定められた。なぜこの制度が有効だったのか80字以内で説明せよ。（名古屋大）

A 各役職の基準石高を設け，禄高が役高に不足する場合，在職中のみ不足分を支給することで加増を避け，財政再建策を維持しつつ下級の有能な旗本などを要職に登用できたから。（80字）

> 財政難のなかでの人材登用であったことをしっかり確認していくことが大切です。
> ① 役職ごとに基準の石高を設定した。
> ② 禄高が基準に満たない場合，在職期間に限って不足高を支給した。
> 　（人材登用に伴う加増をさけることができた）
> ③ 家格にとらわれず，有能な幕臣の登用が可能となった。
> 問題は，足高の制の「有効」性を説明せよというもので，①〜③を関連づけて説明することができればOKです。

❖ 享保の飢饉

最後にもう1つ。江戸時代の飢饉のうちでも有名な三大飢饉の1つ，「享保の飢饉」が1732年に起こっています。そして翌年，初めて江戸でも打ちこわしが起こったことも覚えておいてください。

第16回 政治史/近世(3)

徳川幕府(1758～93年)

家重	1758	宝暦事件
家治		田沼時代
	1767	明和事件
	1772	南鐐二朱銀
	1782～87	天明の飢饉
	1783	浅間山大噴火
	1785～86	最上徳内の千島探検
	1786	将軍家治没→田沼失脚
家斉		寛政の改革
	1787	天明の打ちこわし
	1789	棄捐令
		囲米
	1790	石川島人足寄場
		寛政異学の禁
		旧里帰農令
	1792	林子平処罰
		ラックスマン根室来航
		尊号一件
	1793	松平定信，老中辞任

田沼意次といえば賄賂政治という見方が一般的でしたが，現在では，その積極的な経済政策が注目されています。しかし，**天明の飢饉**が発生し，経済は大打撃をうけ，田沼も失脚。老中**松平定信**を中心とする**寛政の改革**が始まります。第一目標は，天明の飢饉からの復興です。まじめで復古的な改革政治です。

徳川幕府（1798 ～ 1843 年）

家斉		**大御所時代**
	1798	近藤重蔵の千島探検
	1799	東蝦夷地直轄
	1804	**レザノフ長崎来航**
	1805	関東取締出役
	1806	**文化の撫恤令**
	1807	全蝦夷地直轄
	1808	間宮林蔵の樺太探検
		フェートン号事件
	1811 ～ 13	**ゴローウニン事件**
	1821	蝦夷地を松前氏に還付
	1825	**異国船打払令（無二念打払令）**
	1828	**シーボルト事件**
	1832 ～ 38	**天保の飢饉**
	1836	甲斐郡内騒動・三河加茂一揆
	1837	**大塩の乱・生田万の乱**
家慶		**モリソン号事件**
	1838	徳川斉昭「戊戌封事」
	1839	**蛮社の獄**
		天保の改革
	1841	**株仲間解散令**
	1842	**天保の薪水給与令**
	1843	**人返しの法**
		上知令失敗→水野忠邦失脚

　松平定信引退後，しばらくはまじめな老中たちが頑張って引き締まった政治が続きましたが，やがて 11 代**徳川家斉**の親政は弛緩してしまいます。文化面は多様な発展を遂げる時期，いわゆる「**化政文化**」。しかし，ロシアの南下策など対外的に課題が次々に現れ，12 代将軍**徳川家慶**の登場とともに**天保の改革**に着手しますが，あっさり挫折してしまうのです。

1 田沼政治

❖ 徳川家重・家治

　吉宗の次は9代**家重**，10代**家治**と続きます。ちなみに，大御所吉宗は家重が将軍在職中の1751年に亡くなりました。系図でチェックしておきます。

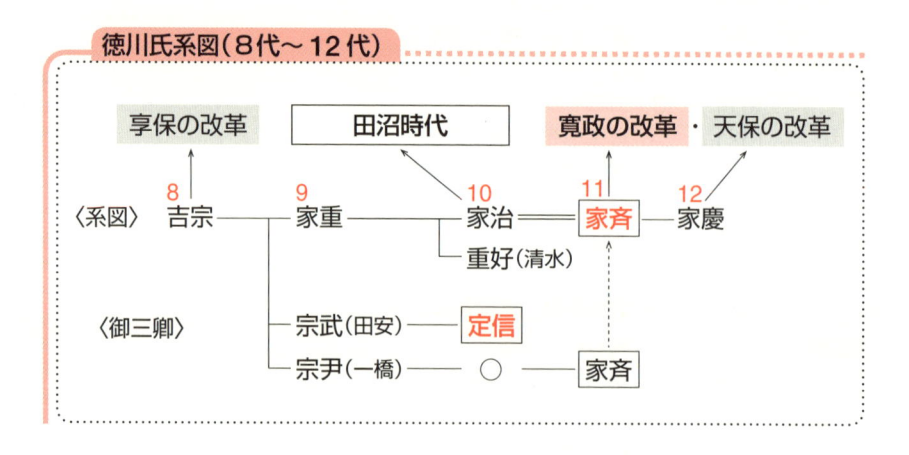

徳川氏系図（8代〜12代）

　徳川家重の時期で覚えておくことはほとんどありません。1758年，京都で起こった**宝暦事件**ぐらいです。桃園天皇の側近の若い公家たちが**竹内式部**の唱える「神道論」を学び，これを天皇にも紹介したことから，関白らによって処罰された事件です。「尊王論」に対する弾圧という意味で注目される事件です。直接の関係はありませんが，1767年に**明和事件**が起こっているので，合わせて覚えておきましょう。

　明和事件というのは，1767年，**田沼意次**が将軍家治の側用人になった年ですが，幕府によって**山県大弐・竹内式部**らが死刑や流刑に処された思想弾圧事件のことです。竹内式部は宝暦事件で追放されているのですが，今度は「遠島」，いわゆる島流しになっています。

❖ 田沼政治

さて，幕政史では，宝暦〜天明期を「**田沼政治**」「**田沼時代**」と呼びます。文化史でも注目される時期，「**宝暦・天明文化**」です。

田沼政治といえば，かつては，賄賂が横行した「賄賂政治」という見方が強調されていましたが，今では**積極的な経済政策が注目**されています。内容は簡単ですが，その概要はしっかり覚えていく必要があります。

▶商業重視の政策

まず，**専売制**を採用して，銅や真鍮，朝鮮人参などの幕府直営の**座**を設けたこと。

株仲間を積極的に公認して運上・冥加の増徴を図ったこと。

新井白石のように長崎貿易を統制するのではなく，銅や**俵物**（いりこ・ほしあわび・ふかのひれなどの海産物）をどんどん輸出し，金・銀をどんどん輸入しようと**積極的な貿易政策をとったこと。**

▶「南鐐二朱銀」の発行

貨幣については，第10回「貨幣・金融史/近世」のところで詳しくやりましたが，**南鐐二朱銀**が頻出。それまでの銀貨は秤量貨幣で，計数貨幣の金貨とはまったく性質が違っていました。ところが，**1772年**に，**計数貨幣としての銀貨**が発行されます。**南鐐二朱銀**です。では，

Q 小判1両は南鐐二朱銀何枚と交換できましたか？　　　——**8枚**

1両は16朱ですから，16 ÷ 2 = 8で，答えは8枚。

▶印旛沼・手賀沼の干拓

新田開発については，**印旛沼・手賀沼の干拓**に着手しますが，ほとんど完成する直前に洪水に襲われ，失敗に終わってしまいました。

▶北方探検

田沼は北方に目を向け，仙台藩の医師だった**工藤平助**の蝦夷地に関する著作『**赤蝦夷風説考**』をもとに，**北海道方面の開拓**，さらに**ロシアとの**

交易の可能性も探ろうと考え，最上徳内という探検家を千島に派遣したりしています。

❖ 田沼政治の終焉

さて，田沼政治は挫折。経済そのものが崩壊してしまいます。

Q 1732年の享保の飢饉に続いて，田沼時代に起きた三大飢饉の2つ目は？
——天明の飢饉

天明の飢饉は1782年から87年まで。これが実際上，**田沼政治を崩壊させた**とイメージして覚えておいてください。特に，天明の飢饉の2年目，1783年の浅間山大噴火は入試頻出ですよ。江戸でも火山灰が降り積もり，冷害の追い打ちもあって，全国で打ちこわしが起こっています。

そのような中，田沼意次の息子で若年寄だった田沼意知が，江戸城内で旗本の佐野政言に暗殺され，権威も失墜します。そして，なんといっても田沼政治は将軍家治の権威をバックにしたものだったので，家治が死ぬと田沼も失脚してしまいました。

◢ 2 寛政の改革

❖ 松平定信

家治が死んで，11代将軍となったのが家斉でした。

田沼意次失脚の翌年，1787年には江戸や大坂などで打ちこわしが頻発しました（天明の打ちこわし）。世の中が落ち着かない中，家斉を補佐したのが老中松平定信。この超まじめな朱子学者のもとでの超まじめな政治が寛政の改革です。

定信は学者ですから，建前と姿勢が一致する，非常に立派な政治家なんですが，簡単にいうと，社会の実情にはあまり合っていませんでした。

❖ 寛政の改革

▶棄捐令

寛政の改革といえば，まずは「棄捐令（きえんれい）」。札差（ふださし）が持っている旗本・御家人への貸したお金，債権を放棄させます。天保の改革でも採用される，**旗本・御家人の救済策**でした。

▶囲米

さらに天明の飢饉で多くの餓死者（がししゃ）が出た。そこで飢饉対策として，

> **Q** 幕府が諸藩に米を貯蔵せよと命じた施策を何と呼ぶか？　　——囲米（かこいまい）

諸藩の大名に対し**石高1万石につき50石**の割合で穀物，米などを貯蔵しなさいと命じたり，**社倉（しゃそう）**，**義倉（ぎそう）**と呼ばれた穀物倉を設置させ，凶作時に備えさせました。

▶旧里帰農令

飢饉で農村が荒れた結果，江戸に流入してきて職を持たない人たちがいます。彼らを放っておくと，「打ちこわし」とかさらに悪いことをしそうだというので，彼らを故郷に戻そうとして「**旧里帰農令（きゅうりきのうれい）**」が出されますが，全員を返しきれたわけではありません。

▶石川島人足寄場

そこで，江戸湾に，**石川島（いしかわじま）**という人工の島をつくり，そこに**人足寄場（にんそくよせば）**という施設をつくりました。**石川島人足寄場**は犯罪者を収容する刑務所のような施設ではなく，定職や住むところもない**無宿人（むしゅくにん）**に職業を身につけさせ，更正を図った施設です。もし技術が身につかなければ，土地を与えて農民に復帰させるなどの措置もとり，それが最終的には江戸の治安対策にも通じると考えたのです。

これはヨーロッパ，オランダなどでのちに発達する，「刑罰」というものは教育のために科すものだという**教育刑主義**の先駆的なものであると評価される，法律の世界では国際的にも結構，有名な施策です。

▶七分積金

農村部向けの飢饉対策は「囲米」で対応するとして，都市部はどうするか。江戸の町に対しては，町の予算，町費を**町入用**（まちにゅうよう）といいますが，これを節約させます。

Q **町入用**を節約した分全部ではなく，そのうちの7割を積み立てさせた制度は？
——**七分積金**（しちぶつみきん）（**七分金積立**）（しちぶきんつみたて）

七分積金の積み立て金を**江戸町会所**（えどまちかいしょ）に運用させて，飢饉や打ちこわしなどで困窮した際の緊急援助の資金としたのです。

▶出版統制令とロシアの南下

七分積金が始まった翌年の**1792年**といえば，皆さんはもう思い出すでしょうね，「いーな，国に帰れた大黒屋」と。

> **ゴロ**で**覚える！**
>
> 1792年，ラックスマン根室来航…
> 「**(いーな)国(くに)**に帰れた大黒屋」
> 1 7　92

伊勢の船頭だった**大黒屋光太夫**（だいこくやこうだゆう）が，嵐で漂流してしまったところをロシア人に救助された。その光太夫を伴って**ラックスマン**が**根室**（ねむろ）に来航します。

Q **海国兵談**（かいこくへいだん）で，外国の侵略に対する防備が軽視されていると警告を発した人物はだれか？
——**林子平**（はやししへい）

「日本は海に囲まれている。海はヨーロッパにも続いているから，外国人はどこからでも日本に来られますよ。それなのに，江戸湾の防備が不充分じゃないですか」といっちゃった（→『日本史B講義の実況中継〈第③巻〉』p.106〜108参照）。

これが，政治への批判や風刺，風俗を乱す出版物を禁止した**出版統制令**（とうせい）に反したとして，幕府はラックスマン来航の直前に林子平を処罰した。そうしたら，林子平が予言したかのように，本当にラックスマンが根室に来ちゃったわけです。

このあたりは幕末の列強接近に関する出来事の一番メインのところですから，しっかり覚えておいてください。

▶尊号一件

もう1つ，「**尊号一件**（そんごういっけん）」という事件が起こります。

当時の天皇は**光格天皇**（こうかく）で，実のお父さんは閑院宮典仁親王（かんいんのみやすけひと）という皇位についたことがない人でした。光格は前の天皇の養子になって天皇位についていた。親孝行の光格は，父に「**太上天皇**（だいじょう）」という元天皇に贈られることになっている称号を与えたいと幕府に打診してきます。それに対して定信は，前例がないとして拒否し，結局実現しませんでした。

ところが，たまたま時の将軍**家斉**も養子で，しかもちょうど，将軍になったことのない実父に「大御所」という，元将軍に贈られる称号を与えたがっていたんです。光格とよく似た状況だった。

定信にしてみれば，家斉にだけ認めるわけにはいかないですよね。このトラブルへの対処をめぐって将軍家斉との仲がぎくしゃくし始めたといわれていますが，このあと定信は**1793年**，あっさり**老中を辞任**してしまいます。

▶洒落本・黄表紙の発禁処分

あと文化史がらみでは，色っぽい話やエッチな話，面白い話などはまじめな定信からすれば世の中になくてもいいものですから，先ほどの**出版統制令**によって，**洒落本**（しゃれぼん）作家の**山東京伝**（さんとうきょうでん）や，**黄表紙**（きびょうし）作家の**恋川春町**（こいかわはるまち）を処罰しています。

定信の性格からすると，恋だ，春だなんていう名前からして，もう許せないんでしょうね。

ここの一番のポイントは，**天保の改革**のときに弾圧される**人情本**と**合巻**との区別を間違いないようにすることです。

> ┌ 洒落本(山東京伝)・黄表紙(恋川春町) ……寛政の改革で処罰
> └ 人情本(為永春水)・合巻(柳亭種彦) ……天保の改革で処罰

ここまでがいわゆる寛政の改革です。

3 大御所時代

❖ 徳川家斉

定信引退後も将軍は 11 代**家斉**のままです。定信主導の厳しい政治は終わり，家斉の**親政**になりましたが，幕政の緊張感はその後しばらくは続きました。

しかし，文政年間(1818 〜 30 年)になると，だんだんダレてきて緊張感のない政治になってくるんです。一方で，**列強の接近に伴い，外交関係はどんどん複雑化**していきます。

❖ 北方探査と蝦夷地直轄

漂流民大黒屋光太夫らを連れて，1792 年，根室にやって来たラックスマンは，幕府の指示に従って箱館に回航し，松前で幕府の使節と会見して光太夫たちを引き渡したのですが，通商の開始は拒否されました。そして，改めて長崎港への入港許可証を与えられて帰国しますが，その後の様子は不明です。

一方，幕府は，**1798 年**，**近藤重蔵・最上徳内**らに千島方面の探検を命じ，彼らは択捉島に「**大日本恵登呂府**」という標柱を立てます。

そして，翌 1799 年に，幕府は**東**蝦夷地を期限付きで**直轄地**とし，

1802 年には東蝦夷地を**永久の直轄地**としました。

▶レザノフ，長崎に来航

　その 2 年後，**1804 年**，ロシア使節**レザノフ**が，ラックスマンが持ち帰った長崎港への入港許可証を持って，ついに長崎に来ます。しかし幕府はさんざん待たせたあげく，翌年，通商要求を拒否し，レザノフは怒って退去します。

　レザノフ退去のあと，

Q 1806 年，外国船に水や食料を与え，穏便（おんびん）に退去させようと定めた法令は？　　　　　　　　　　　　　　　——「**文化の撫恤令**（ぶんか　ぶじゅつれい）」

「撫恤（あわ）」は「憐れんで施（ほどこ）しをする」という意味で，大人しく日本から出ていってもらうための**対外融和策**でした。

▶文化露寇事件

　しかし，怒ったレザノフはその支配下の軍人たちに報復のための襲撃を命じます。ロシア船が樺太（からふと）・択捉島・利尻島（りしり）などを襲撃してきた。これをまとめて「**文化露寇事件**（ぶんか　ろこう）」と呼びます。1806 年から翌年にかけて樺太から択捉，利尻島などを襲撃してきたのです。

▶全蝦夷地を直轄

　幕府は 1807 年には**西蝦夷地も直轄**し，**全蝦夷地を直轄地**とすることとし，**松前奉行**（まつまえ　ぶ　ぎょう）を設置します。また，1808 年には**間宮林蔵**（ま　みやりんぞう）の樺太探検によって，樺太が島であることが判明します。

　さらに，

Q 1811 年，千島列島を測量中の**ロシア**軍艦の艦長が幕府の役人に抑留（よくりゅう）された事件は？　　　　　　　　　　　　　　——**ゴローウニン事件**

この事件は，民間商人で択捉航路を開いた**高田屋嘉兵衛**（たか　だ　や　か　へ　え）の尽力（じんりょく）により，平和裏におさまったので，ロシアとの関係は改善されます。すると，

安心した幕府は，**1821 年**に，いったん**松前藩に蝦夷地を返還**していま
す（このあたりの詳細については，第5回「蝦夷地・北海道史」で確認し
てください）。

❖ イギリス・アメリカへの幕府の対応

次に，列強の中でもイギリスやアメリカをめぐってはどういう状況
だったのか。

1808 年，**イギリス**の軍艦**フェートン号**が長崎港に乱入し，食糧や薪
水を強奪して帰って行くという突発的事件が起きました（**フェートン号
事件**）。

その後も，イギリス船やアメリカ船が日本に近づいてきたので，幕府
は「文化の撫恤令」をやめて，強引な政策に転換する新たな法令を出しま
した。

> **Q** 1825 年に出された，清とオランダ以外の外国船に対して，無条件で
> 撃退するように命じた法令を何というか？

——異（外）国船打払令（無二念打払令）

「いやに強引，異国船打払令」で覚えておこうね，1825 年。

幕府が強引な姿勢をとれたのは，このころ沿岸に近づいてくる欧米の
船というのが小型の捕鯨船がほとんどだったから。

具体的にいうと，1824 年の**大津浜事件**という事件があります。イギ
リスの捕鯨船の乗組員が**常陸**大津浜に上陸してきたのを，水戸藩などが
出兵し追い払った。そして幕府は，全国の幕領の海防を強化し，翌年，

異国船打払令を発令したのです。

　その他にも，外国船の接近が相次いだことは，教科書には地図で表示されてありますから確かめてください。

❖ シーボルト事件

　異国船打払令の発布から3年後，1828年に**シーボルト事件**が起こります。オランダ商館の医者だったドイツ人のシーボルトが，帰国のときに，持ち出し禁止の日本地図を持っていたのがバレて，国外追放処分になったという事件です。

> **Q** このとき**シーボルト**に地図を渡したことで投獄された，幕府天文方の役人は？
> ——**高橋景保（たかはしかげやす）**

❖ 江戸時代の最後のポイント「1837年」

　1837年あたりが江戸時代最後の難所というか，最後のポイントになりますから，『日本史B講義の実況中継〈第③巻〉』第41回を思い出しておいてください。

　いきなりですが，語呂合わせから。

> **ゴロ**で覚える！
>
> 　1837年，大塩の乱，生田万の乱，モリソン号事件
> …「（内政・外政）**いやみな年号，おーい，モリソン！**」
> 　　　　１８３７　　　　　　→大塩　生田

　「おーい，モリソン」「おーい，モリソン」「おーい，モリソン」と3回ぐらい叫んで，**大塩の乱（おおしお）**の「**おー**」。**生田万の乱（いくたよろず）**の「**い**」。**モリソン号事件**の「**モリソン**」と，1837年の出来事の順番を正確に覚えましょう。

　大塩の乱は，大坂町奉行の元与力（よりき）で陽明学者（ようめいがくしゃ）だった**大塩平八郎（おおしおへいはちろう）**が**天保**

の飢饉に対する幕府の対応への不満から起こした反乱。

　生田万の乱は，国学者だった**生田万**が大塩の乱に呼応して，越後の柏崎で起こした反乱です。

　モリソン号は**アメリカの商船**でした。日本人の漂流民を乗せて浦賀に近づきますが，**異国船打払令**によって砲撃されたので，薩摩の山川という港に向かったところ，ここでも大砲を撃たれて撃退された。これがモリソン号事件です。

❖ 『戊戌封事』と蛮社の獄

　翌年の1838 年。水戸藩藩主の徳川斉昭は，幕府が当時抱えていた内政上，外交上の危機を訴える上申書，「戊戌封事」を書いています。

　「戊戌封事」の"戊戌"と，高野長英がモリソン号への幕府の対応について批判した『戊戌夢物語』の"戊戌"はしっかり書けるようにしておきましょう。

　翌1839 年，高野長英は蛮社の獄で，渡辺崋山とともに弾圧されました。

Q 海外情勢にうとい幕府のモリソン号事件に対する措置を無謀として批判した渡辺崋山の書物は？　　　　　　—— 『慎機論』

「中華料理は慎重に」ってやつだね。

4 天保の改革

❖ 天保の改革

　家斉は 1837 年に息子の**家慶**に将軍職を譲り，12 代将軍家慶の誕生となりますが，実権は家斉が握ったままでした。しかし 1841 年，ようやく家斉が没します。

　これでやっと幕府は念願の改革政治に乗り出せる。老中**水野忠邦**を中心に行う**天保の改革**にとりかかれることになりましたが，残念ながら水野はまもなく失脚し，改革はあっけなく終わります。

▶株仲間解散令

　物価が高いのは，商人たちが談合して，値下げできるときでも，物価を高いままで維持し，不当な利益を得ようとするからだと推測し，**株仲間解散令**を出した。自由にすれば物価は下がると期待した。ところが，物価が下がるどころか，かえって経済が混乱してしまう。流通ルートが混乱し，かえって物価が上昇したりする。結局，1851 年に**株仲間再興令**を出すことになります。

▶天保の薪水給与令

　次は対外政策について。**1840 年**に勃発した**アヘン戦争**の知らせを聞いて，水野は驚きました。「異国船打払令」はヤバい。そこで，1842 年，逆戻り。「文化の撫恤令」に戻って，「**天保の薪水給与令**」を出し，困っている外国船に燃料や飲料水などを与えて穏便に帰ってもらおうという融和策に転換しました。

▶人返しの法

　江戸の人口増加と治安対策として，「**人返しの法**」を出します。これは江戸に流入した農民を農村に返したり，出稼ぎのために農民が新たに江戸に入ってくるのを禁じたものです。

　寛政の改革で出された「**旧里帰農令**」と区別してください。ひとことで

いえば，「旧里帰農令」は江戸に流入した農民に帰農，故郷に帰って農業に従事することを「奨励する」ものだったのに対して，「人返しの法」は「強制的に命令する」ものでした。

▶上知令

そして，水野忠邦が失脚した原因となったのが，1843年の「上知令（あげちれい）」でした。

江戸・大坂周辺の大名や旗本などに与えていた，年貢高も多いおいしい土地を取り上げて直轄地にし，大名・旗本たちには代わりの土地を与えるという，幕府財政の安定を狙う経済的な意味と，海岸防備の強化を兼ねた命令を出しましたが，大名たちの反発を買い，水野は孤立して，失脚。天保の改革も挫折ということになりました。

1841年に始まった天保の改革は，1843年，わずか2年で終わってしまいました。

❖「開国」以降

その1843年から10年後。1853年は，皆さんもよく知っているペリーの来航です。

次回は，ペリーの浦賀来航から大政奉還（たいせいほうかん）までの幕末の流れを追うことになります。その詳しい過程については，『日本史B講義の実況中継〈第③巻〉』第42～44回で解説しています。次回は要点のチェックです。

徳川幕府(1853〜68年)

年代	朝 廷	幕府・諸藩	外 国
1853			ペリー来航
1854		日米和親条約	
1856			ハリス(米)着任
1858		井伊直弼大老	
		日米修好通商条約	
		安政の大獄	
1860		桜田門外の変	
1862		坂下門外の変・和宮降嫁	
		生麦事件	
1863		長州藩攘夷決行	薩英戦争
1864		禁門の変・第1次長州征討	ロッシュ(仏)着任
			四国艦隊が下関砲撃
1865	条約勅許		
1866	孝明天皇死す	薩長同盟	
		第2次長州征討	
1867	王政復古の大号令	大政奉還	
1868		鳥羽・伏見の戦い(戊辰戦争	
		開始)	
		江戸無血開城	

　1853年，**ペリー**の来航。いよいよ幕末，**開国**です。さらに，**ハリス**がやって来て**日米修好通商条約**。英米などとの貿易が開始されることとなります。朝廷の許可も無く，貿易を開始することを決断した大老**井伊直弼**が**桜田門外の変**で暗殺され，和宮降嫁によって公武合体を進めた老中**安藤信正**も**坂下門外の変**で負傷，失脚する。一方，生麦事件に対する報復として**薩英戦争**，長州藩の攘夷決行に対する**四国連合艦隊下関砲撃**。まさに激動期です。

❖ ペリー来航と将軍継嗣問題

では，**1853**年，**ペリー**の浦賀来航から始めましょう。

ゴロで覚える！　　1853年，ペリー浦賀来航…
「**いやでござんす，ペリーさん**」
1 8　5 3

翌**1854**年は**日米和親条約**で開国。

このころ，幕府の内部には**将軍継嗣問題**が生じていました。次の将軍に**一橋慶喜**を擁立しようとする**一橋派**と和歌山藩主**徳川慶福**を擁立しようとする**南紀派**の対立です。

▶日米修好通商条約

そこへ，日米和親条約に従い，アメリカから総領事**ハリス**がやって来て，商売を始めようと通商を迫ります。これに対して大老**井伊直弼**が対応し，勅許（天皇の許可）がないまま，**1858**年，**日米修好通商条約**に調印して翌年から貿易が始まった。

▶開港貿易

ここではまず，1859年から始まった**幕末開港貿易**における輸出入品の品目を覚えてもらわなきゃいけません。

Q 当初，輸出量の８割を占めた品は？　　　　　　　——**生糸**

Q 輸入品の主なものを２品目あげなさい。　　——**毛織物・綿織物**

輸出品は，とりあえずは**圧倒的に生糸**だった。このときの貿易は生糸輸出で成り立ったんだというところが一番のポイントです。

▶安政の大獄と桜田門外の変

政治史にもどります。**井伊直弼**は将軍継嗣として**徳川慶福**を擁立しますが，その独裁的な政治が反発をくらいます。井伊は反対派をどんどん粛清していく。これが**安政の大獄**です。

ちょうどそのころ，駐日イギリス公使に**オールコック**という有名な外交官がやってきます。

外国人で初めて無酸素で富士山の頂上まで登った人です。犬が大好きで愛犬が熱海で死んでしまい，おいおい泣いたものだから，熱海の人がオールコックのために犬の墓を作ったとかいう話が残っています。

さて，安政の大獄を断行した井伊直弼は，怒った水戸藩の浪人などに襲われ，首をはねられてしまいます（**桜田門外の変**）。これで幕府の権威は失墜する。

論述対策

Q 幕府が1858(安政5)年に調印した日米修好通商条約は，不平等条約であった。いかなる意味で不平等なのかを，40字以内で記述せよ。

（東京都立大〈現・首都大東京〉）

A 日本が片務的に関税自主権を放棄し，アメリカに領事裁判権を認めるものだったから。（39字）

日米修好通商条約は，どのような点で「不平等条約」であったかという問題です。もちろんほとんど箇条書き風に，協定関税制（関税自主権の喪失），片務的領事裁判権条項（治外法権）を指摘すればOKです。片務的な最恵国待遇の供与は和親条約で規定されており，ここで指摘する必要はありません。

289

2 公武合体派 vs 尊王攘夷派

❖ 和宮降嫁──公武合体論

　井伊直弼の死後，老中**安藤信正**らは**公武合体論**を唱え，**和宮降嫁**の具体化を図ります。くだいていうと，孝明天皇の妹である**和宮**を将軍のお嫁さんにすることによって，天皇家と将軍家が兄弟になっちゃおうというのが，公武合体論です。

> **Q** 和宮降嫁で天皇の権威を利用することに憤激した尊王攘夷派の志士が**安藤信正**を襲った事件は？
> ──**坂下門外の変**

　安藤は，命は助かったものの，失脚。しかし，将軍となって**慶福**から改名した**徳川家茂**と**和宮**との婚儀は江戸城で実現されました。

▶薩摩藩・島津久光の登場

　公武合体運動は，実際には，**薩摩藩の島津久光**が朝廷に影響力を及ぼしていった結果，進捗・実現したといってよく，このあたりから，幕末の政局への薩摩藩と島津久光の登場という，ややこしい状況が生まれてくるわけです。

　島津久光は外様藩の，しかも正式には藩主をやったことがない人物でしたが，藩主島津忠義の実父として，藩政を牛耳っていました。

　久光はまず京都に出て，それから天皇の勅使，使いが江戸に行くのを護衛するという名目で，江戸に向かいます。時の天皇，**孝明天皇**は将軍家に自分の妹を嫁がせているわけですから，**徳川家茂**の義理の兄にあたる。

　そこで，朝廷は，勅使，公家さんの**大原重徳**を送って，幕府に「攘夷を実行せよ」という要求を突きつけるわけです。

▶生麦事件

　この帰りがけに，有名な**生麦事件**が起こるんです。**島津久光**の一行が

横浜生麦村にさしかかった際, 騎馬のまま行列を横切ったイギリス人を, 久光の部下が殺傷した。

犯人を引き渡せというイギリス側の要求に対して, 幕府はイギリスと薩摩藩の間に入って, 右往左往するばかり。

❖ 長州藩の攘夷決行

この間, **長州藩**が京都に入って**尊攘派で朝廷周辺を固めてしまう**などの事態が生じ, 結局, **家茂**は**一橋慶喜**を伴って京都に上り, 朝廷との交渉後, 幕府は, **文久3年**(1863年)**5月10日を期しての攘夷決行**を, 朝廷への約束として明言させられます。

しかし, その5月10日が来ても, 幕府は何もしません。ところが, 本気の長州藩は, 同日, 関門海峡を通る船に向かって, ドスンドスンと大砲を撃つわけです。

これに対する報復措置として,

Q 翌1864年, 英・仏ほかの連合艦隊が長州藩の**下関**砲台を攻撃した事件は何と呼ばれるか? ——**四国艦隊下関砲撃事件**

四国とは, 英・仏・米・蘭の4か国です。長州藩は, 4か国の圧倒的な火力の前に壊滅し, 降伏します。この事件以後, **長州藩内の攘夷派は列国に接近**しつつ, **倒幕運動**に力を傾けるようになりました。

❖ 薩英戦争

一方, 1863年, **生麦事件**に対する報復として, イギリス艦隊が鹿児島湾にやってきて交戦し, **薩英戦争**が起こりました。薩摩藩はイギリスに屈服して**攘夷の無謀を悟り**, **講和後, 薩摩藩とイギリスは接近**します。

以上2つの事件を総括すると, 幕府が外国に対してきちんと責任をとることができなかったために, 外国の軍隊が直接, 長州藩や薩摩藩と交

戦したわけで，幕府は，はっきりいって**もはや中央政府としての機能を果たしていないこと**が，だれの目にも明らかになったということです。

❖ 幕府・仏 vs 薩長・英

1864 年，**フランス公使として**ロッシュがやってきますが，翌年，

> Q **オールコック**に代わって駐日イギリス公使に赴任したのはだれか？
>
> ——**パークス**

ロッシュは，日本の新しい政府はどのようになるのがよいか考えます。徳川幕府はこのままではダメだということは，みんながわかっているので，**幕府を再強化するために力を貸してやろう**としました。

実は軍事援助もして，幕末にかけて，幕府軍（陸軍）はなんとフランスのナポレオン軍みたいな恰好の軍隊になるんです。

これに対して，イギリスの**パークスは薩長側にくっつく**んですよ。だから，四国艦隊で下関を攻撃しているあたりでは，当時，日本に来ていた外国は，4 か国などが一致団結して日本と交渉していたわけですが，パークスが着任するころから，**フランスが**親幕府**的**になり，**イギリスが**親薩長**的**という構図が鮮明になります。

❖ 長州征討

▶第 1 次長州征討

1864 年，尊攘派の長州藩兵の上洛を京都御所で幕府側が防いだ**禁門の変**後，幕府の命令に真向から反発している長州藩に対して，第 1 次長州征討が起こっていますが，幕府の命令を受けて攻めていった連中は早くやめたくて仕方がない。

そこで，長州藩がちょっと謝って家老が腹を切ったりしたら，「よし，今後はいうことを聞けよ，さよなら」といって，それ以上の攻撃をほと

んどせずに，やめて帰ってきちゃいます。

▶第2次長州征討

だから，あらためて**第2次長州征討**を行なわなければいけなくなってしまうわけです。

しかし，**1866 年**ぐらいになると，長州藩は薩摩藩を通じて近代的な武器をどんどん手に入れているし，**奇兵隊**^{きへいたい}のようなやる気満々の軍隊もできているわけですから，今度は準備が十分に整っています。

「ウェルカム」といった具合で待っているところへ，幕府は，今度もまた，相手はきっと負けて謝るだろうと思って，「長州征討じゃ」とばかり，攻めていった。

だけど，今度は攻めても勝てない。なんと，幕府軍がたった1つの藩を攻めて，攻めきれず，戦争に勝てない。「これじゃ，戦いに負けて潰れちゃうぞ」と思ったところで，

Q 第2次長州征討の際，大阪城まで出張してきていて病死し，幕府側が**戦争を中止**するきっかけとなった将軍は？ ——**徳川家茂**

将軍が亡くなった。みんなで喪^もに服そう。戦争なんかやってちゃ不謹^{ふきん}慎^{しん}だと，簡単にいうと，逃げ帰ったわけです。幕府側は**家茂の死をきっかけに第2次長州征討を中止**します。

◢ 3 薩長同盟～戊辰戦争

❖ 薩長同盟

1866 年，**第2次長州征討**にあたって，薩摩・長州両藩は相互援助を約し，**倒幕を目指して薩長同盟（薩長連合）**を結びます。

幕府側はどん詰まり状態。1866 年，**一橋慶喜**が第 15 代将軍**徳川慶喜**となります。

1867年になると，1865年の**日米修好通商条約の勅許**の際に許されていなかった**兵庫開港**が，ようやく許され実現。これで長年の**違勅調印**（いちょく）の状態が解消される一方，薩長はすでに**討幕の密勅**（みっちょく）を用意し，武力による倒幕挙兵の機会をうかがいます。

❖ 大政奉還

　そんな状況の中，薩長を抑え，なんとか幕府を存続させたいと考え，

　Q 将軍が平和裏（へいわり）に天皇に政権を返す，大政奉還路線（たいせいほうかん）を**徳川慶喜**に勧めた土佐藩前藩主は？　　　　　　　　　　　——**山内豊信**（やまうちとよしげ）

　この際，名目的に政権を天皇に返すほうが，大きな混乱なく，天皇のもとで徳川家が主導権を維持できるだろうというもくろみからでした。

　慶喜はこの意見に従い，ついに政権を天皇に返す**大政奉還**を申し入れ，朝廷が受け入れます。これによって，鎌倉幕府以来，**約700年続いてきた武家政治は終結**しました。

　同時に，この日，大政奉還によって，討幕の密勅は取消しとなりました。

❖ 王政復古の大号令

　さて，大政奉還によって，徳川慶喜は将軍の位を天皇に返上したわけですが，大政奉還後の政治状況には，**慶喜の影響力を残そう**という動きもあったんです。

　これに対して，天皇のもとに，慶喜および**旧幕府の勢力を除いた新しい政府**を作ろうと，薩長の武力倒幕派が計画し，宣言したのが，**王政復古の大号令**（おうせいふっこのだいごうれい）でした。

　これに引き続き，京都御所で**小御所会議**（こごしょかいぎ）が開かれて，将軍の影響力を残そうとする土佐藩らの主張は退（しりぞ）けられ，徳川慶喜はすべて領地を返せと，**幕府を全面否定**する決定がなされました。

Q 天皇臨席の御前会議である小御所会議で決定された，徳川氏への処分に関する要求項目を何というか？ ——辞官納地

辞官とは官位を返上すること，納地とは領地を返上することです。

幕末の動き

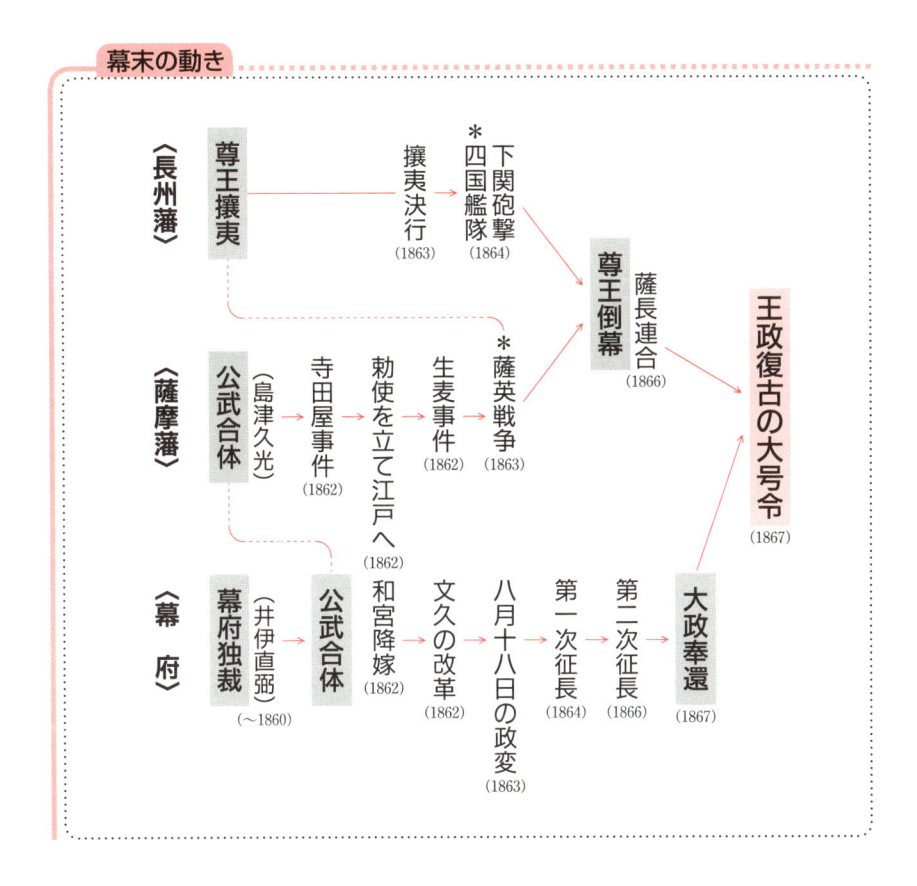

❖ 戊辰戦争

　これではもう**公武合体**などという中途半端な施策の実現は不可能ということになったので，逆切れした大坂城の旧幕府軍が，京都に向かって攻め上ります。**1868 年**，旧幕府側の勢力と新政府側の間で**戊辰戦争**が

始まった。

　将軍家がなんと自らの直轄軍を京都に向かって攻撃に向かわせるという，江戸中期までだったら考えられもしないような事態になってしまいました。まずはこの**鳥羽・伏見の戦い**が発端です。

　幕府軍は勝てません。戊辰戦争は，鳥羽・伏見の戦いで負けたあと，最後は箱館，**五稜郭の戦い**までいくんですが，1869年，幕府軍は陥落。**戊辰戦争は終結**します。そのあと，慶喜はもう抵抗を諦めて引退しちゃいます。

　江戸は**無血開城**され，徳川幕府は事実上，崩壊しました。

　ここで大事なのは，このような内乱において，米・英・仏・蘭などが**局外中立を宣言**したおかげで，ヨーロッパ，列強などの介入を免れ，日本は他の国のように**植民地の立場を強要されることはなかった**ということとです。

　この時代に，国内の戦争のみによって決着がつき，平和裏に大きな政治改革が可能になったということは，ある意味，特筆すべきことでしょう。

第18回 政治史/近代(1)

自由民権運動（1873 ～ 81 年）

〈注〉事項の前の数字は「月」を表します。

	年代	事　項
士族民権	1873	10 明治六年の政変
	1874	1 民撰議院設立建白書
		2 佐賀の乱
	1875	1 大阪会議， 2 愛国社
		4 立憲政体樹立の詔，元老院・大審院・地方官会議
士族反乱	1877	2 西南戦争
豪農民権	1878	5 紀尾井坂の変
		7 地方三新法
	1880	3 国会期成同盟
		4 集会条例
	1881	7 開拓使官有物払下げ事件
		10 明治十四年の政変・国会開設の勅諭，自由党

　岩倉遣外使節団が帰国し，内治優先の岩倉具視らによって，西郷隆盛の朝鮮派遣が阻止され，西郷らは下野（**明治六年の政変**）。郷里の鹿児島に帰った西郷は明治 10 年（1877 年）の**西南戦争**で自刃。一方，板垣退助らが「**民撰議院設立建白書**」を提出すると，旧士族などを中心とする自由民権運動が起こり，これに豪農層が加わって**大阪**で**愛国社**を結成しますが，政府の中心，大久保利通と民権派は妥協，「**（漸次）立憲政体樹立の詔**」が出されます。

　愛国社はさらに**国会期成同盟**に発展し，「**明治十四年の政変**」が起こると，明治 23 年（1890 年）には議会の開設を約束する「**国会開設の勅諭**」が出されます。

自由民権運動（1881 ～ 89 年）

〈注〉事項の前の数字は「月」を表します。
赤点線は内閣の区切りを表します。

豪農 民権	1881	10 自由党
	1882	3 立憲改進党
激 化 事 件	1884	11 ～ 12 福島事件
		7 華族令
		9 加波山事件
		10 秩父事件
	1885	11 大阪事件
		12 内閣制度（第 1 次伊藤博文内閣）
大 同 団 結 運 動	1887	10 三大事件建白運動
		12 保安条例
	1888	4 枢密院，黒田清隆内閣
	1889	2 大日本帝国憲法・衆議院議員選挙法
		12 第 1 次山県有朋内閣

　「国会開設の勅諭」をうけて政党の結成が相次ぎます。もちろん議会開設にそなえてのことです。

　1881 年，さっそく板垣退助たちが**自由党**を，翌 1882 年には大隈重信たちが**立憲改進党**。そして，政府の味方となる，**立憲帝政党**も登場します。しかし，これらの政党は国会開設まで続きません。激化事件のなかで自由党は解党，立憲改進党も大隈が離党するなど，議会で活動する以前に消滅状態。議会に向けての準備は**伊藤博文・山県有朋**らが着々と進めていきます。

　憲法も，伊藤らが中心になって作成し，天皇の名で国民に与えられることとなります。**大日本帝国憲法**はいわゆる「**欽定憲法**」として発布されるのです。

1 民権派と政府の動き

❖ 士族民権の時代

版籍奉還(1869年)，**廃藩置県**(1871年)から明治の政治史が本格的に始まり，明治18年(1885年)に**内閣制度**ができるまで，いろいろ紆余曲折があります。

▶愛国公党

スタートとしては，明治六年の政変あたりからですね。**1873年**，西郷隆盛・板垣退助らが唱えた征韓論，西郷の朝鮮派遣が，「内治優先」を掲げる大久保利通・木戸孝允らの反対にあって停止された。板垣たちは下野し，愛国公党を結成した。

これが，自由民権運動の契機となります。士族を中心とした初期の自由民権運動——**士族民権**の時期が始まり，**士族反乱**と並行して進行しました。

▶民撰議院設立建白書

その愛国公党から，当時の立法機関であった**左院**に民撰議院設立建白書が提出されました。

板垣・後藤象二郎・江藤新平らによる，「**選挙で選ばれた議員による議会を作れ**」という要求です。その後，

Q 不平士族が中心となり，江藤新平がそのリーダーとされ死刑となった事件は何と呼ばれますか？ ——佐賀の乱

江藤は故郷に戻って反乱の首謀者となり，犯罪者として死んでしまいます。

▶愛国社

民撰議院設立建白書が大きな反響を呼び，自由民権運動が各地に波及していきますが，板垣はまず地元に戻って基礎を固めようとします。

Q 1874 年，土佐に帰って板垣退助が設立した士族たちの政社は？

——立志社

　そして，主に西日本各地に誕生した，立志社のような**政社**の代表者たちが大阪に集まって結成したのが，愛国社です。

▶大阪会議

　愛国社をどのような団体にするかという話し合いをしている最中に，政府の実力者である**大久保利通**が大阪にやってきて，下野していた板垣・木戸孝允と会い，3 人で大阪会議という会談で妥協し，板垣・木戸は政府に復帰。

Q 1875 年，大阪会議後に，「憲法をつくって議会を開く」ことを天皇の名において発した 詔 は？　　　—— （漸次）立憲政体樹立の詔

　その結果，**元老院・大審院・地方官会議**の設置が実現され，国会開設の準備が進められることになります。

▶讒謗律・新聞紙条例

　一方政府は，讒謗律・新聞紙 条 例などの言論弾圧法規によって，いわゆる民権派の活動を抑圧するようになっていきます。

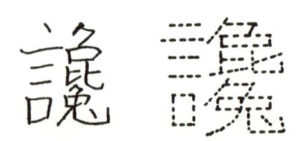

　ここまでが，士族中心の民権運動であった士族民権の時代といわれます。

❖ 士族の反乱

　明治 9，10 年（1876，1877 年）は，明治維新に取り残された不平士族たちが立ち上がり，相次いで反乱を起こした年でした。不平士族の反乱です。

　明治 9 年に**神風連の乱**，**秋月の乱**，**萩の乱**が起こされますが，いずれ

も政府側が勝ったあと，翌明治 10 年，最大の不平士族の反乱が**西郷隆盛**という超大物による**西南戦争**ということになります。

　西南戦争も激戦の末，政府側の勝利に終わりますが，この間，戦争の最中にも，**立志社**はあくまでも**言論による政治改革**を求めて，「**立志社建白**」を出していました。

　ところが，翌年，明治 11 年（1878 年），政府の一番の中心人物であった**大久保利通**が**紀尾井坂の変**で暗殺されちゃった。リーダーがいなくなってしまいます。

　このあたり，自由民権運動の最初の段階はしっかり頭に入れておいてください。

❖ 地方三新法

　1878 年，政府は**地方三新法**と総称される，**郡区町村編制法**，**府県会規則**，**地方税規則**という法令を制定し，いわゆる**三新法体制**による統一的地方制度の実現を目指します。

❖ 豪農民権の時代

　明治 10 年（1877 年）代前半から，自由民権運動は地主や商工業者たちが参加して広がりを見せ，**豪農民権と呼ばれる時代**になります。

　西南戦争以後のインフレを背景に，1878 年，**愛国社**の**再興大会**が開かれたのち，

Q 1880 年，**愛国社**は何と改称したか？　　　　　——**国会期成同盟**

これに対し，

Q 同 1880 年，国会開設運動の高揚に対して，政府が**集会・結社の自由**を抑圧した法令は？　　　　　　　　　——**集会条例**

▶私擬憲法

このころ，政党や政社，民間の有志などが，憲法私案を次々に発表します。これを総称して，私擬憲法といいます。都市の知識人などがつくった民間団体である交詢社がまとめたのが，「私擬憲法案」。では，

Q 植木枝盛が起草したとされる，最も民主的，急進的な私擬憲法のタイトルは？ ──「東洋大日本国国憲按」

❖ 明治十四年の政変

このように，新憲法の草案などが続々と発表される時期に，明治十四年の政変という大きな事件が起こりました。国会開設・憲法制定に関して急進的な意見を述べた参議大隈重信が，対立する漸進派の伊藤博文らによって，政府から追い出された事件です。

▶国会開設の勅諭

政府側は薩長を中心に，天皇の名前でまず大隈を政府から追い出すとともに，民権運動を牽制し，民間の要求を先取りする形で，詔勅が出されます。

Q 「明治23年（1890年）を期して国会を開く」ことを公約した天皇による宣言の名称は？ ──国会開設の勅諭

以後，明治政府は伊藤，黒田，松方，山県有朋らの薩長藩閥グループによって支配されていくこととなりました。

❖ 激化事件

こうして，1890年に議会が発足することが決まりましたが，そのあと起こってきた松方デフレの中で，民権運動は分裂，弱体化してしまいます。

そこで，自由党の急進派や，デフレに苦しむ貧農たちが過激な手段に

訴え，直接的な暴力事件を起こして弾圧を受ける事件が頻発しました。**激化事件**と呼ばれます。**福島事件**，**加波山事件**，**秩父事件**などが有名ですね。

　ちょっとここで短い，論述問題を見てみましょう。指定語句（使用しなければならない語句）のある論述です。指定語句には意味を持たせて使用することが大事です。また，本問では「下線」を付すことも忘れないように。

2 内閣制度発足

❖ 明治時代の歴代内閣

　さて，この間，伊藤博文たちはなんとか政府主導で議会制度，あるいは選挙制度を整えていこうと努めます。そこで加波山事件，秩父事件を頂点とする激化事件がひととおり鎮圧されたところで，ようやく，まず行政府として**内閣制度**が導入されました。

政府の中の何人かの，公家出身の人たちが追い払われ，成立したのが，**第1次伊藤博文内閣**です。これによって，明治18年（1885年）12月，日本における**内閣制度が発足**しました。

で，ここからは，おなじみの明治の内閣をあらかじめひと覚え。伊藤の「イ」から，「カ」，桂まで。

ともかく覚える歴代内閣

❶　❶❶❷❷❸①❷❹①❶❷❷❸

イ ク ヤ マ イ マ イ オ ヤ イ カ サ カ サ カ

〈注〉❶❷…丸数字は内閣の「第○次」を示す。

❶伊藤博文……鹿鳴館外交

　黒田清隆……憲法発布

❶山県有朋……帝国議会（第1議会）

❶松方正義……選挙大干渉

❷伊藤博文……元勲総出，日清戦争

❷松方正義……松隈内閣

❸伊藤博文……×地租増徴

❶大隈重信……隈板内閣，共和演説事件

❷山県有朋……「必ず出る」軍部大臣現役武官制

❹伊藤博文……立憲政友会

❶桂　太郎……日露戦争

❶西園寺公望…日露戦後経営　鉄道国有法

❷桂　太郎……大逆事件　韓国併合

❷西園寺公望…行財政整理　陸軍2個師団増設問題

❸桂　太郎……（第1次）護憲運動

ここまでが**明治時代**ですから，くり返し唱えて，まず覚えてね。「**イ**」
——**伊藤**，最初の内閣。次，「**ク**」——**黒田清隆**，憲法発布。いいですね。
「**ヤ**」——**山県有朋**，第1回帝国議会。

　というふうに，まずは歴代内閣のアタマの音を覚え，次にその内閣に
おけるイメージしやすい出来事を1つ覚えるといい。

　そこで第1次伊藤内閣はまさに最初の内閣で，まだ議会はありませ
ん。黒田内閣で大日本帝国憲法発布。それに伴って議会が開かれること
になった。次回はその議会の話から始めます。

第19回 政治史/近代(2)

初期議会から桂園時代へ（1890〜94年）

〈注〉事項の前の数字は「月」を表します。
赤点線は内閣の区切りを表します。

初期議会	1890	7 第1回総選挙
		11 第一議会…民党「政費（経費）節減・民力休養」
	1891	5 第1次松方正義内閣
		11 第二議会…樺山資紀海相の蛮勇演説
	1892	2 第2回総選挙・選挙大干渉
		5 第三議会…松方内閣総辞職
		8 第2次伊藤博文内閣
		11 第四議会…建艦詔勅
	1893	11 第五議会…対外硬派
	1894	5 第六議会…内閣弾劾上奏案可決→解散

　大日本帝国憲法と同時に成立した**衆議院議員選挙法**によって，第1回の衆議院議員選挙が実施されます。

　第1回衆議院議員選挙の結果，藩閥政府に批判的な「**民党**」が過半数を超え，政府は，第一議会から予算案などの重要法案の成立に苦しみます。第四議会で第2次伊藤博文内閣が天皇の力を借りて予算案を成立させました。いわゆる「**建艦詔勅**」です。しかし，第五議会以降も，条約改正をめぐって，政府の改正交渉に対して批判的な**対外硬派の抵抗**に苦しみます。

　現行憲法なら衆議院の過半数を握っていれば内閣不信任案を提出して総辞職，あるいは議会解散，選挙に持ち込めますが，大日本帝国憲法では内閣弾劾上奏案を提出して可決するしか方法はなかったのです。

初期議会から桂園時代へ（1894〜1900年）

〈注〉事項の前の数字は「月」を表します。
赤点線は内閣の区切りを表します。

	1894	8 日清戦争
	1896	3 進歩党
		9 第2次松方正義内閣（松隈内閣）
	1898	1 第3次伊藤博文内閣
		6 第1次大隈重信内閣（隈板内閣）
		8 尾崎行雄文相の共和演説事件
	1900	11 第2次山県有朋内閣…地租増徴
		3 治安警察法，衆議院議員選挙法改正
		5 軍部大臣現役武官制
		9 立憲政友会
		10 第4次伊藤博文内閣

　日清戦争が始まり，第七議会はなんと広島で開かれます。そして，日清戦争後，第2次伊藤内閣に自由党の**板垣退助**が**内務大臣**として入閣，続く，第2次松方正義内閣は「**松隈内閣**」と呼ばれたように，進歩党の**大隈重信**が**外務大臣**として入閣。藩閥政府と政党が接近していくわけです。しかし，続く第3次伊藤内閣が地租増徴を目指すと，これを阻止するために自由党と進歩党が合体し**憲政党**が誕生。伊藤はあきらめて大隈に首相の地位を譲ります。最初の政党内閣と評価される第1次大隈内閣。板垣が内務大臣なので「**隈板内閣**」と呼ばれます。

　ところが，これが短命に終わってしまい，**第2次山県有朋内閣**が登場。**地租増徴**を実現し，さらに**文官任用令改正**，**治安警察法**，**衆議院議員選挙法改正**，**軍部大臣現役武官制**などなど，重要な施策を次々に実現していきました。そして，伊藤が**立憲政友会**を結成すると，これに政権を譲ります。しかし，第4次伊藤内閣は短命に終わり，世代交代。第1次桂太郎内閣，政友会の第1次西園寺内閣と，いわゆる**桂園時代**が始まるのです。

初期議会から桂園時代へ（1901～13年）

桂園時代	1901	6 **第1次桂太郎内閣**
	1904	2 **日露戦争**
	1905	9 日比谷焼打ち事件
	1906	1 **第1次西園寺公望内閣**
	1908	7 **第2次桂太郎内閣**
		10 **戊申詔書**
	1910	5 **大逆事件**
		8 **韓国併合**
	1911	8 **第2次西園寺公望内閣**
	1912	11 二個師団増設を要求→**上原勇作**陸相単独辞職
		12 **第3次桂太郎内閣**→**第1次護憲運動**
	1913	→2 桂内閣総辞職（**大正政変**）

　明治の歴代内閣，イ（①伊藤）・ク（黒田）・ヤ（①山県）・マ（①松方）・イ（②伊藤）・マ（②松方）・イ（③伊藤）・オ（①大隈）・ヤ（②山県）・イ（④伊藤）・カ（①桂）・サ（①西園寺）・カ（②桂）・サ（②西園寺）・カ（③桂）。**イクヤマイマイオヤイカサカサカ**と繰り返して，しっかり，いつでも出てくるようにしましょう。

　さて，第1次桂太郎内閣が日露戦争を戦って，**日比谷焼打ち事件**で総辞職。立憲政友会総裁を伊藤博文から引き継いだ西園寺公望が首相に。日露戦後経営が主な仕事。次は再び桂。第2次桂太郎内閣。**戊申詔書・大逆事件・韓国併合**と重要事項が次々に出てきます。そして再び西園寺内閣。**二個師団増設問題**で陸軍大臣**上原勇作**が単独辞職。後継の陸相が得られず総辞職。次の第3次桂太郎内閣は**第1次護憲運動**のデモによって倒されてしまいます。

1 初期議会

❖ 第一議会

第一議会（第1回帝国議会）は，1890年，第1次山県有朋内閣のとき。当然，その前に第1回総選挙，衆議院選挙が行われています。そしたら，薩長藩閥に抵抗する民党が過半数を占めちゃった。

こうして始まったのが，第一議会から第六議会までの初期議会で，藩閥政府と民党が対立するという構図が続きました。

第一議会は一部の連中，自由党の土佐派が政府に歩み寄って，とりあえず1回目だけ，予算を通してもらった。

> ゴロで覚える！　1890年，第1回帝国議会…
> 「第一議会，あっというまに日（ひ）は暮（く）れる」
> 　　　　　　　　1 8 　 9 0

❖ 第二議会

ところが，続く第1次松方正義内閣に代わった第二議会では，予算案を削って有権者たちの要望に応えたいと，民党ががんばります。これに反発した，樺山資紀の「蛮勇演説」をきっかけに解散になる。

第2回総選挙は，政府によって「選挙大干渉」と呼ばれる民党候補者の大弾圧が行われました。

Q 第2回総選挙で猛烈な選挙干渉を行って民党を抑圧した松方正義内閣の内務大臣は？
——品川弥二郎

民党を無理やり潰そうとして死者まで出す騒ぎで，警察などによる，日本の選挙の中でも最悪の選挙妨害でした。

しかし，それでも民党が勝った。

❖ 第三・第四議会

第三議会が開かれると，松方はにっちもさっちもいかず，総辞職せざるをえない。

そこで，明治政府の懸命の戦い。薩長の大物全員が参加した**第2次伊藤博文内閣**が成立，俗にこれを元勲内閣といいます。そして第四議会となります。

伊藤内閣の軍事予算は民党による削減にあい，**第四議会**が内閣弾劾上奏案を可決すると，伊藤は，最後の手段として，天皇の利用という汚い手を使うんです。

なんと，「天皇が生活費を削って節約し，余ったお金を軍艦を造るほうに回すから，議会の諸君もよろしくね」という，いわゆる建艦詔勅（和衷協同の詔書）が，天皇の名前で出される。

なにしろ尊王運動の影響を受けている連中ばかりですから，天皇自身からそこまでいわれちゃうと，だれも抵抗できないわけです。そこで**初期議会**はこの第四議会で，**争いの中身が大きく変化**します。

❖ 第五・第六議会

それまで政府提出の予算案，なかんずく軍事予算を削れという要求によって抵抗していた民党は，第五議会からは，予算案をめぐる反政府的な態度を引っ込め，条約改正問題で政府と対決するようになります。

明治初期の条約改正問題において，列国に譲歩しつつ条約改正を実現しようとする政府に反対し，強硬な外交を推進せよと要求・攻撃する対外硬派が登場します。

第五議会，第六議会では，その**対外硬派**が過半数を握って政府が進める条約改正案に反対し，抵抗するという状況が生まれます。

Q 第五議会において，条約改正案を対外硬派によって反対された，**第2次伊藤博文内閣の外相**は？ ——**陸奥宗光**

これに対して，政府は衆議院を解散しますが，選挙の結果は変わらない。**第六議会**では対外硬派が結局は過半数を握ってしまうんです。このへんでは，保守政党も対外硬派のほうに加わってしまったりするので，内閣は相変わらず議会のコントロールが困難な状況が続きました。

1894年，**日清戦争**が始まる前までが**初期議会**。戦争が始まって直後の議会が第七議会になります。

2 ❷伊藤博文内閣〜❸桂太郎内閣

❖ **第2次伊藤博文内閣**

日清戦争後も**第2次伊藤内閣**が続きますが，内相として**自由党**の板垣退助が入閣し，それ以降は，それまで対立するのが常だった反政府側の重要人物が，内閣に入って協力するようになります。

板垣の入閣は，政党と内閣の関係の変質を示す最初の大きな出来事でした。

ということで，このあとは，内閣対政党の対立というよりも，**政党同士の対立が政治の帰趨を決める大きな要素**になっていきます。

❖ **第2次松方正義内閣**

日清戦争の処理が終わり，伊藤が退いたあとを引き継いだのが**第2次松方正義内閣**です。その少し前，

Q 1896年，**立憲改進党**を中心とし，少数派政党を吸収して結成された政党は？ ——**進歩党**

311

党首は**大隈重信**でした。進歩党は，政党史上，非常に重要な存在ですよ。

第2次松方内閣では，自由党と対立していた**進歩党**の大隈が外務大臣で入閣し，今度は，**進歩党と政府が協力する**という関係になって，<ruby>松隈内閣<rt>しょうわい</rt></ruby>と呼ばれました。

❖ 第3次伊藤博文内閣

続く**第3次伊藤博文内閣**では伊藤が再々登場して，<ruby>地租増徴案<rt>ちそぞうちょうあん</rt></ruby>，つまり増税案が提起され，「これを絶対に通すぞ，そして軍備拡張を絶対に実行するぞ」と，強硬姿勢を示します。

他方，これを通されては支持者に顔向けできないと，

> **Q** 地租増徴案に強い危機感を抱いた<u>自由党</u>と<u>進歩党</u>が，なんと合同して成立した政党は？ ──<ruby>憲政党<rt>けんせいとう</rt></ruby>

ここは**政党変遷表**の最初のヤマ場だから，次ページの表をもう1回ざっと見ておきましょうね。

❖ 第1次大隈重信内閣

これに対して，なんと，伊藤たちは，「じゃあ，やってみりゃあ，いいじゃないか」と，出来たばかりの**憲政党**に内閣を任せちゃったんです。憲政党で1つにまとまった大隈と板垣に内閣を渡した。

これが**第1次大隈重信**内閣。<ruby>隈板内閣<rt>わいはん</rt></ruby>と呼ばれた，**最初の政党内閣**となりました。大隈が首相兼外相，板垣は内相。板垣はいつも好んで内務大臣をとります。ここを押さえておくと警察組織を支配できるからです。

ところが，隈板内閣は実績を上げる前に分裂してしまうんです。

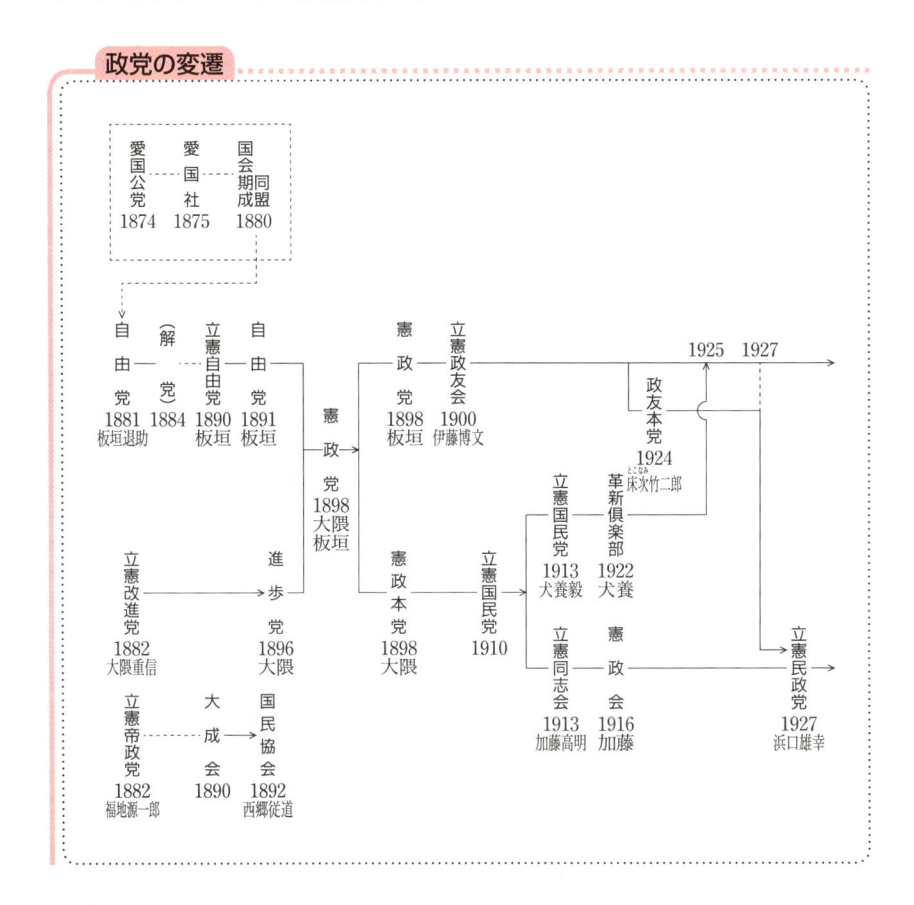

Q 「もし日本が共和制の国だったら三井・三菱が政権を握るだろう」と，金権政治を批判した文部大臣は？ ——尾崎行雄

いわゆる**共和演説事件**というのが起こって，尾崎は不敬として攻撃され，辞任。これが内閣崩壊のきっかけとなった。

政党の変遷

▶憲政党分裂

憲政党は隈板内閣を組織したものの，わずか4ヶ月で分裂します。

旧自由党系はそのまま**憲政党**を名乗ったので，**旧進歩党系**は「俺たち

のほうが本流だ」と，**憲政本党**と名づけた。ここも**政党変遷表の焦点**のところですから，しっかり確認しておいて。

内閣は憲政党の分裂により総辞職に追い込まれ，隈板内閣は，結局，何にもできませんでした。

❖ 第2次山県有朋内閣

そこで，覚える内容が超盛りだくさんの**第2次山県有朋**内閣が成立します。重要事項がいっぱい出てくる**1900年**に注目です。

▶地租増徴案が実現

まず，1898年，分裂後の**憲政党**が賛成に回って，**地租は3.3%に増**徴された。

▶「文官任用令」改正

翌年，1899年には**文官任用令を改正**。「文官」とは一般的な官僚のことです。政党員が官僚になりにくくし，官僚に政党の影響力が及ばないようにします。

▶治安警察法

そして，1900年には**治安警察法**で，社会主義・労働運動を抑えるため，警察権の強化を図った。

▶「衆議院議員選挙法」改正

また同じ年に，**衆議院議員選挙法を改正**し，選挙人資格としての納税額を，「**15円以上**」から「**10円以上**」に引き下げて，選挙権者を増やしました。

▶軍部大臣現役武官制

軍部大臣現役武官制も1900年。これは，陸軍・海軍大臣は現役の大将・中将でなければならない，というもの。この規定によって内閣が倒れやすくなり，**ファシズムの最大の原因**ともなった制度です。陸軍あるいは海軍が団結して，現役の大将・中将のなかから大臣を出さないと内閣そ

のものが成立しないのです。

❖ 第4次伊藤博文内閣

さて，**第3次内閣**で憲政党にあっさりゲタを預けた伊藤博文は，新たな政党結成に踏み切ります。

Q 1900年，伊藤博文が総裁となり，旧自由党系の憲政党を吸収して結成した政党は？——立憲政友会（りっけんせいゆうかい）

これを見て，政党の大嫌いな山県は，「じゃあ，あんたがやればいいじゃないか」と伊藤に政権を回した。これが第4次伊藤博文内閣です。

ちょっとオーバーにいうと，**1900年**は入試で必ず出る。**第2次山県内閣**は絶対に出るんだと，予備校の先生はみんな強調します。

❖ 社会民主党結成

というわけで，1900年の出来事をともかく集中的に覚えてもらい，ひと区切りつけたら，翌年は**1901年**だから，「**20世紀とともに**」という標語を覚えてね。

20世紀とともに——ついに，いわゆる**社会主義政党が誕生**します。社会民主党（しゃかいみんしゅとう）。簡単にいえば，労働者の側に立った政党ということです。ただし，これは**即時解散命令**が出されて，仕事は何もできませんでした。

❖ 第1次桂太郎内閣

もう1つ，20世紀とともに——1901年，政界に世代交代が起こった。「**イクヤマイマイ，オヤイ**」までのような，お爺（じい）さんたち，ベテラン政治家たちは第一線から，いわゆる元老（げんろう）という地位に退き，代わって山県直系の桂（かつら）が第1次桂太郎（たろう）内閣を発足させました。

こんな内閣，果たしてどのくらいもつのかなとみんなが思っていたら，

これが**超長期内閣**になります。1904 年，日露戦争が勃発したからです。

日露戦争が終わって**ポーツマス条約**，**日比谷焼打ち事件**。その後，日露戦後の処理などを行い，第 1 次桂太郎内閣は長い内閣になりましたが，次に**立憲政友会総裁**を引き受けた公家出身の第 1 次西園寺公望内閣に代わります。

そして，第 1 次桂から始まって，桂，西園寺，桂，西園寺，桂と，3 回目の桂まで交替で組閣します。「カサカサカ」というところですよ。この時期は桂園時代と呼ばれ，**明治の最後の段階**です。

❖ 第 2 次桂太郎内閣

第 2 次桂太郎**内閣**の時代は，自由主義・個人主義，さらには社会主義の思想なども台頭し，**国民の思想が多様化**してきました。

▶戊申詔書

そこに，桂太郎内閣は危機感を抱きます。

> **Q** 「**華美を戒め，質実剛健な生活を営みなさい**」という，天皇の名前で国民に出された"お説教"の詔書は？　　　　　　──戊申詔書

日露戦争後の社会的混乱の中にあって，もう一度初心に戻れという，天皇制国家における国民道徳の方向を示そうとした。

▶立憲国民党結成

1910 年には，憲政本党の**犬養毅**らによって立憲国民党が結成されています。このへん，ちゃんと覚えておいてね。そして同じ 1910 年に，2 大事件が起きます。

▶大逆事件

まずは大逆事件です。これは幸徳秋水ら多数の社会主義者・無政府主義者が，明治天皇暗殺計画容疑で検挙・処刑された事件ですね。

▶韓国併合

2つ目。当時最大の外交目標の1つであった**条約改正**と並ぶ，もう1つの外交上の重要懸案が，朝鮮をめぐる問題でした。

1909年には**伊藤博文暗殺**もありましたが，1910年8月，韓国を最終的に日本の領土にしてしまう韓国併合を実現させます。

▶関税自主権回復

1911年，**小村寿太郎**外相による**第2次条約改正**で関税自主権回復が達成され，国際社会において，日本は**欧米と対等**な国という位置をようやく獲得することができました。こうして，第2次桂内閣は**重要な出来事が目白押し**という内閣になりました。

❖ 第2次西園寺公望内閣

1911年，第2次西園寺公望内閣が成立しました。この内閣で起きた重要事件は**二個師団増設問題**です。

韓国併合後の朝鮮半島や中国の流動的な情勢に対応するため，陸軍は師団の数を増やさないといけない状況だが，財源不足でこれがずっとできなかった。

しかし1912年，陸軍はこの際，もう是が非でもという思いで**二個師団の増設**を要求した。これに対して，緊縮財政を迫られている西園寺内閣は，予算が組めないと拒絶するんです。そこで，

Q 天皇に直接会って単独で辞任し，西園寺内閣を総辞職に追い込んだ陸軍大臣は？
——**上原勇作**

そして陸軍は，先ほどお話しした**第2次山県有朋内閣**で決められた軍部大臣現役武官制を利用して，現役の陸軍大将・中将に陸軍大臣を引き受けさせないようにするんです。

西園寺内閣には陸軍大臣が欠け，内閣が構成できない，天皇の負託にこたえる能力がないということで，1912年（大正元年）12月，総辞職せざるを得なくなりました。1912年7月末に明治天皇が亡くなり，大正天皇に代わってすぐのことです。

❖ 第3次桂太郎内閣

上原勇作陸相の単独辞任で総辞職した第2次西園寺内閣のあとは，またまた陸軍のボス中のボスの桂。もう1回だということになって，**第3次桂太郎**内閣が登場します。

▶「宮中・府中の別」

1885年に発足した**内閣制度**では，天皇の，私的な家政を意味する「**宮中**」と，公務を意味する「**府中**」とを区別・分離しました。府中がまさに内閣で，侍従などは宮中です。

ところが，第2次桂内閣が総辞職したあと，桂はいったん府中・行政府を去り，宮中に入って侍従長となっていました。それが今回，また府中に戻る，行政府に戻ってくる。すなわち，これは「**宮中・府中の別を乱す**」ものではないか，という批判が起こったんです。

▶第1次護憲運動

ここで，反桂の世論が盛り上がって，桂太郎内閣を弾劾する政治集会が次々に開かれていきました。この反対運動を**第1次護憲運動**といいます。

> **Q** **桂内閣に対する倒閣運動**を展開した，立憲政友会・立憲国民党，おのおのの中心人物はだれか？
>
> ——**尾崎行雄**（立憲政友会）・**犬養毅**（立憲国民党）

▶立憲同志会結成

一方，桂が立憲国民党の多数と吏党の系統などを吸収して，**立憲同志**

を結成するという新党計画を発表すると，**立憲国民党**は，これに応じる連中と応じない連中で分裂してしまいます。ここも，必ず政党変遷表を見てください。1913年，立憲国民党は，**犬養毅とともに立憲国民党にそのまま残った者と，立憲同志会に加わる者とに分裂**します。

▶大正政変

ところで，政党変遷表の立憲同志会のところに，なぜ**加藤高明**が党首と書いてあるかというと，実は，桂はデモ隊に囲まれて総辞職に追い込まれたあと，急死しちゃった。

これは教科書なんかには書いていません。桂太郎内閣に反対する第1次護憲運動に際して，桂は新党計画を出したが，結局，新党が発足する直前に，桂は総辞職に至った。これを**大正政変**と呼びます。

その直後に桂は死んでいるので，桂新党は，三菱財閥の中心であった**加藤高明**が引き受けることになったというわけです。三菱財閥の岩崎弥太郎の娘婿で，これまでにも外務大臣を3回も経験している大物です。

政党内閣の時代（1913 ～ 25 年）

〈注〉事項の前の数字は「月」を表します。
赤点線は内閣の区切りを表します。

大正	1913	2 第３次桂太郎内閣総辞職
		→ 2 第１次山本権兵衛内閣
	1914	1 シ（ジ）ーメンス事件→ 3 山本内閣総辞職
		4 第２次大隈重信内閣
		7 第１次世界大戦，8 参戦
	1916	10 寺内正毅内閣
	1918	7 米騒動→寺内内閣総辞職
		9 原敬内閣
	1919	5 衆議院議員選挙法改正
		6 ヴェルサイユ条約
	1921	11 原首相暗殺
		→ 11 高橋是清内閣・ワシントン会議，12 四カ国条約
	1922	2 九カ国条約・海軍軍縮条約
		6 加藤友三郎内閣
	1923	9 第２次山本権兵衛内閣・関東大震災→震災恐慌
		12 虎の門事件
	1924	1 清浦奎吾内閣→第２次護憲運動
		5 第 15 回総選挙…護憲三派圧勝
		6 第１次加藤高明内閣（護憲三派内閣）
	1925	3 治安維持法・普通選挙法
		8 第２次加藤高明内閣

　桂園時代が終わり，立憲政友会を与党に**山本権兵衛内閣**が登場。第１次世界大戦の際，**第２次大隈内閣**は三国協商側で参戦。**寺内正毅内閣**が**米騒動**で総辞職すると，本格的な政党内閣，政友会の**原敬内閣**が登場します。原暗殺後，**高橋是清内閣**が成立しますが，政党内閣は続かず，貴族院を支持基盤とする**清浦奎吾内閣**が成立。これに反発した**護憲三派**が選挙に勝ち，**第１次加藤高明内閣**が成立。**普通選挙法**が成立します。

政党内閣の時代（1926 ～ 32 年）

〈注〉事項の前の数字は「月」を表します。
赤点線は内閣の区切りを表します。

昭和	1926	1 **第1次若槻礼次郎内閣**
	1927	3 金融恐慌
	1928	4 **田中義一内閣**
		2 最初の普通選挙実施
		3 三・一五事件
		6 張作霖爆殺事件，治安維持法改正
	1929	4 四・一六事件
	1930	7 **浜口雄幸内閣**
		1 金輸出解禁→昭和恐慌
		11 浜口首相狙撃
	1931	3 三月事件
		4 **第2次若槻礼次郎内閣**
		9 柳条湖事件→満州事変
		10 十月事件
	1932	12 **犬養毅内閣**
		2～3 血盟団事件
		5 五・一五事件

　加藤高明死去にともない憲政会総裁を引き継いだ**若槻礼次郎**が組閣。少数与党の内閣で不安定な上に，大蔵大臣の失言から金融恐慌が起こってしまい，幣原外交に不満を募らせていた枢密院，立憲政友会などの策動で総辞職に追い込まれます。

　代わった政友会総裁の**田中義一内閣**は張作霖爆殺事件（満州某重大事件）で総辞職。そこでまた政権与党が交代。立憲民政党総裁の**浜口雄幸内閣**は昭和恐慌に見舞われ，浜口はテロによって傷つき，没してしまいます。

　すると，民政党総裁を継いだ若槻が再び首相となり**第2次若槻内閣**が発足。関東軍が柳条湖事件を起こして，長い戦争の時代を招いてしまいます。

1 政党内閣の成立

❖ 大正政変

大正政変で桂太郎内閣は総辞職し，桂は新党結成を目指したのですが急死。そこで，「**カサカサカ**」の**桂園時代**がここで終わり，**第1次山本権兵衛**内閣が成立します。

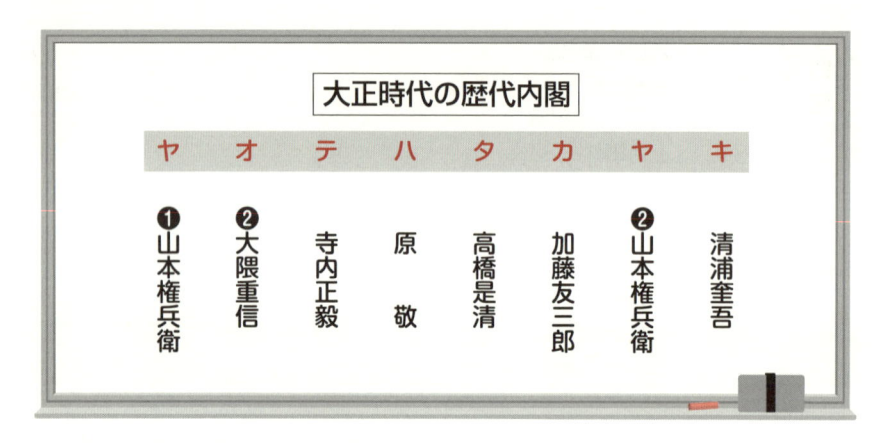

大正時代の歴代内閣

ヤ	オ	テ	ハ	タ	カ	ヤ	キ
❶山本権兵衛	❷大隈重信	寺内正毅	原　敬	高橋是清	加藤友三郎	❷山本権兵衛	清浦奎吾

❖ 第1次山本権兵衛内閣

山本権兵衛は薩摩出身，**海軍**のボスです。しかし，かつての超然内閣のような，藩閥や軍閥が独占的な権力を持った内閣ではありません。山本と**原敬**が率いる立憲政友会が話し合いの結果，協力していこうということになった。

そこで山本権兵衛内閣は，今風にいうと**立憲政友会**を与党としたわけで，それまでの，純粋な，いわゆる超然内閣ではなく，政党内閣に近い，**政党と提携した内閣**となりました。

▶「軍部大臣現役武官制」緩和

日清戦争後，政党と内閣の提携への動きは進んでいたんですが，**第1次山本内閣**によって，まず，その動きを象徴するような政策——第2次

西園寺内閣総辞職の最大の原因となった**軍部大臣現役武官制**を**緩和**（かんわ）する措置がとられました。

　第2次山県有朋内閣で定められた，陸軍・海軍大臣は現役の大将・中将に限るという規定が，**現役に絞**（しぼ）**らなくてもよい**と緩和され，軍部大臣になれる資格が大幅に広げられる改正が行われた。

▶「文官任用令」再改正

　それから，同じく**第2次山県内閣**で改正された**文官任用令**（ぶんかんにんようれい）についても再度の改正が施され，政党に属していても文官となる道が広がった，行政府に入れるようになりました。

▶シ（ジ）ーメンス事件

　1914年，**海軍**において，ドイツの重工業会社**シ（ジ）ーメンス社**からの軍艦輸入をめぐって賄賂・汚職事件が起こり，**第1次山本内閣**は**総辞職**に追い込まれます。

　長州の桂と**陸軍**に対する国民の猛烈な反発があったあとだったものだから，**薩摩**出身の山本権兵衛自身は汚職とは無関係だったのに，「海軍，お前もか」と，非難の合唱にあってしまった。

　陸軍をめぐる反政府運動が**大正政変**をひき起こしたように，今度は，海軍の**シ（ジ）ーメンス事件**への反発が第1次山本内閣に向かった結果でした。山本内閣は何もできなかった。

❖ 第2次大隈重信内閣

　さあ，桂と山本の次はだれがいいかとみんなで考えたんでしょうね。ちょっとお茶目なところがあって，民衆に人気のあった**大隈重信**（おおくましげのぶ）でいこうということになった。引退していた大隈がかつぎ出された。

　「**隈板内閣**（わいはん）」以来の，**第2次大隈重信**内閣が誕生してしまいました。そうすると，大隈と三菱の関係もあるから，今度は**立憲同志会**（りっけんどうしかい）が与党に回ります。

▶立憲同志会結成

もう一度確認しておきます。桂の死後，1913年，第1次山本内閣のとき，三菱財閥を背景にもち，**加藤高明**(かとうたかあき)を党首とする**立憲同志会**の結党式が行われました。

岩崎弥太郎(いわさきやたろう)と三菱財閥を育て，**三菱の最大の保護者**であったのが**大隈重信**です。岩崎の娘が加藤高明の妻だった関係もあって，岩崎と大隈の関係を加藤高明が引き継いだ形でした。

❖ 第1次世界大戦勃発

ところが，**第2次大隈内閣**の成立直後，**第1次世界大戦**が勃発。

外務大臣に就任していた**加藤高明**は，**日英同盟**を理由に積極的にこれに参戦し，中国の**袁世凱**(えんせいがい)政府に対して，**二十一ヵ条の要求**を受諾させた。

しかし，1916年，戦争が始まってしばらくして，大隈は，世論の支持を失っていくとともに，**元老**(げんろう)との対立も深刻化し，事実上，総辞職に追い込まれます。

❖ 寺内正毅内閣

こうして，大戦中のどさくさにまぎれて，大隈に代わって，**陸軍・長州閥**の後継者の1人，**寺内正毅**(てらうちまさたけ)**内閣**が成立します。ところが，

> **Q** 1918年，**富山県**から全国に広がり，寺内正毅内閣を総辞職に追い込む一因となった民衆暴動は何と呼ばれましたか？　　　——**米騒動**(こめそうどう)

❖ 原敬内閣

元老たち，といってもほとんど**山県**が考えているわけですが，こうなると，寺内の次はもう**立憲政友会**の**原敬**しかいないとなった。

原は**平民宰相**(へいみんさいしょう)として民衆の期待を集めます。原は，もともと大金持

ちでしたが，公・侯・伯・子・男のような爵位を持っておらず，官僚あるいは軍部出身でもないという意味で平民宰相と呼ばれたわけです。世論はこれを大歓迎しました。

第1次大隈重信内閣（隈板内閣）が**最初の政党内閣**といわれるのと対比して，**原内閣**は**最初の本格的政党内閣**と評されます。

原は**立憲政友会**の総裁として内閣を組織し，いわゆる**高等教育の拡充**ほか，積極的に政策を展開します。

▶衆議院議員選挙法改正

当時，納税制限に基づく選挙法から普通選挙に変えることを要望する声が高まっていた中，彼は普選にはまだ反対でしたが，その代わり，**衆議院議員選挙法**の改正を行いました。

> **Q** 1919年，第2次山県内閣のときの納税資格「10円以上」を，原内閣では何円以上に引き下げたか？　　　　　　　　——**3円以上**

直接国税の納税制限を大きく引き下げたことにより，有権者数は大幅に増えました。

さらに，この改正によって，第2次山県内閣で変えられた**大選挙区制**を再び**小選挙区制**に戻しました。このあとの選挙で**立憲政友会は圧勝**し，衆議院で過半数をとります。

しかし，1921年，原は**暗殺**されてしまいました。

次ページに「選挙法主要改正表」を載せてありますので，ここでちょっと，選挙法の改正のポイントを思い出してください。

<h2>選挙法主要改正表</h2>

公 布		実 施		選挙区制	直接国税	選挙人		
						性・年齢	総数	全人口比
						(以上)	万人	%
1889	黒田	1890	山県①	小選挙区	15円以上	男 25歳	45	1.1
1900	山県②	1902	桂①	大選挙区	10円以上	男 25歳	98	2.2
1919	原	1920	原	小選挙区	3円以上	男 25歳	306	5.5
1925	加藤(高)①	1928	田中	中選挙区	制限なし	男 25歳	1241	20.0
1945	幣原	1946	幣原	大選挙区	制限なし	男女20歳	3688	48.9
1947	吉田①	1947	吉田①	中選挙区	制限なし	男女20歳	4091	52.4

❖ 高橋是清内閣

さて，テロで首相が暗殺されたりした場合，そこで政権を別の政党に回すわけにはいきません。新しい総理大臣は，絶対に前と同じ系統の出身者から選ぶ。しかも，全会一致で選ばなきゃいけません，今でもね。そうしないと，テロによって政治が変わるのを認めることになってしまうからです。

そこで原と同じ**立憲政友会総裁**を急遽引き受けざるを得なかった**高橋是清**内閣が誕生します。

高橋は新内閣ですべての閣僚を留任させました。しかし，彼自身は**財政**の専門家で，政党政治のリーダーにうってつけというわけではなかったので，気の毒といえば気の毒なことになりました。政友会が選挙に勝って大政党となったため，かえって派閥争いのような状況になってしまった。

▶治安警察法第5条の改正

さて，政策面では，**大正デモクラシー**の要求を受けて，**第2次山県有朋内閣**で制定された**治安警察法第5条の改正**が行われ，**女性**が政治集会への参加などの政治活動ができるようになりました。

外交面では，これからの軍縮の時代を象徴する国際会議，**ワシントン**

会議に参加します。しかし，政友会内部の対立が起こり，高橋内閣は総辞職します。

❖ 加藤友三郎内閣

高橋は**ワシントン会議全権**を務めてくれた海軍のボス，**加藤友三郎**に政権を譲ります。もちろん，政友会がこれを支えることとなり，加藤内閣のもとで，条約で定められた**海軍の軍縮**も実施されるんですが，加藤は病気で引退に追い込まれてしまいました。

❖ 第2次山本権兵衛内閣

加藤友三郎の次は，**シ(ジ)ーメンス事件**でほとんど何も仕事をせずに辞めた山本権兵衛。「権兵衛さん，もう1回ね」という話になって，1923年，**第2次山本権兵衛**内閣が発足しました。

ところが，大臣を選んでいる最中に大地が揺れ出した。**関東大震災**で地面が大揺れしている中から誕生したため「震災内閣」などと呼ばれる，極めて不運な門出となってしまいました。

内閣の新たな目標設定なんかしている余裕はない。ただ，**関東大震災からの復興**あるのみ。

▶虎の門事件

大震災の中で**在日朝鮮人**ほか**大杉栄**などが虐殺された事件が起こったほか，山本内閣を総辞職に追い込む**テロ事件**まで起こります。

1923年12月，関東大震災からの復興のための政策を審議する帝国議会が開かれますが，天皇の代わりに，皇太子が開院式に臨むことになった。それで皇居を出て議会に向かっているところを，テロリストが襲ったんです。

Q 難波大助という無政府主義者(アナーキスト)のテロリストが，皇太子に向けて発砲した事件は？ ——虎の門事件

タマはそれたんですが，事件を防げなかった責任をとらされて，山本内閣はあえなく総辞職。

ということになって，山本権兵衛さんはまたしても，何も仕事ができず，総理大臣を2回務めただけ，という気の毒な結果に終わってしまいました。

❖ 清浦奎吾内閣

さて，気の毒な山本権兵衛内閣のあとはどうなったか。

大正時代を通じて，政党がなんらかの形で関与しなければ内閣が成り立たないほど，その力が強力になっていたのに，次に選ばれた内閣は，なんと清浦奎吾内閣。

清浦は貴族院を母体とするボスですから，**原敬**以降の政党内閣から，衆議院や政党に関係のない明治時代の**超然内閣に逆戻り**しちゃった。

▶第2次護憲運動

そこで，あまりにも時代に逆行しているじゃないかというので起こったのが，第2次護憲運動でした。

第1次護憲運動は民衆のデモが起こり，国会を包囲されて桂は総辞職したんですが，こちらは，そういう大きな騒ぎはなくて，**選挙で争われた護憲運動**という面が強い。

そこで第15回総選挙の結果ですが，清浦内閣を支持するといって，1924年，立憲政友会から分かれた**政友本党**が選挙でボロ負けし，憲政会，立憲政友会，革新倶楽部が**三派**合わせて過半数を完全に越えました。

Q 護憲三派（ごけんさんぱ）と呼ばれた(A)憲政会，(B)立憲政友会，(C)革新倶楽部，それぞれの代表は？ —— (A)**加藤高明** (B)**高橋是清** (C)**犬養 毅**（いぬかいつよし）

これで，もう衆議院では法案が通りませんので，清浦奎吾内閣はこれら**護憲三派**によって，総辞職に追い込まれました。

❖ 第1次加藤高明内閣

こうして，自然の流れで，「**護憲三派内閣**」と呼ばれる**第1次加藤高明**内閣が誕生しました。

▶政党内閣の時代

この**第1次加藤高明内閣**から，**五・一五事件**（ご いちご）で犬養毅内閣が倒れるまで，「**憲政の常道**」（けんせい じょうどう）と呼ばれる政治の方式が続いた時期——**政党内閣の時代**となりました。

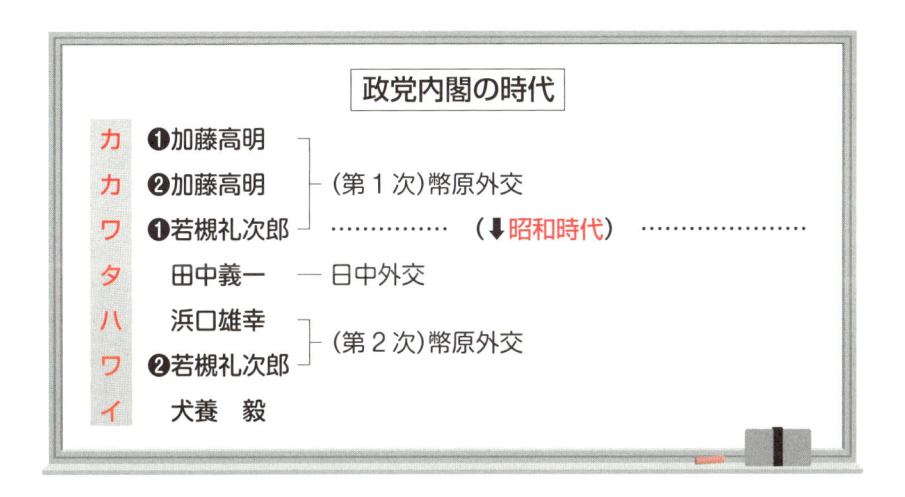

政党内閣の時代

カ ❶加藤高明
カ ❷加藤高明 ┐
ワ ❶若槻礼次郎 ┘├ (第1次)幣原外交 ……………（↓昭和時代）…………………
タ 田中義一 ── 日中外交
ハ 浜口雄幸 ┐
ワ ❷若槻礼次郎 ┘├ (第2次)幣原外交
イ 犬養 毅

この時期は，衆議院の第一党が政権を担い，第一党が失政によって総辞職した場合は第二党に交代するというふうに，衆議院の大政党が交代で政権を担当することになりました。

▶「治安維持法」制定

　1925 年，まず，**国体の変革と私有財産制度の否認**を目的とする結社を禁止する治安維持法を制定します。

▶「普通選挙法」成立

　それから，衆議院議員選挙法を改正。通称「普通選挙法」です。納税制限がなくなり，**25 歳以上の男子**に選挙権が与えられた。

　いわば抱き合わせで 2 つの法律が制定されたわけです。

　その後，護憲三派の提携が崩れます。革新倶楽部が立憲政友会に吸収され，**護憲三派が消滅**したことによって，第 1 次加藤内閣はいったん総辞職しますが，そのあとも，**憲政会**中心の第 2 次加藤高明内閣が続きました。外交は次の第 1 次若槻礼次郎内閣まで，ずっと幣原喜重郎です。連盟常任理事国にふさわしい協調外交。いわゆる「幣原外交」です。

2　恐慌と政党内閣の断絶

❖ 第 1 次若槻礼次郎内閣

　第 2 次加藤高明内閣を引き継いだのが，第 1 次若槻礼次郎内閣です。これも与党は憲政会。ここから**昭和時代**が始まります。

▶金融恐慌

　この内閣は，経済的なピンチ——「渡辺銀行が倒産しそうだ」という大蔵大臣の失言に端を発する金融恐慌に見舞われてしまいました。

　戦後恐慌から震災恐慌を経て，今度は一番やっかいな恐慌が始まりました。銀行が次々に倒産していくような恐慌を金融恐慌といいます。

　台湾銀行の救済のための震災手形処理法案が**幣原外交を敵視する枢密院**によって阻止され，内閣は総辞職に追い込まれたんです。代わって，立憲政友会総裁の田中義一内閣が成立すると，即座に **3 週間**の支払猶予令が発せられ，台湾銀行も救済されたんですね。

❖ 田中義一内閣

そこで政権交代。1927年，長州出身，陸軍のボスで，政治家に転身して立憲政友会総裁を引き受けていた**田中義一内閣**が登場しました。田中義一は外務大臣を兼務し，**山東出兵**を実施するんです。

▶立憲民政党の設立

このへんで，**憲政党**から**立憲民政党**設立までの**政党の変遷**をチェックしておきましょう。

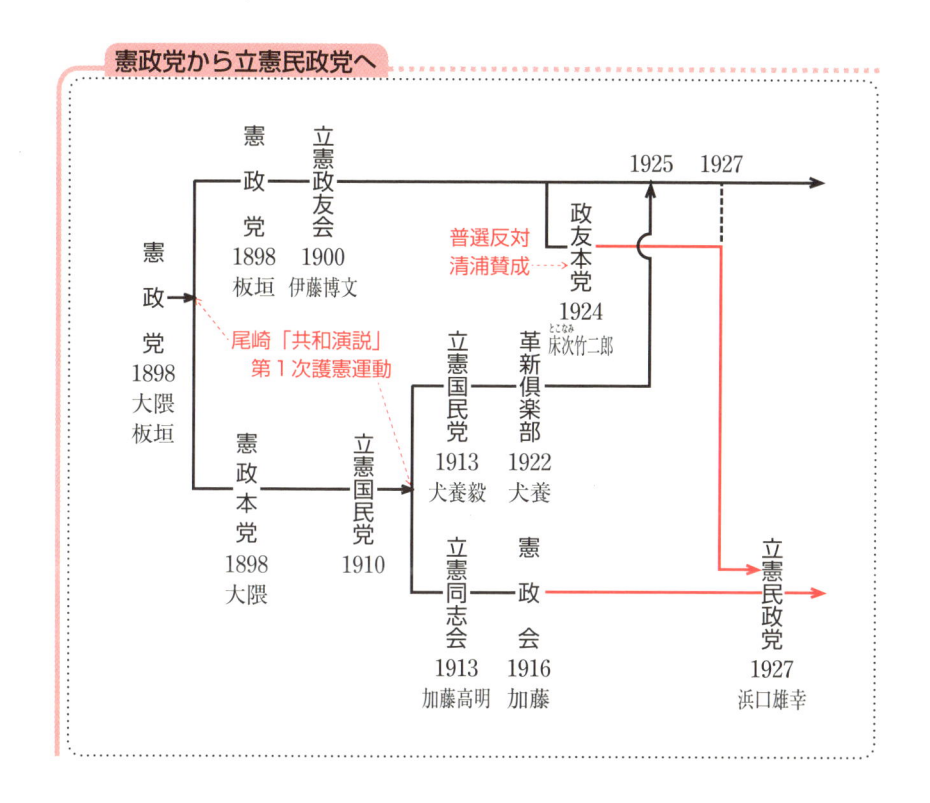

憲政党から立憲民政党へ

さて，清浦内閣を支持するといって，床次竹二郎らが立憲政友会から分かれてできた政党が政友本党でしたね。

Q 1927 年，政友本党が憲政会と合体し，昭和初期に立憲政友会と並ぶ
二大政党となった政党は？ ——立憲民政党

すなわち，立憲民政党は政友本党を吸収して成立した。

一方で，1913 年に犬養毅らがつくった**立憲国民党**は 1922 年に**革新倶
楽部**と名前を変えます。そして，1925 年に犬養がいったん引退し，革
新倶楽部の議員たちは**立憲政友会**と合流するわけです。

立憲民政党が成立するあたりが，政党変遷の一番最後のややこしいと
ころだから，しっかり覚えておいてください。

▶**第 1 回普通選挙**

護憲三派内閣で**普通選挙法**が通ったんですが，納税制限がなくなり，
古い後援会組織しかなかったものだから，次の選挙でだれが当選するか
が読めなくなっちゃった。

しょうがない，もうやるしかないということで，**第 1 回普通選挙**が
行われました。普通選挙法の成立が 1925 年。第 1 回普選は **1928 年**で
すが，この年は重要です。

そうしたら，**無産政党**から 8 名も当選しちゃった。土地がいっぱい
ある，株を持ってる，銀行に預金がたっぷりあるといった**有産階級**に対
して，**無産階級**というのは，いわゆるプロレタリアート，労働すること
によってしか食べていけない人たちです。

このような人たちの側に立って，労働者中心の政治をやるべきだ，資
本家は人民の敵だ，金持ちからもっと税金をとろう，というような政策
を目指す政党が無産政党です。

Q これに慌てた内閣が全国的な規模で**共産党員**を検挙し，弾圧した事件
は？ ——三・一五事件

このへんは，皆さんよく知っているところでしょう。田中内閣のもと，**治安維持法も改正**されて**最高刑が死刑**になります。

▶張作霖爆殺事件

田中義一は，中国における日本の権益を守り，居 留 民（きょりゅうみん）を保護するとの名目（めいもく）のもとに，**山東出兵**（さんとう）を行います。

さらに，満州（まんしゅう）を日本経済の財源と見なし，**南満州鉄道株式会社**（満鉄（まん）（てつ））を設立して日本の利権を確保し，拡大するために，**関東軍**（かんとうぐん）は，当時，**東三省**（とうさんしょう）（東北三省）を実質上支配していた**張作霖**（ちょうさくりん）を奉天郊外（ほうてん）で爆殺します。これが**張作霖爆殺事件**。だんだん戦争が近づいてくる。

▶四・一六事件

1929年には，**三・一五事件**に続いて**四・一六事件**（よん）（いちろく）という，無産運動の運動家たちを弾圧する**共産党摘発事件**（てきはつ）が起こります。

これは覚えやすい。1928年は昭和**3**年で，**三・一五**。1929年，昭和**4**年で，3＋1で4，15＋1で16ですから**四・一六**，と覚えてしまえば大丈夫です。

❖ 浜口雄幸内閣

田中義一内閣は，**張作霖爆殺事件**（**満州某重大事件**（ぼう））で天皇の不信を買って総辞職し，1929年，**浜口雄幸**（はまぐち お さち）内閣が成立しました。

「**カカワタハワイ**」だから，第1次**加**藤高明（護憲三派），第2次**加**藤と第1次**若**槻礼次郎が憲政会，**田**中義一（立憲政友会）を経て，**浜**口雄幸と第2次**若**槻は立憲民政党で，最後は**犬**養毅（立憲政友会）ということになります。

ニューヨーク株式の大暴落から**世界恐慌**，そしてその大津波は日本にも及ぶ。井上財政でデフレが深刻化しているところへ，世界的なデフレの波が重なった。これが**昭和恐慌**。浜口は東京駅で撃たれて重傷を負い，総辞職します。立憲民政党の政権を続けなければいけませんから，民政

党総裁となった若槻礼次郎が2度目の内閣を引き受けることになった。1931年4月のことです。外相はもちろん幣原喜重郎です。

❖ 第2次若槻礼次郎内閣

▶満州事変

ところが9月18日，**関東軍**が**柳 条 湖事件**（りゅうじょうこ）を起こし，一挙に満州事変（じへん）が拡大していきます。政府は不拡大を唱えますが，関東軍を抑えることはできない。幣原協調外交が完全に否定されてしまった。

1930年以降，**昭和恐慌**で経済がもうどん底になってしまい，内政も外交も，すべて深刻な打撃を被った時期でした。

Q 1931年，陸軍軍人の橋本欣五郎（はしもときんごろう）らが，政党内閣を倒そうと計画したクーデタは？　　　　　　　　　　　　　　　——三月事件

これは未遂に終わりましたが，相次いでクーデタ未遂事件，十月事件が起こります。

柳条湖事件は**1931年9月18日**の満州，関東軍によって仕組まれた**偽装事件**（ぎそう）でした。中国ではこの日を「キュウ・イー・パー」事件といっています。そこで，事件が起きた順番は，こうなる。

> 〈1931年〉　三月事件 ➡ 柳条湖事件 ➡ 十月事件

こうした事件が次々と起こり，内政も外交も完全に行き詰まってしまい，立憲民政党の第2次若槻礼次郎内閣は総辞職しました。

❖ 犬養毅内閣

ところで，第2次護憲運動で護憲三派の1つだった**革新倶楽部**を率いていた**犬養毅**は，1925年にいったん引退していたんです。ところが，

田中義一政友会総裁が急死してしまい，総裁を頼まれた犬養が，急遽，
政界に復帰。

　気の毒なことに，その犬養に，「政権交代だ，憲政の常道だ」と，内閣
総理大臣の役が回ってきて，**犬養毅**内閣が誕生しました。

　高橋是清大蔵大臣は，即座に**金輸出を再禁止**にします。

Q 1932年，前蔵相，**井上 準 之助**と財界の**団琢磨**が暗殺された事件は？
　　　　　　　　　　　　　　　　　　　　　　　　——**血盟団事件**

　さらに，5月15日，犬養は海軍青年将校らに自宅を襲われて，即死。
五・一五事件が起こって，最後の元老，西園寺公望は，これでもう憲政
の常道は守れないと，あきらめざるをえない。

　政党の党首を首相にすれば，またもや，軍人が襲って殺してしまいか
ねない。防ぎようがないわけですよ。

　通常，治安を維持するのは警察です。警察がダメな場合は，戒厳令を
敷いて軍隊が出てきます。しかし，その軍隊が政府首脳を襲うようにな
ると，もうこれは手が付けられません。

　簡単にいうと，命が危なくて，だれも総理大臣を引き受けませんから，
そこでいわゆる**ファシズムへの道**が一挙に進んだわけです。

第21回 政治史/近代(4)

軍部の台頭と第2次世界大戦

昭和	1931	柳条湖事件（満州事変勃発）
	1932	第1次上海事変，満州国建国宣言，日満議定書
	1933	リットン報告書採択→日本，国際連盟脱退（日本全権：松岡洋右）
		塘沽停戦協定
	1936	西安事件
	1937	盧溝橋事件（日中戦争勃発），第2次上海事変
	1938	近衛声明
	1940	北部仏印進駐
	1941	日ソ中立条約，南部仏印進駐，アジア・太平洋戦争勃発
	1942	ミッドウェー海戦
	1945	沖縄戦，広島に原子爆弾投下，ソ連参戦，長崎に原子爆弾投下
		ポツダム宣言受諾

　昭和恐慌が深刻化するなかで，1931年9月18日の柳条湖事件から満州事変が始まり，関東軍はまたたく間に東三省，さらに熱河へと戦線を拡大しました。清朝最後の皇帝，溥儀を「執政」とする傀儡国家を作り上げたわけです。

　国際連盟はこれを国家とは認めず，日本は連盟から脱退します。事変そのものは塘沽停戦協定で，いったんは終息しますが，1937年7月7日，北京郊外で盧溝橋事件が起こり，それが第2次上海事変に飛び火すると，あっという間に本格的な戦争となってしまうのです。日米交渉も進捗せず，結局，日本は対米戦争に踏み切るのです。

　日中戦争はそのままアジア・太平洋戦争に拡大し，1945年，広島・長崎への原爆投下をうけて日本は無条件降伏，終戦ということになります。

1　戦時下の内閣

❖ 斎藤実内閣

　犬養毅首相がテロに倒れるにいたって，元老西園寺公望は，これ以上**政党を母体とする内閣を続けることは困難**と判断し，海軍大将で海軍大臣の経験もある**斎藤実**を天皇に推薦します。

　斎藤実内閣は「**挙国一致内閣**」と呼ばれるように，政党・官僚・軍部などから広く大臣を選び，特定の勢力に偏らないよう編成されたのです。

　外務大臣には，「**焦土外交**」という言葉で有名な内田康哉が就任。関東軍のつくり出した満州国を承認して**日満議定書**に調印し，これを認めない**国際連盟**から脱退。国際的な孤立化が進んでしまうのです。

　満州事変そのものは**塘沽停戦協定**により一応終息します。「**満州国**」は「**満州帝国**」とされて，執政**溥儀**は満州国皇帝となります。

　軍部は強気になって「**華北分離工作**」——中国の東北部（満州）だけでなく，さらに中国北部を親日的な地域にするべく，親日的な人物を選んで彼らに地方政権を樹立させていきます。

　結局，斎藤内閣はこれといった方針も無く，軍部に引っ張られるだけ。**平沼騏一郎**らが仕組んだともいわれる**帝人事件**によって，総辞職します。

　ハイ，斎藤実内閣といえば，

◎斎藤実内閣は "定→連→停→帝→帝"
　　　　　　　　　 てい れん てい てい てい
日満議定書 → 連盟脱退 → 停戦協定
→ 満州国帝政 → 帝人事件

黒板の内容を確認しておいてください。

❖ 岡田啓介内閣

斎藤実内閣が総辞職すると，元老や天皇の側近などは陸軍の強硬路線を抑え，英米との対立を激化させないように，斎藤と同様，**海軍内の親英米的な穏健派**の重鎮，岡田啓介を次の首相とします。海軍の主流派は英米との戦争は避けなければならないというのが基本的な姿勢だったからです。

しかし，官僚の中から陸軍と結ぶ「**新官僚**」と呼ばれるグループが台頭してきますし，国体明徴問題などによって，国内体制の**ファッショ化が進行**。華北分離工作を国策として承認するだけでなく，**ワシントン海軍軍縮条約の破棄，ロンドン海軍軍縮会議からの脱退**など，軍部に追従していきました。そして，二・二六事件の責任をとって総辞職に追い込まれます。

❖ 広田弘毅内閣

そこで，岡田内閣総辞職後，前外相の広田弘毅が首相に指名され組閣。広田内閣は「**広義国防国家**」を唱えるのですが，組閣段階から陸軍の**統制派**が影響力を発揮し，**軍部大臣現役武官制を復活**。また，大規模な軍備拡大方針を「**国策の基準**」としました。「**南北併進**」——南は東南アジアへ，北は満州帝国からさらに北へ支配を拡大しようというので，陸海軍の要望にまかせて大軍拡予算を組みます。

英米との関係悪化に対しては，日独防共協定締結による**ナチス＝ドイツとの提携**を進めていきました。しかし，日中関係は極度に悪化し，第70議会で政党と軍部の対立が表面化して，総辞職にいたりました。

❖ 林銑十郎内閣

広田の次は，前々から候補にのぼっていた陸軍の大物，**宇垣一成**でということだったのですが，陸軍内部から反対の動きが出て実現せず，結局は，元陸相の**林銑十郎**ということになりましたが，政党からの反発にあって総辞職。

あまりにも弱々しい内閣が続いてしまった。元老西園寺はここで，とっておきの有力者，天皇に一番近い五摂家の筆頭，近衛家の当主，**近衛文麿**を担ぎ出すことにしたのです。

---

2 日中戦争

❖ 第1次近衛文麿内閣

林銑十郎内閣が短命に終わって総辞職。元老西園寺はとっておきの首相候補，近衛文麿を担ぎ出すこととなります。近衛は五摂家の筆頭，神である天皇に最も近いエリート中のエリート。

ところが，**第1次近衛文麿内閣**が成立してわずか1ヵ月後，中国で突発的な事件が発生します。

❖ 盧溝橋事件

華北分離工作が進んでいる中で，突発的に起こった事件，それが**盧溝橋**事件です。**193**7**年**7**月**7**日**で，後ろ3つが"777"ですから，「トリプルセブン」と覚えておいて。

> **ゴロ**で
> 覚える！　　1937年7月7日，盧溝橋事件…
> 　　　　　　　**「トリプルセブンで盧溝橋」**
> 　　　　　　　　　　777

これは，北京郊外の盧溝橋という橋のすぐ傍（そば）でたまたま起こった，日本の支那（しな）派遣軍と中国軍との，小規模な衝突です。だれが発砲したのかわからないのですが，日本側と中国側は当然相手の発砲とみなし，事態の収束に失敗。あっという間に大規模な日中戦争に発展してしまったんです。

戦争は，1937年8月の第2次上海事変，同年12月の南京大虐殺（なんきんだいぎゃくさつ）まで急展開しました。中国の国民政府は共産党と協力しながら（第2次国共合作（きょうがっさく）），四川省の重慶に根拠地を移し，重慶政府が成立します。

近衛首相は翌1938年，屈服しない国民党にしびれを切らして，「国民政府を対手（あいて）とせず」とする第1次近衛声明を出し，戦争をやめる道を自ら断ってしまいます。さらに続けて，戦争の目的を「東亜新秩序（とうあしんちつじょ）」の建設だとする，東亜新秩序声明を出します。第2次近衛声明と呼ばれるものです。

❖ 汪兆銘の南京政府樹立〜南部仏印進駐

近衛内閣は，結局，話し合いによる戦争の終結，あるいは和平を実現できないどころか，逆に，日本のいいなりになる別の中国政府をつくって，その政府と平和を実現すればいいという策に走るんです。

"スパイ大作戦"もどきの謀略によって，重慶にいた中国国民党政府の中で，最も共産主義が嫌いな保守派の中心人物をスカウトして重慶から脱出させ，日本に連れてきた。

Ｑ 日本が新たにつくる傀儡（かいらい）政府の主席（しゅせき）として選んだこの人物はだれか？
──汪兆銘（おうちょうめい）

しかし，1940年，南京に誕生した，この汪兆銘の新国民政府（南京政府）は，中国の人々の支持をまったく得られない，完全な日本の傀儡政権，弱体政府にすぎませんでした。

一方，蔣介石（しょうかいせき）の中国政府が重慶で頑張っていられるのは，「仏印（ふついん）」，フランス領インドシナ，今のベトナムあたりから，英・米が物資を援助しているからだというので，日本は軍隊をベトナムの北部に進駐（しんちゅう）させます。これが北部仏印進駐ですね。1941 年には，南部仏印進駐。援蔣ルートの遮断（しゃだん）を目的とした仏印進駐によって，日本からの海外派兵の地域は一挙に拡大します。

3　アジア・太平洋戦争

❖ 東条英機内閣

　日本の仏印への派兵によって日米関係は悪化し，**日米交渉は難航**します。アメリカの対中国政策の基本は「**機会均等・領土の保全**」。これを否定する日本に対してだんだん厳しい対応をしてくる。一方，日本は満州帝国を維持し，さらに中国市場を拡大しようとするわけです。

　しかし，第 3 次近衛文麿内閣は日米交渉による決着に失敗。1941 年10 月，内閣総理大臣の地位を陸軍大臣東条英機（とうじょうひでき）に譲ります。東条も日米交渉を続けたのですが，アメリカは態度を硬化させます。

　そして，1941 年 12 月 8 日，**東条英機内閣**のもと，真珠湾への奇襲攻撃，マレー半島への派兵を皮切りに，ついに日米戦争（アジア・太平洋戦争）が勃発します。

　1943 年，**大東亜 共 栄圏**（だいとう あ きょうえいけん）の結束を誇示しようと，日本の勢力下にあった汪兆銘政権（中華民国）（ちゅう か みんこく），満州国ほか，アジア諸国が東京に集まって，大東亜会議を開きますが，内実（ないじつ）はなく，単なる宣伝の域を出るものではありませんでした。

❖ 無条件降伏

　1945 年 8 月 15 日，**日本は無条件降伏**し，天皇の玉音放送（ぎょくおん）によって，

国民に敗戦が伝えられました。

　他方，中国はといえば，国共合作が破れて，国民党と共産党の内戦が勃発しました。この内戦に**毛沢東**の**中国共産党**側が勝って，**蔣介石**の**国民政府**は台湾に逃げます。

　そして，**1949 年**，北京で**中華人民共和国**が建国宣言を行い，現在に至っているのです。

第22回 政治史/現代(1)

戦後の内閣（1945〜54年）

〈注〉事項の前の数字は「月」を表します。
赤点線は内閣の区切りを表します。

昭和	1945	8 東久邇宮稔彦（王）内閣，9 降伏文書調印
		10 幣原喜重郎内閣・**五大改革指令**
		12 **衆議院議員選挙法改正**
	1946	2 **金融緊急措置令**
		5 第1次吉田茂内閣
		11 **日本国憲法**公布→ 47.5 施行
	1947	3 **教育基本法・学校教育法**
		5 片山哲内閣，9 労働省
	1948	3 芦田均内閣，6 昭和電工事件
		10 **第2次吉田茂内閣**，12 **経済安定九原則**
	1949	2 第3次吉田茂内閣，3 **ドッジ＝ライン**
	1950	5 文化財保護法
		6 朝鮮戦争
		8 警察予備隊
	1951	9 **サンフランシスコ平和条約・日米安全保障条約**
	1952	7 **破壊活動防止法**
		10 保安隊
		第4次吉田茂内閣
	1953	5 第5次吉田茂内閣
	1954	7 防衛庁・自衛隊

　無条件降伏で日本は連合国に占領され，連合国の統治下に置かれます。実際にはアメリカの単独占領で，連合国軍最高司令官**マッカーサー**が日本政府に対して指令，勧告を与え，民主化を促します。**五大改革指令**が示され，新憲法，現在の**日本国憲法**が制定されました。しかし，戦中に始まったソ連とアメリカの対立が激化し，独立を回復した朝鮮半島では南北の対立から**朝鮮戦争**が勃発。アメリカは日本の民主化よりも経済の再建を優先して早期の独立を促し，**1951年**，**サンフランシスコ平和（講和）条約**が締結され，日本は**独立を回復**したのです。

　1945年，日本は**無条件降伏**をしました。東京湾横浜沖のアメリカ軍艦**ミズーリ号**上で，軍部代表の**梅津美治郎**と政府代表**重光葵**が降伏文書にサインして，日本は正式に降伏を受け入れました。

　まずは，戦後しばらくの間の歴代内閣を覚えましょう。

戦後の歴代内閣

ヒガ	シデ	ヨシダ(が)	カタ	アシダ	ヨシ	ヨシ	ヨシ
東久邇宮稔彦王	幣原喜重郎	❶吉田茂	片山哲	芦田均	❷吉田茂	❸吉田茂	❹吉田茂

　降伏文書調印後は**占領期間**となります。**降伏後，独立を認められる前の段階の政治，占領期の政治**の大枠を確認していきましょう。**進駐軍**と呼ばれた**連合国軍**が日本にやってきます。

　連合国軍といっても，ほとんどはアメリカ軍ですが，これをどうやって迎え入れるか，天皇の処遇はどうなるんだろう，ひょっとしたら死刑になるかもしれないといった状況で，内閣の引き受け手なんて，だれもいません。

❖ 東久邇宮稔彦内閣（1945年）

　そこでもうこれはしょうがないから，皇族でいこう，天皇の親戚から総理大臣をやってもらうしかないということになって，**東久邇宮稔彦（王）内閣**——**皇族**内閣という唯一例外的な内閣が誕生します。「王」は入

れても入れなくてもいいです。

この内閣は，とりあえず降伏を受け入れて，総辞職する。

❖ 幣原喜重郎内閣（1945年）

東久邇宮内閣のあとをうけて成立したのが**幣原喜重郎**内閣。そして，いよいよ **GHQ**（連合国軍最高司令官総司令部）による**占領行政**が本格化します。

▶五大改革指令

占領軍によって，日本政府がとるべき最初の施策を指示する**五大改革指令**が発せられました。五大改革指令の内容は，無条件で全部いえるようにしておかなければいけません。

```
             五大改革指令

① 婦人の解放 …………憲法の自由主義化および婦人参政権の付与
② 労働組合の助長 ………労働組合結成の奨励
③ 教育の自由主義化 ……民主化
④ 圧政的諸制度の廃止 …秘密警察などの廃止
⑤ 経済の民主化
```

これは難関大だろうが，易しい大学だろうが，くり返し出題されます。

▶政党の復活と衆議院議員選挙法改正

政党が次々に復活します。**日本自由党，日本進歩党，日本社会党，日本共産党**——共産党も合法的政党として政治に参画していきます。

次に，民主主義の基本は選挙ですから，**衆議院議員選挙法の改正**。これで**初めて女性に選挙権**が与えられ，選挙年齢も **20歳**に引き下げられました。

Q 1946年に実施された改正後初の総選挙で第一党となったのは？

——日本自由党

幣原は日本進歩党系の人物でしたから，筋を通して総辞職します。

❖ ❶吉田茂内閣（1946年）

日本自由党単独で組閣するのは無理な状況だったので，幣原が特定のポストのない大臣として参画することになり，第1次吉田茂内閣は，日本自由党と日本進歩党の連立体制という形で発足しました。

▶日本国憲法/教育基本法・学校教育法

1946年11月3日，日本国憲法公布，半年後の1947年5月3日に施行されます。

同時に教育基本法，学校教育法など，現在に至る教育に関する基本的な立法も憲法と一体化して進められたので，憲法に規定された民主化を教育に具現化させることになりました。

▶新憲法にもとづく最初の総選挙

戦後最初の新憲法にもとづく選挙は1947年に行われました。その前，新憲法ができる前，1946年に，幣原内閣のもとで行われたのが，戦後最初の総選挙ですよ。

さっき話したばかりのことですけど，どちらも「最初」がついて紛らわしいから注意してね。

> ┌ 戦後最初の新選挙法による総選挙……1946年4月
> └ 日本国憲法にもとづく最初の総選挙…1947年4月

このころはまだ，国民のファシズムに対する反発がきわめて強く，戦争責任を問う声も高い時期でしたから，新憲法にもとづく最初の選挙で

は，当時の民主化の勢いに乗って，**日本社会党**が**第一党**に押し上げられました。

❖ 片山哲内閣（1947 年）

とはいっても，過半数はとれなかったので，**日本社会党**に 2 つの党を加えた **3 党連立**で過半数を満たし，**片山哲**内閣が誕生します。

Q 日本社会党に加わって**片山哲**内閣を成立させた，他の 2 党は？

——**民主党・国民協同党**

▶労働省・民法改正

片山内閣のもとで，1947 年 1 月には，労働者のための中央官庁，**労働省**が初めて設置されました。翌年，1948 年からは民法の大改正も始まり，まずは戸主権が否定されることになりました。

それはよかったんですが，社会党の政権として，どこまで社会主義的な政策を進めるべきかという問題で，社会党内部に対立が生じます。

徹底した社会主義を目指すグループである**左派**と，現体制を容認しながら漸進的に社会主義的政策を実現していこうとする**右派**——社会党の中には，この両派の争いが常に内在していたんです。

主要な産業はすべて国営にすべきだと左派などが主張し，炭鉱国家管理問題で閣内不一致が生じてしまい，片山内閣は内部事情から総辞職します。

だからといって，革新系の内閣を潰して保守政権に渡すのはイヤだというので，**3 党連立は維持したままで**，次は**民主党**の**芦田均**が総理大臣を引き受けました。

民法改正について，ちょっと論述問題を見ておきましょう。

> Q 第二次大戦後の民主化のなかで民法は大幅に改正されたが，改正前の民法における家族に関する規定の特徴を30字以内で説明せよ。（北海道大）
>
> A 家長の戸主権により，相続や婚姻などが統制された。(24字)

> 「改正前の民法」を「旧民法」と呼びますが，その旧民法の「家族に関する規定の特徴」を説明せよというのが問題の指示ですから，江戸時代から続く「家」制度を温存したもの，すなわち，戸籍上の「戸主」の家族に対する支配，「戸主権」が強いことを具体的に説明すればOKです。30字以内という制限がありますから，ポイントを絞ること。となると，戸主権の強さを示す例ですから，家族に関するものとして，財産の相続，婚姻をあげるのが自然でしょう。現在のような均分相続や婚姻の自由は認められていないことが説明できればOKです。

❖ 芦田均内閣（1948年）

　さて，芦田均内閣は前内閣と同じ，**民主党・日本社会党・国民協同党**の**3党連立**内閣です。

　こうして誕生した芦田均内閣でしたが，大型の贈収賄汚職事件が起こり，あえなく崩壊します。

> Q 芦田均内閣総辞職の原因となった大規模な汚職事件とは？
>
> ——昭和電工事件

　さて，**第1次吉田茂内閣**で，経済再建の最初のステップとして，**石炭・鉄鋼の生産**に重点を置く「**傾斜生産方式**」という基本方針がとられました。そこで，石炭業・鉄鋼業に集中的に資金援助をしていこうという目的で設置されたのが，**復興金融金庫**でした。

　昭和電工の社長が，この復興金融金庫からの融資を早く受けようと，大規模な贈賄行為を行った結果，政界・実業界・官界の多数が逮捕され，政府にも及びそうになって退陣せざるを得なくなったというのが，**昭和電工事件**でした。

このように片山，芦田内閣がいずれも短命で終わってしまうと，しょうがない。野党に回っていた吉田茂の民主自由党が，憲政の常道からいって政権を引き継ぐことになります。

2 ❷吉田茂内閣～❺吉田茂内閣

❖ ❷吉田茂内閣(1948年)

この第2次吉田茂内閣は絶対覚えておいて。衆議院に過半数の勢力を持っていない少数与党の内閣になってしまいました。

ということは，いずれ内閣不信任案が出て可決されれば，現行法の規定上，内閣はクビになります。その場合，総理大臣は国会を解散する権利を持っています。

実際，そうなって，政府は国会を解散し，民意を問うということで，衆議院選挙になります。参議院は，皆さん知っているように，解散はありませんからね。

Q 1949年，法律どおり総選挙が行われた結果，第一党となった政党は？

——民主自由党

選挙前，少数与党だった民主自由党が単独で過半数を越えちゃうという劇的な結果となった。戦後の動揺期を象徴するような選挙結果だったんですよ。

❖ ❸吉田茂内閣(1949年)

そこで，第2次吉田内閣は少数与党内閣だったのに，第3次吉田茂内閣は安定した内閣となりました。ここからは第3次，4次，5次と，吉田，吉田，吉田といくわけですから，吉田茂の長期政権になっちゃうんです。

<ruby>公職追放<rt>こうしょくついほう</rt></ruby>などで戦前の保守派の大物がことごとく，公の職につけないような状況にあったので，外交官上がりで親英米派の吉田が政治の世界で活躍する道が開けていたということですね。

▶朝鮮戦争勃発

第3次吉田内閣が発足してまもなく，大戦争が起こります。第2次世界大戦で戦争が終わったと思いきや，なんと**朝鮮半島が戦場**になった。1950年，第2次世界大戦後の米・ソの対立を背景とし，北の**朝鮮民主主義人民共和国**がいきなり南に向かって攻撃をしかけて始まった，朝鮮戦争の勃発です。

米軍を主とする国連軍が南の<ruby>**大韓民国**<rt>だいかんみんこく</rt></ruby>側について参戦すると，**中国人<ruby>民義勇軍<rt>ぎゆうぐん</rt></ruby>**が北を支援し，戦況は目まぐるしく変化しました。

自由主義を守るべく，韓国を応援する**アメリカ**は，日本の基地を使って朝鮮戦争にどんどん兵力を投入しなければならない。朝鮮戦争において，ほとんどの軍隊を出したのはアメリカでしたからね。

いつまでも日本の占領行政にエネルギーを費やしている場合じゃない。日本には早く自立してもらわなきゃ，しょうがない。

▶サンフランシスコ平和条約

というわけで，日本を早く独立させてしまえというので，1951年，サンフランシスコ平和条約が結ばれました。

▶日米安全保障条約

同時に，米軍の駐留を含む，日本防衛のための日米安全保障条約が結ばれます。また，

Q 翌 1952 年に締結された，基地の使用，駐留費の日本側の一部負担など，安保条約の細目を定めた協定は？　　　——日米<ruby>行政協定<rt>ぎょうせい</rt></ruby>

日本は平和条約で主権を回復したものの，**米軍の基地**としての機能を担うようになった。そして，ここで，現在に至る**戦後日本の国の基本的**

構造がおおむね決まったということになります。

▶ドッジ＝ライン/シャウプ勧告

　一方で，アメリカは日本経済再建のために，1949 年，**ドッジ＝ライン**による**緊縮財政**と**経済の自立**を目指す施策を実行します。

　強いドルを背景とする **1 ドル＝ 360 円**の**単一為替レート**（たんいつかわせ）によって日本経済の自立を助長し，さらに確実な税収が得られるように，**シャウプ勧告**（かんこく）にもとづく**新税制**が取り入れられたのです。

▶特需景気

　朝鮮戦争は，日本にもさまざまな大きな影響を与えました。

　まずは，朝鮮戦争が勃発して以降，**急激な好景気**が訪れ，**ドッジ＝デフレ**は，一挙に吹っ飛んでしまいました。

　戦争で自分が戦うと，経済はアウトになりますが，この戦争では，日本が米軍の出撃・補給基地となったため，その注文を受け，好景気が訪れたんです。

　このころは戦争という言葉をみんな嫌ったので，朝鮮戦争に伴う好景気は，「特別な需要」という意味で「特需」（とくじゅ），あるいは**朝鮮特需**，**特需景気**などと呼びました。

▶再軍備開始

　そしてもう 1 つ大事なのは，日本国憲法で「陸海空軍その他の戦力は，これを保持しない」といっておきながら，**再軍備**が始まったことです。

　1950 年，**警察予備隊**（けいさつよびたい）の発足。警察予備隊は，その後，2 年ごとに名前が変わり，1952 年には**保安隊**（ほあんたい），1954 年には**自衛隊**（じえいたい）というふうになって，日本は次第に立派な軍隊を持っていくことになるわけです。

▶破壊活動防止法

　さらに，この第 3 次吉田内閣のもとで，思想弾圧系統の立法も復活しました。1952 年の「破防法」（はぼうほう），**破壊活動防止法**（はかいかつどうぼうしほう）の制定です。

❖ ❹❺吉田茂内閣（1952 年）

その後，吉田内閣は政党の変遷によって与党の名前が変わります。第4次・第5次吉田は，自由党の内閣ということになります。

▶防衛庁・自衛隊発足

1954 年は 1 つの大きな転換点で，防衛庁が置かれて自衛隊と名前が変わった年です。

Q 1954 年，日本の防衛力増強のためアメリカが援助を与えることを主旨として定められた日米間の協定は？ ——MSA 協定

4 つの協定から成るので，**MSA4 協定**とも呼ばれます。

▶教育二法・新警察法

さらに 1954 年は，教員の政治活動を抑制する教育二法，そして警察の中央集権化を図る新警察法を公布するなど，軒並み大きな仕事をしたのが第 5 次吉田茂内閣でした。

▶造船疑獄事件

1953 年〜 54 年，造船会社と政界の有力者との間の贈収賄事件が明るみに出た。造船疑獄事件という大型の汚職事件が暴露され，これが発端となって，長期にわたった吉田政権は，第 5 次内閣で終わります。

いつしか吉田はワンマンと呼ばれ，独裁的な政治運営が目につくようになっていました。

第23回 政治史／現代(2)

戦後の内閣（1954年〜）

〈注〉事項の前の数字は「月」を表します。
赤点線は内閣の区切りを表します。

昭和	1954	12 **第１次鳩山一郎内閣**
	1955	3 **第２次鳩山一郎内閣**
		10 左右社会党統一
		11 保守合同（自由民主党）
	1956	**第３次鳩山一郎内閣**
		10 日ソ共同宣言
		12 国際連合加盟
	1957	**石橋湛山内閣**
		2 **第１次岸信介内閣**
	1958	6 **第２次岸信介内閣**
	1960	1 日米相互協力及び安全保障条約
		7 **第１次池田勇人内閣**
		12 **第２次池田勇人内閣**
		所得倍増計画
	1961	6 農業基本法
	1963	12 **第３次池田勇人内閣**
	1964	10 東京オリンピック
		11 **第１次佐藤栄作内閣**
	1965	6 日韓基本条約
	1967	2 **第２次佐藤栄作内閣**
		8 公害対策基本法
	1968	4 小笠原諸島返還協定
	1970	1 **第３次佐藤栄作内閣**
		6 日米新安保条約自動延長
	1971	6 沖縄返還協定
	1972	7 **第１次田中角栄内閣**
		9 日中共同声明
		12 **第２次田中角栄内閣**
	1974	12 **三木武夫内閣**
	1976	2 ロッキード事件

昭和		12 福田赳夫内閣
	1978	8 日中平和友好条約
		12 第1次大平正芳内閣
	1979	11 第2次大平正芳内閣
	1980	7 鈴木善幸内閣
	1982	11 第1次中曽根康弘内閣
	1983	12 第2次中曽根康弘内閣
	1985	9 プラザ合意
	1986	7 第3次中曽根康弘内閣
	1987	11 竹下登内閣
	1989	1 昭和天皇没
平成		4 消費税
		6 宇野宗佑内閣
		8 第1次海部俊樹内閣
	1990	2 第2次海部俊樹内閣
	1991	1 湾岸戦争支援
		11 宮沢喜一内閣
	1992	6 PKO協力法
	1993	8 細川護熙内閣
	1994	1 小選挙区比例代表並立制
		4 羽田孜内閣
		6 村山富市内閣
	1995	1 阪神・淡路大震災
	1996	1 第1次橋本龍太郎内閣
		11 第2次橋本龍太郎内閣
	1997	4 消費税5%
	1998	7 小渕恵三内閣
	1999	5 周辺事態法
		8 国旗・国歌法
	2000	4 第1次森喜朗内閣
		7 第2次森喜朗内閣
	2001	4 第1次小泉純一郎内閣
	2002	9 朝鮮民主主義人民共和国訪問
	2003	11 第2次小泉純一郎内閣

	2005	9 第３次小泉純一郎内閣
		10 郵政民営化法
	2006	9 第１次安倍晋三内閣
		12 教育基本法改正
	2007	9 福田康夫内閣
	2008	9 麻生太郎内閣
平成	2009	9 鳩山由紀夫内閣
	2010	6 菅直人内閣
	2011	3 東日本大震災
		9 野田佳彦内閣
	2012	12 第２次安倍晋三内閣
	2014	12 第３次安倍晋三内閣
	2017	11 第４次安倍晋三内閣

戦後の外交の最大の課題はソ連など東側諸国，そして，中国・朝鮮との国交を実現することでした。ソ連との国交回復は**鳩山一郎内閣**によって実現しました。中国との国交回復は，台湾に移った**中華民国**との間で，実現しますが，**田中角栄内閣**のときに大陸を支配下におく**中華人民共和国**との国交に代わり，のちの**福田赳夫内閣**のときに**日中平和友好条約**が締結されました。

内政では，保守合同によって誕生した自由民主党の**保守長期政権**が続き，日本社会党などの**革新**勢力が憲法改正を阻止できる**3分の1以上を確保**するという構造が続きましたが，平成に入ってからは非自民の**細川護熙内閣**が登場するなど，政治は流動化。やがて，自民党と公明党を軸とする政権が誕生します。

❖ ❶鳩山一郎内閣(1954年)

公職追放が解除され，政界に復帰してきた戦前の大物，**鳩山一郎**を総裁に担ぎ，反吉田のグループが合同して**日本民主党**が結成されます。これもあって，吉田茂は長期政権を諦め，総辞職したわけです。

日本民主党を与党とする**第1次鳩山一郎**内閣の登場です。彼はアメリカのいいなりになっていた吉田政治を批判し，ソ連なんかともしっかり話をしていこうと，**自主外交を展開**します。

▶自衛力の増強

国防の充実にも努め，**自衛力の増強**を行うとともに，憲法を改正して憲法上に陸海空軍を持つことを宣言しようじゃないかと，**自主憲法**制定という言葉を作り出します。

▶左右社会党，改憲阻止

日本国憲法の改正，あるいは修正によって，陸海空軍を持つことを明記しようという鳩山の姿勢が，**社会党左派**の大きな反発を呼びます。

そこで，それまで**サンフランシスコ平和条約**を認める，認めないで，左右両派に真っ二つに分裂していた**社会党**は，ここはなんとしても**改憲を阻止**しなきゃいけないというので，結束します。

憲法の規定に従って，**憲法改正には3分の2以上の賛成**が必要ですから，社会党が3分の1以上の議席をとれば，憲法は改正できません。

そこで社会党は必死になって左派と右派が協力し，1955年2月の総選挙で，**3分の1以上の議席を獲得**します。ここで，鳩山が目論む**憲法改正は自動的に不可能**になりました。

❖ ❷鳩山一郎内閣(1955年)

第2次鳩山一郎内閣で特筆すべき出来事は，まず，鳩山の憲法改正

への志向に危機感を抱いた**左右両派の社会党**が，**1955 年**，**日本社会党**に再統一されたことでしょう。

それに呼応する形で保守陣営も動き，同年，2 つの保守党が合同して，新党が誕生しました。

Q 1955 年，保守系の 2 党，日本民主党と自由党が合同してできた政党は？

——自由民主党

この**自由民主党**が，こののち 40 年近くも，衆議院で過半数を確保する一方，**日本社会党**を中心とする野党は**3 分の 1** 以上の議席は保持し続けるものの，それ以上にはならないという，いわば硬直した政治体制が続くことになった。

これが，1993 年の細川護熙内閣誕生まで続いた，**55 年体制**と呼ばれるものです。

▶ GATT 加盟

さらに 55 年には，GATT（**関税及び貿易に関する一般協定**）にも参加しています。このへんは，戦後経済のところを必ず復習しておいてください。GATT 加盟，いいですね。

❖ ❸鳩山一郎内閣(1955 年)

▶日ソ共同宣言

鳩山一郎は，アメリカのいいなりにならない**自主外交**を唱え，ソ連ともきちんと国交を結ぼうと交渉を行った結果，1956 年，日ソ間の戦争終結を宣言する日ソ共同宣言の調印にこぎつけました。

▶国際連合加盟

冷戦の最中で，ソ連など社会主義諸国の反対によって，日本の国際連合加盟はなかなか実現しませんでした。

しかし，**日ソ共同宣言とソ連との国交回復**によってこの障害がなくな

り，ソ連が拒否権を引っ込めてくれたおかげで，**1956年**に日本の**国際連合加盟**が実現しました。

▶国防会議・憲法調査会設置

鳩山は，**国防会議**および**憲法調査会**を設置し，あくまでも憲法改正を実現しようとする体制を構築しました。

第3次鳩山内閣は，1956年12月，**国連加盟**によって，国際社会の中で世界の国々と対等の位置を占めることとなったのを花道とし，引退を表明，**総辞職**しました。

❖ 石橋湛山内閣（1956年）

そこで自民党総裁選挙が行われ，最大政党の**自由民主党**の総裁に当選したのが**石橋湛山**，大正時代にデモクラティックな言論人として名をはせた人です。

石橋湛山内閣への期待は大きく高まったんですが，総理大臣になった直後に発病し，たった2ヶ月で，辞任せざるを得なくなった。

❖ ❶❷岸信介内閣（1957年）

そこで次は，湛山とはかなり思想の違う，**岸信介**内閣が登場します。

岸内閣は，1960年1月，機動隊，警察隊を導入してまで，無理やり**日米相互協力及び安全保障条約**（**日米新安全保障条約**）の調印に踏み切った，**60年安保**の内閣ということになります。

▶安保闘争

他方の**左派勢力**は今よりずっと活発でしたので，アメリカとの軍事同盟的要素の強い，この安全保障条約に反対する野党だけでなく，民間組織も合同して**安保闘争**が激化し，大規模な**反安保運動**が展開されました。

岸内閣は衆議院では強行採決。参議院は審議もできない混乱状況の中で，**新安保条約**は，憲法の規定に従って自然成立します。

現在の日本の国際的な位置を規定する根幹に関わる**新安保条約の調印強行**——これが岸内閣の一番大事なところです。

▶民主社会党結成

　安保闘争の中で，社会党に内部分裂が起こって**右派**が分離し，**民主社会党**を結成しました。これも覚えておきましょう。

❖ ❶〜❸池田勇人内閣（1960 年）

　安保をめぐる混乱の責任をとって，岸信介は，条約批准（ひじゅん）後，総辞職しました。岸は，簡単にいうと，「政治の岸」，「外交の岸」，「強硬派の岸」といった，強面（こわもて）のイメージでしょう。

　そこで，当時の自民党は次の総裁に**池田勇人（いけだはやと）**を選ぶんです。

　Q 安保闘争後の**政治的安定の回復**と，**政治姿勢の是正（ぜせい）**を打ち出した池田内閣のキャッチフレーズは？　　　　　　　——**「寛容（かんよう）と忍耐（にんたい）」**

　池田内閣は，寛容と忍耐をもって，反対派の声にもある程度耳を貸そう，過半数を持っていても，強行突破はがまんしようというわけです。

▶所得倍増計画

　さらに，「10 年以内にみなさんの収入を倍にしてあげましょう」と，国民の関心を経済問題に向けさせた。**所得倍増計画（しょとくばいぞうけいかく）**という，いわゆる**高度経済成長**の実現を課題としました。

▶ LT 貿易

　国際的にも，池田は岸とはがらりと変わった政策を展開し，**中華人民共和国**と，**LT 貿易**を始めました。

　所得倍増計画だけではなく，この LT 貿易も含め，1961 年の**農業基本法**，64 年の**IMF8 条国への移行**など，経済が繁栄に向かって一挙に進展していく最初の大きなステップが，池田内閣によって築かれたと考えていいでしょう。

❖ ❶～❸佐藤栄作内閣(1964 年)

　総裁に 3 選された池田でしたが，病床に伏したため，内閣は総辞職し，あとを継いだのが**佐藤栄作**でした。これが**超長期政権**となります。

　さて，1964 年 8 月，アメリカの艦艇が北ベトナムに攻撃されるトンキン湾事件が起こり，アメリカ合衆国の**ベトナム戦争**への大規模介入が始まります。

▶日韓基本条約とベトナム戦争

　韓国併合以来，帝国主義の日本は，韓国にとってまったくもって許しがたい存在であり，日本がいなくなったあと，朝鮮半島南側で自由主義体制をとる**大韓民国**との国交は開けませんでした。

　それが，**アメリカ**の強い後押しによって，1965 年，**日韓基本条約**が結ばれ，戦前の韓国併合条約などの無効が確認されるとともに，**国交が樹立**されました。

　実は，この韓国との関係修復の背景には，ベトナム戦争があったのです。

　1 つの見方ですが，要するに，ベトナム戦争に本格介入中のアメリカには，北ベトナムをやっつけるために**韓国軍を参戦させたい**，軍隊を出して血を流してもらいたい，という韓国に対する思惑があったんです。

　その代わり，「経済成長著しい日本は，韓国経済発展のために，多額の資金を投じなさい」という。

　簡単にいえば，日本は，日韓併合で強いた韓国に対する屈辱的な扱いのお詫びを兼ねて，韓国経済確立のための資金を提供すべきだとアメリカは考えたんでしょう。

　確かにその結果，韓国は経済成長を著しく速めていくことになりますが，ベトナム戦争のほうは**泥沼化**してアメリカは苦しみ，世界第 1 位の

圧倒的な経済大国の地位も動揺していきます。

▶公害対策基本法，環境庁設置

佐藤内閣で国内政治は非常に安定していて，**高度経済成長**の進展とともに問題化した公害に対しても，**公害対策基本法**の制定とか**環境庁**の設置といった施策が講じられます。

そういった，ある意味，経済成長の負の側面に対応する仕事はしたわけですが，佐藤内閣の業績として，内政上，他に大きなものというのはさほどないんです。

▶日米新安全保障条約の自動延長

佐藤政権末期はちょっとやっかいで，まず**日米新安全保障条約**が10年経過して，初めて**自動延長**とされたのが，**1970年**。

▶沖縄返還協定

アメリカとの間で，沖縄の日本への返還(へんかん)が合意され，**沖縄返還協定**が結ばれたのが**1971年**,沖縄の**祖国復帰**(そ こくふっ き)が実現したのが,翌**72年**でした。

> 1970…新安保条約自動延長
> 1971…沖縄返還協定，ドル＝ショック
> 1972…沖縄返還

70，71，72年は，戦後史できわめて重要な出来事が重なるので，注意しておきましょう。

▶ドル＝ショック

1971年に**ドル＝ショック**とありますが，赤字を続けていたアメリカの国際収支は，ベトナム戦争の出費でさらに拡大して**ドルの信用は失墜**(しっつい)し，ついに金(きん)とドルの交換もできなくなってしまいます。

だからイメージとしては，この佐藤内閣の最後のほうになって，ついに，それまでのアメリカの圧倒的優位は終わったということ。

Q 1971 年，金とドルの交換停止を発表したアメリカ大統領は？

——ニクソン

「アメリカドル紙幣と金は世界中どこでも交換できますよ」という，戦後の国際金融の基幹となった**ブレトン＝ウッズ体制**が，ニクソンの**金・ドル交換停止**を告げた**ドル＝ショック**で，一瞬にして終わってしまったんですね。

▶スミソニアンレート

ドル＝ショック後，開かれた**スミソニアン会議**で，西ドイツ・マルクと円の**切り上げ**が決められます。それが**スミソニアンレート**です。

Q スミソニアンレートで，円はそれまでの 1 ドル 360 円からいくらに切り上げられたか？ ——308 円

❖ ❶❷田中角栄内閣（1972 年）

沖縄の祖国復帰を果たして，さしもの佐藤長期政権も幕を下ろし，後継者として，自民党総裁に田中角栄（たなかかくえい）が登場します。

▶「日本列島改造論」

田中内閣といえば，まずは，新幹線や高速道路網（もう）の整備などの列島改造を構想した「**日本列島改造論**」。

▶日中共同声明

田中角栄の最大の外交上の功績が，**1972 年**の中華人民共和国との間で国交を結ぶ**日中共同声明**の**発出**（はっしゅつ）です。

Q 日中共同声明で，田中角栄首相とともに署名した中国の首相は？

——周恩来（しゅうおんらい）

▶第 1 次オイル゠ショック

世界史的にいうと，このあたりから，国際紛争が最も頻発する主因は**アラブの石油**になるわけですよ。

1973 年に起きたのが，**第 4 次中東戦争**。アラブ側の**石油戦略**によって原油価格が高騰し，その結果，日本国内にも，石油不足と狂乱物価が襲ってきた。**第 1 次オイル゠ショック**と呼ばれた経済混乱です。

田中角栄内閣は強力な内閣だったんですが，**金脈問題**という政治資金の集め方に対する批判がマスコミから始まって非難を浴び，1974 年，田中は退陣に追い込まれてしまいました。

❖ 三木武夫内閣（1974 年）

田中内閣に代わって，「クリーン三木」といわれた，比較的お金に綺麗だという噂の**三木武夫**内閣が誕生する。

1976 年，アメリカで**ロッキード事件**という，航空業界における汚職事件が起こり，その中で**田中角栄**に対する賄賂の提供が発覚し，三木内閣のもとで田中は逮捕・起訴されます。

田中は，結局，上告中，死去してしまいました。

▶新自由クラブ結成

自民党のこのような金権体質に反発して，自民党議員の一部が離党して新党，**新自由クラブ**を立ち上げました。

Q 自民党の古い体質に"絶望"し，「新しい保守」を目ざした**新自由クラブ**の初代代表はだれか？　　　　　　　　　　——**河野洋平**

1976 年に結成された新自由クラブは，結局，1986 年に解党し，河野洋平は自民党に戻ります。

三木武夫はクリーンな，清廉潔白な政治家といわれた人で，金権政治家の代名詞的存在であった田中に対する反発を和らげるため，自民党ら

しい知恵で選んだ内閣でした。

　しかし，三木はやがて，自民党主流派の反発を買い，総選挙の敗北後，退陣します。

❖ 福田赳夫内閣（1976 年）

　そのあと福田赳夫（ふくだたけお）内閣という，保守本流に近い内閣になりますが，福田は日中平和友好条約の締結を実現した首相として，記憶にとどめられています。

　日中共同声明は田中角栄，**日中平和友好条約**は福田赳夫と区別。赳夫の「赳」という字は，結構書けないことがあるから，注意してください。

> ┌ 田中角栄…日中共同声明（1972）
> └ 福田赳夫…日中平和友好条約（1978）

❖ ❶❷大平正芳内閣（1978 年）

　福田のあとは，田中角栄の盟友（めいゆう）といわれた大平正芳（おおひらまさよし）内閣。

　この内閣は，1979 年の元号法（げんごうほう）の制定で知られます。この法律によって，昭和，**平成**などという元号を使わなければいけないことが，法的に定められました。

　翌 1980 年に衆参同時選挙があったんですが，非常にまれなケースながら，この選挙の最中に，**大平が急死**してしまうんですよ。選挙中に首相が急死するという大変珍（めずら）しい選挙になったわけですが，自民党は圧勝しました。

　大平さんというのは国民から非常な好感をもって迎えられた総理大臣で，その急死により大平さんに対する哀惜（あいせき）の念（ねん）が巻き起こり，自民党の圧勝に大きくつながったんだろうといわれています。

❖ 鈴木善幸内閣(1980 年)

その次が鈴木善幸内閣，東北出身の総理大臣でした。このころになると，日本は**財政赤字**がだんだん大きな問題になってきます。

それと，もう1点，この内閣で，戦後の**選挙制度の大きな変更が実現**しています。参議院全国区の選び方が，拘束名簿式比例代表制に変わったのです。これが鈴木内閣の出来事として出題されることがあるので，確認しておいてください。

❖ ❶〜❸中曽根康弘内閣(1982 年)

鈴木のあとが中曽根康弘内閣ですが，大平・鈴木内閣に続いて，中曽根内閣も，そのバックに，当時，ロッキード事件の被告人として糾弾されていた田中角栄の隠然たる力があるんだといわれました。

中曽根は「戦後政治の総決算」を掲げ，**行財政改革**，**教育改革**を推進します。

▶防衛費の GNP1％枠突破

まずは，自衛隊にかかる金，防衛費を，**GNP1％ の枠**内にとどめようという，それまでの政府の方針を破って，防衛費の増額を実現します。

▶臨時教育審議会設置

それから教育を戦前の体制に戻そうと，臨時教育審議会を置き，戦前をむしろ模範にしようとする，簡単にいえば，戦後現れた内閣の中で最も**右傾化の姿勢の強い内閣**というのが，中曽根内閣の印象でした。

その意味で，戦後初の現職首相による**靖国神社の公式参拝**も，自信を持って行ったんでしょう。

▶プラザ合意

中曽根内閣のころには，**米国が貿易収支の赤字で苦しむ**一方で，日本だけが円安を利用して稼ぎ続けている，「円をもっと高くしようぜ」という国際的な声が高まります。

1985年，IMFの5大国(米・日・独・仏・英)の財務相などがニューヨークのプラザホテルに集まり，米国を支援する目的で各国が為替に介入することを決定(**プラザ合意**)。**ドル高・円安から円高**へと急速に変わることとなりました。

　これによって，日本経済は一時期**円高不況**に陥^{おちい}ります。

▶**国営企業の民営化**

　もう1つ，中曽根内閣の**行政力の強さ**を示すものとして，**国営企業の民営化**を大胆^{だいたん}に進めたことを覚えておきましょう。

Q 中曽根内閣による民営化の対象となった国営企業を3つあげなさい。
——**日本電電公社^{でんでんこうしゃ}・日本専売公社^{せんばい}・日本国有鉄道**

　民営化して，**日本電電公社**を **NTT**，**日本専売公社**を**日本たばこ産業会社(JT)**とし，2年後の1987年，**日本国有鉄道**(国鉄)も **JR** に民営化されます。

　なんといっても一番の難事業は**国鉄民営化**で，1906年の鉄道国有法以来，日本の主要鉄道路線は，全部国営だったんですが，これをJR6旅客・1貨物会社に分割して**民営化**していきます。

　以上が，**中曽根行革**と呼ばれた中曽根内閣の仕事でした。

❖ **竹下登内閣**(1987年)

　中曽根のあとは，田中派を引き継ぎ，最大派閥^{はばつ}のボスになった**竹下^{たけした}登^{のぼる}内閣**。**3%**の**消費税**を導入した内閣ですが，この内閣は短命でした。

Q 未公開株が政界や官界に譲渡され，竹下内閣が退陣に追い込まれた**贈収賄事件**とは？　　　　　　　　　　——**リクルート事件**

　竹下内閣のときに**昭和天皇が崩御^{ほうぎょ}**し，元号法にもとづいて，元号が**平成**と変わります。

❖ 宇野宗佑内閣(1989年)

そのあとの**宇野宗佑**内閣は，首相自身の女性スキャンダルが発覚した
うえ，参院選で大敗し，またまた69日間の短命内閣に終わってしまい
ました。

❖ ❶❷海部俊樹内閣(1989年)

海部俊樹内閣があとを継ぎます。このへんからは，内閣ごとに1つか
2つの出来事をパッパッと覚えていけば，OK。

海部内閣のとき，**東西ドイツの統一が起こり，冷戦構造が崩壊**してい
く。もう1つ，**湾岸戦争**支援に乗り出して，90億ドルを国連軍に拠出
します。そして戦争終了後に，イラクが海中にばら撒いた機雷を除去す
るために，**掃海艇の派遣**が行われました。

❖ 宮沢喜一内閣(1991年)

日本は，湾岸戦争で，憲法の規定により自衛隊を海外に出すことはで
きなかったのですが，命の危険が及ぶことは他国にやらせて，金を出す
だけだと，国際世論から叩かれました。

このように，次の**宮沢喜一**内閣では，もうやっぱり自衛隊を海外に直
接出さなきゃ，世界が黙ってくれないと思い知ります。

▶ PKO法案可決，自衛隊のカンボジア派遣

そこで，宮沢内閣のとき，**自衛隊の**カンボジア派遣が実現します。

Q 湾岸戦争後の1992年，**自衛隊の海外派遣**を可能にした法律は？

――**国連平和維持活動(PKO)協力法**

PKOは，**P**eace **K**eeping **O**peration の略。この法律によって，国連
が海外で行う軍事・選挙監視のための**平和維持活動**に，自衛隊が参加で
きるようになったわけです。

▶内閣不信任案可決

もう１点，宮沢内閣は，平成になって，初めて**内閣不信任案を可決**されてしまった内閣です。

自民党が割れて小沢一郎（おざわいちろう）とそのグループが離党し，宮沢は衆議院解散から総選挙に打って出ましたが，過半数割れで総辞職せざるを得なくなりました。

◢ 3　細川護熙内閣〜❹安倍晋三内閣

❖ 細川護熙内閣（1993 年）

そこで初めて**非自民**，自民党の入らない**細川護熙**（ほそかわもりひろ）**内閣**が登場します。細川は肥後細川藩藩主，細川重賢（しげかた）の子孫です。

Q 既成政党の枠組みを超える政党として，**細川護熙**が創設した保守新党の名称は？　　　　　　　　　　　　　　　　　　　　——**日本新党**

細川内閣は，なんと，計８党派が担（かつ）いだ，要するに**８党連立**内閣でした。

> **細川８党連立内閣**…日本新党，日本社会党，新生党，
> 　　　　　　　　　　新党さきがけ，公明党，民社党，
> 　　　　　　　　　　社会民主連合，民主改革連合

新生党（しんせいとう）は，自由民主党を離党した**羽田孜**（はたつとむ）**・小沢一郎**らが結成した保守政党です。

ある大学で，「細川内閣の８党の組合せとして正しいものを選びなさい」といって，こういう名前をウワッと並べたリストを示し，正確に覚えておかないと答えられない問題が出たことがあります（もちろん難問ですから気にしないこと）。

これは自民党を含まない本格的な連立政権で，1955年以来続いた**自由民主党一党支配**が**終焉**し，**55年体制は崩壊**。

▶小選挙区比例代表並立制

　ところで，このとき，政界の腐敗の原因は選挙制度にあるという主張が高まり，1994年，衆議院選挙の制度が**小選挙区比例代表並立制**に変わります。

　小選挙区選挙と**比例代表選挙**の両方を並行して行う選挙制度の１つで，衆議院選挙で採用されました。要するに，小選挙区のほうに立候補したうえ，比例代表の名簿にも重複して乗っかってよいという方式です。

　これは現在も同じ制度が続いていますから，これを知らないと今の衆議院選挙の方法を知らないことになってしまいます。

　実際のところ，これを正確にいえない人がいっぱいいると思います。ここで，**小選挙区比例代表並立制**という名称をしっかり覚えておいてください。

▶ EUの発足/GATTミニマムアクセスの受け入れ

　国際関係では，細川内閣のとき，**EU**が**発足**しています。

　それから，**GATT**の**ウルグアイ＝ラウンド**（多角的貿易交渉）で，ミニマムアクセス——すべての貿易品目につき，最低限の輸入枠を義務的に設定するという方針が示されます。

　これに基づいて，日本は，米の最低輸入枠を受け入れざるを得ず，米市場の部分的開放に合意することとなりました。

　さて，細川さんは殿様の子孫らしく鷹揚で，権力にしがみつくようなところが薄かった。名前もつかないような，些細な贈収賄疑惑みたいな事件が起こると，あっさり政権を投げ出しちゃうんです。

　しかし，政治的な意義からいって，**細川護熙内閣**は戦後史でどうしても欠かせない存在なので，「熙」の字を正しく書けるようにしておいてください。よく見て３回ぐらい書けば大丈夫。左上，臣下の「臣」じゃな

いからね。

❖ 羽田孜内閣(1994 年)

　細川さんが辞めたあとも，自民党を復活させるわけにはいかないと，次は，**新生党**の党首羽田孜を首班,　総理とし，日本新党,　公明党,　民社党,　自由党などの連立による**羽田孜内閣**が生まれます。

　新生党は,　さっき出てきた小沢一郎らのグループですよ。内閣はできたものの,　日本社会党の連立離脱により,　なにしろ**少数与党**になっているので,　長続きはせず,　内閣不信任案を提出されて,　あえなく総辞職します。

❖ 村山富市内閣(1994 年)

　そしたらなんと,　びっくりすることに,　**日本社会党の党首を自由民主党が担ぐ**という内閣が生まれるんです。

　社会党対自民党といえば,　「社会主義・共産主義」対「民主主義・自由主義」で,　水と油みたいに,　反発こそすれ,　手を組むことなんかありえないはずだったんですけどね。

　ともかく,　村山富市内閣という社会党委員長を首班,　総理とする内閣が誕生しちゃいました。

> **Q** 村山富市内閣を構成した党は，日本社会党・自由民主党と，もう１つは？
> ——新党さきがけ

　日本社会党,　自由民主党,　新党さきがけの**３党連立**内閣となった。

　この内閣は,　気の毒なことに,　**阪神・淡路大震災**に対する対応で大わらわとなってしまいます。

　かなり年をとった老練の政治家である村山富市社会党委員長を,　自民党が中心になって担いだ内閣だったんですが,　その背景には,　「新生党

の加わった内閣だけは認めないぞ」という新生党嫌いの自民党の本音（ほんね）が
あったんじゃないかとも思われます。

❖ ❶❷橋本龍太郎内閣（1996 年）

若干の社会党カラーを見せたものの，村山はわりと簡単に引退を表明
します。老齢でもあったので，これは認められ，第1次橋本 龍太郎（はしもとりゅうたろう）内
閣が誕生しました。村山内閣と同じ組合せの 3 党連立内閣です。

▶小選挙区比例代表並立制初の選挙

このとき，初めて小選挙区比例代表並立制の選挙が行われ，そこで自
信をつけ，自由民主党が中心になって第2次橋本龍太郎内閣が発足し
ます。

1 次・2 次の区別は，あまりつけなくても大丈夫ですけど，小選挙区
比例代表並立制の最初の選挙としては，第1次橋本龍太郎内閣を覚え
ておきましょう。

▶地球温暖化防止京都会議/京都議定書

このころから，いわゆる地球の温暖化（おんだんか）が問題になってきて，地球温暖
化防止京都会議という世界的な会議が開かれます。その結果，

> **Q** 1997 年，地球温暖化防止京都会議で，温室効果ガスの排出削減に関
> する国際ルールを定めたのは？　　　　　　　　　　——京都議定書

京都議定書は世界の温暖化対策についての重要なステップであったと
いえますが，その後，さほどの進展は見せていません。

▶消費税 5%

あと，橋本内閣は，3% だった消費税を 5% に引き上げた内閣という
ことで出題されることがあります。

❖ 小渕恵三内閣（1998 年）

　あとはどんどんいきましょう。橋本内閣のあとは小渕恵三内閣。これは自民党単独内閣としてスタートしました。

　ここで覚えるのは，米軍への後方支援活動を合法化し，自衛隊が日本の領土外で活動することを可能にした周辺事態法。

　それから国旗と国歌を法的に，国の旗，国の歌と定めた国旗・国歌法。

❖ ❶❷森喜朗内閣（2000 年）

　次の森喜朗内閣は，ほとんどこれといって，何もありません。

❖ ❶〜❸小泉純一郎内閣（2001 年）

　小泉 純一郎は，珍しい，決断力はある人でしょう。初めて北朝鮮（朝鮮民主主義人民共和国）を正式に訪問した唯一の総理大臣です。

　あとは小泉改革といわれた，郵政民営化法案の可決がメインですね。

❖ ❶安倍晋三内閣（2006 年）／福田康夫内閣（2007 年）／ 麻生太郎内閣（2008 年）

　次が第 1 次安倍晋三内閣——覚えることはありません。

　福田康夫内閣——福田赳夫の息子，自民党。あとは覚えることはありません。

　麻生太郎内閣——内閣退陣後も副総理とかいろいろやっていますが，これも覚えることはありません。

❖ 鳩山由紀夫内閣（2009 年）／菅直人内閣（2010 年）／ 野田佳彦内閣（2011 年）／❷〜❹安倍晋三内閣（2012 年〜）

　鳩山由紀夫内閣——民主党を中心とする内閣。これも覚えることはないでしょう。

<ruby>菅直人<rt>かんなおと</rt></ruby>**内閣**——民主党，国民新党の連立内閣で，このときの出来事で覚えておくのは，2011 年の**東日本大震災**。

次は<ruby>野田佳彦<rt>のだよしひこ</rt></ruby>**内閣**。続いて**第 2 次・第 3 次・第 4 次安倍晋三内閣**ということになっていくわけですが，このへんはもういいです。

❖ 戦後文化史のポイント

あとは**戦後の文化史**で，法隆寺金堂壁画の焼損を契機に 1950 年に制定された**文化財保護法**は入試で頻出。いちおう年表でも確かめておいたほうがいいと思います。

それと，戦後政治に関わる**マスコミの発達**という意味で，いわゆる**ラジオ時代からテレビ時代への変化**には注意が必要です。

NHK 以外の**民間ラジオ放送**が始まったのが 1951 年。それから **NHK のテレビ本放送**が始まったのが 53 年ですから，50 年代ぐらいからテレビの時代が始まっていくんだなと思っておいてください。このへんは，なかなか大事なところです。

あと，**佐藤栄作元首相**が**ノーベル平和賞**を得ているというのは，ちょっと特筆すべきノーベル賞受賞者ということで覚えておいたほうがいいと思います。

以上，戦後の内閣の変遷を大きくたどりながら，戦後史の総復習をしました。

さあ，これで旧石器文化から戦後，現代まで，一通り終わったことになります。読み通すのが 2 回目，3 回目という人は，ほぼ基本は身についたと思います。次の段階は，志望校の入試問題を解いて，弱点，欠点を確認することです。該当する部分をもう一度，よく読んでください。

1 回目が終わった人は，すぐに 2 回目にチャレンジ！ 時間が経つと，また 0 からの出発になってしまいますよ。継続することが大事です。

頑張ってください。お疲れさまでした。

索　引

石川 晶康 *Akiyasu ISHIKAWA*

河合塾講師

　人に頼まれると否と言えない親分気質で，現役高校生クラスから東大・早慶大クラスまで担当する，河合塾日本史科の中心的存在。学生に超人気の秘密は，歴史を捉えるいろいろな視点からのアプローチで，生徒の頭に上手に汗をかかせる手腕に隠されているようだ。

　河合塾サテライト講座などの映像事業のパイオニアでもある著者は，日本はもちろん，アジア各地まで足を伸ばし，「歴史の現場に立つ」ことを重視する。その成果は，本書にも歴史の現場の史料として活かされている。

　本人も自認する「毒舌」と，疲れたときのヨコ道は，教室を笑いの渦に巻き込む。まさに硬軟，甘辛のピカー講師だ。

＊　　　　＊　　　　＊

主な著書：『石川晶康日本史Ｂ講義の実況中継①〜④』『石川晶康日本史Ｂテーマ史講義の実況中継』『トークで攻略する日本史Ｂノート①・②』（語学春秋社），『マーク式基礎問題集・日本史Ｂ（正誤問題）』『誤字で泣かない日本史』『ウソで固めた日本史』（河合出版），『結論！日本史１・2』『結論！日本史史料』（学研），『日本史Ｂ標準問題精講』『みんなのセンター教科書日本史Ｂ』『一問一答日本史Ｂターゲット 4000』（旺文社），〈共著〉『教科書よりやさしい日本史』（旺文社），『早慶大・日本史』『“考える”日本史論述』（河合出版），『日本史の考え方』（講談社現代新書）ほか。

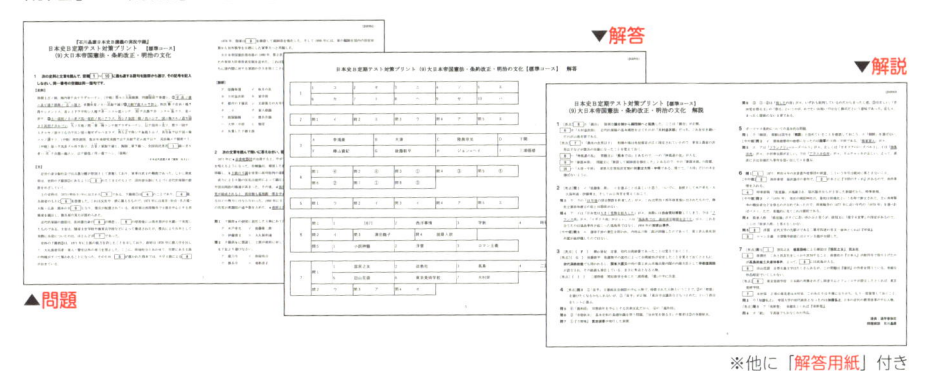

発売中プリント一覧

全国のファミリーマートのマルチコピー機から、簡単にご購入いただけます。プリントの購入には下記一覧の「プリント番号」が必要です。最新の発売状況・価格などは、右記のQRコード、弊社のホームページなどでご確認ください。

「石川晶康日本史B講義の実況中継」日本史B定期テスト対策プリント

タイトル		プリント番号	面数	価格（税込）
(1)人類の誕生～ヤマト政権	基礎	1091300001	7面	280円
	標準	1091300002	7面	280円
(2)飛鳥の朝廷～平安朝の形成	基礎	1091300004	7面	280円
	標準	1091300005	7面	280円
(3)摂関政治～武士の成長	基礎	1091300007	7面	280円
	標準	1091300008	7面	280円
(4)院政～鎌倉文化	基礎	1091300010	7面	280円
	標準	1091300011	7面	280円
(5)室町幕府の成立～戦国大名	基礎	1091300013	7面	280円
	標準	1091300014	7面	280円
(6)織豊政権～幕藩社会の成立	基礎	1091300016	7面	280円
	標準	1091300017	7面	280円
(7)江戸幕府の安定～化政文化	基礎	1091300019	7面	280円
	標準	1091300020	7面	280円
(8)開国・殖産興業～産業革命	基礎	1091300022	7面	280円
	標準	1091300023	7面	280円
(9)大日本帝国憲法・条約改正・明治の文化	基礎	1091300025	7面	280円
	標準	1091300026	7面	280円
(10)大正政変～山東出兵	基礎	1091300028	7面	280円
	標準	1091300029	7面	280円
(11)昭和恐慌～太平洋戦争	基礎	1091300031	7面	280円
	標準	1091300032	7面	280円
(12)占領期の日本・朝鮮戦争と独立	基礎	1091300034	7面	280円
	標準	1091300035	7面	280円
(13)55年体制・高度経済成長	基礎	1091300037	7面	280円
	標準	1091300038	7面	280円

「石川晶康日本史B講義の実況中継」日本史B難関大学合格対策プリント

タイトル	プリント番号	面数	価格（税込）
(1)人類の誕生～ヤマト政権	1091300003	7面	280円
(2)飛鳥の朝廷～平安朝の形成	1091300006	7面	280円
(3)摂関政治～武士の成長	1091300009	7面	280円
(4)院政～鎌倉文化	1091300012	7面	280円
(5)室町幕府の成立～戦国大名	1091300015	7面	280円
(6)織豊政権～幕藩社会の成立	1091300018	7面	280円
(7)江戸幕府の安定～化政文化	1091300021	7面	280円
(8)開国・殖産興業～産業革命	1091300024	7面	280円
(9)大日本帝国憲法・条約改正・明治の文化	1091300027	7面	280円
(10)大正政変～山東出兵	1091300030	7面	280円
(11)昭和恐慌～太平洋戦争	1091300033	7面	280円
(12)占領期の日本・朝鮮戦争と独立	1091300036	7面	280円
(13)55年体制・高度経済成長	1091300039	7面	280円
2017年版「東京大学 日本史B」問題解説プリント	SGSJ013001	6面	400円